海都物語

威尼斯共和國的一千年

—下—

THE STORY OF THE
CITY ON THE SEA

A THOUSAND YEARS OF
THE VENETIAN REPUBLIC

塩野七生——著
長安靜美————譯

三民書局

目次

第八章　宿敵土耳其　375
第九章　朝聖套裝之旅　451
第十章　大航海時代的挑戰　503
第十一章　夾處兩大帝國之間　565
第十二章　地中海最後的堡壘　641
第十三章　韋瓦第世紀　689
第十四章　威尼斯之死　719
簡略年表　761
小城興亡大借鏡　769

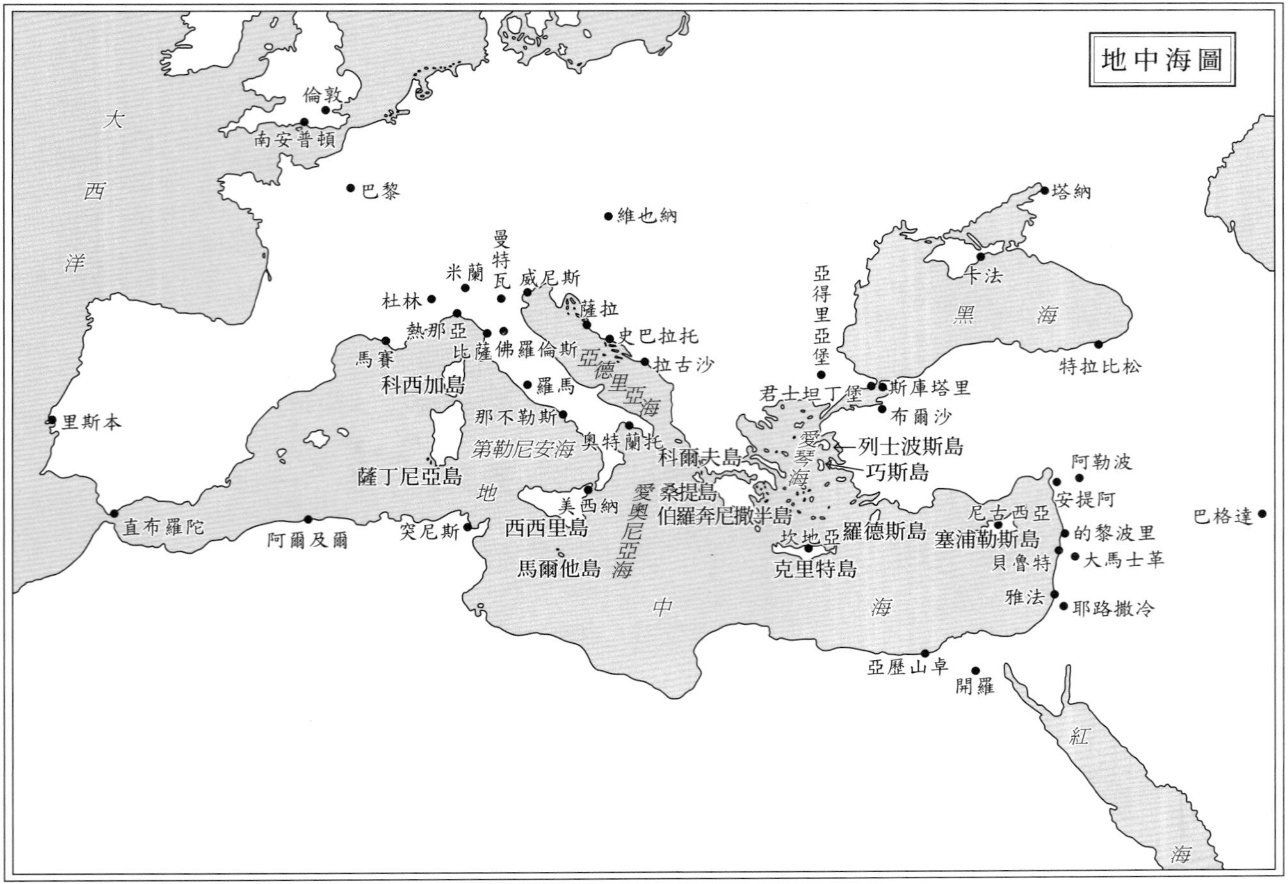
地中海圖
大西洋
倫敦
南安普頓
巴黎
維也納
塔納
里斯本
直布羅陀
阿爾及爾
突尼斯
馬賽
杜林
米蘭
曼特瓦
威尼斯
熱那亞
比薩
佛羅倫斯
羅馬
那不勒斯
科西加島
薩丁尼亞島
第勒尼安海
地
美西納
西西里島
馬爾他島
奧特蘭托
薩拉
史巴拉托
拉古沙
亞德里亞海
愛奧尼亞海
科爾夫島
桑提島
伯羅奔尼撒半島
中
海
愛琴海
列士波斯島
巧斯島
坎地亞
克里特島
羅德斯島
亞得里亞堡
君士坦丁堡
斯庫塔里
布爾沙
卡法
黑海
特拉比松
尼古西亞
塞浦勒斯島
阿勒波
安提阿
的黎波里
貝魯特
大馬士革
雅法
耶路撒冷
巴格達
亞歷山卓
開羅
紅海

第八章

宿敵土耳其

在對土耳其的戰爭中，決定勝負的關鍵不是能力而是數量。

這是我兩年前造訪伊斯坦堡，也就是過去的君士坦丁堡時的事了。當時最令我感興趣的既不是托普卡珀宮 (Topkapı Sarayı)，也不是大市集 (Kapalıçarşı)，而是海軍博物館 (Istanbul Deniz Müsesi)。我想知道的是海運國威尼斯的宿敵，也就是土耳其，在這方面留下什麼樣的史料。

然而，首站前往的海軍博物館卻大門深鎖。問了守衛的海軍士兵才知道，原來這裡關閉已久，同時不打算重新開放。來到這裡，當然不能不進到柵欄後頭那座深鎖的白色建築物裡看看。想當初，土耳其從威尼斯手中奪取東地中海的霸權時，雖然未能實現其雄心萬丈想要掌控全地中海的心願，但土耳其畢竟曾與威尼斯、西班牙聯合海軍對峙，轟轟烈烈地打了一場雷龐多海戰。在那座白色大建築物裡，一定留著當時土耳其參加海戰的蛛絲馬跡。無論如何想要一探究竟的迫切心情，驅使我決定撒謊，我告訴當局我是專程從日本來研究土耳其史的學者，無論如何請通融一下。一個星期後，我獲准參觀。

遵守當局指定的時間，我帶著相機和萬一不准攝影時可以派上用場的素描本，進入博物館隔壁的海軍附屬建築物中。沒多久，來了一位年輕海軍軍官，說是受命為我帶路。我跟在軍官身後，看著他在博物館入口前跟舉槍的衛兵答禮的動作，心想這麼的行禮如儀，期待能見到重要史料的心情也更加篤定。

豈料，調查隨著視線環視一百八十度後便告結束。博物館之所以需要這麼大的空間，只是因為裡面陳設了好幾艘蘇丹出遊時的御用船，既沒有過去槳帆船的模型，也沒有航海器具或是航海圖的展示，更甭提海軍基地的要塞略圖了。粗糙的展示內容與威尼斯的海軍博物館相比，如同天壤之別，難怪即使是無限期休館也沒人抱怨。

不過，至少禮節還是周到的。在海軍軍官的說明下，我煞有介事地參觀了蘇丹母后專用、四周覆以百葉窗的船室等展示。前後大概不過十五分鐘的光景，相機的快門一次也沒按，筆記也依舊是白紙一張。

走出博物館，望著洶湧的博斯普魯斯海峽，我第一次為書中的主角威尼斯男人感到悲哀。土耳其終歸是一個陸軍國家。在附近不遠的陸軍博物館裡，驕傲地陳列著鄂圖曼土耳其民族興隆史圖解，以及一排排形形色色的軍裝人偶。前者重現土耳其全盛時期攻陷君士坦丁堡的情景，後者則是戰利品的展示，其中包括了無數旗子與武器等。館方甚至特意安排一段一度讓西歐人聞之喪膽的蘇丹侍衛隊中耶尼切里（Yeniçeri）軍團的軍歌演奏讓我聽。而威尼斯卻正好相反，他們的海軍博物館館藏齊備，反倒是所謂的陸軍博物館，只是在元首官邸內設置一個區域聊備一格展示些武器而已。

海事國與陸軍國，面對與這樣一個彼此在本質等各方面都不同的民族為敵時，威尼斯男人想必非常苦惱吧。對於以商立國的威尼斯而言，他國的存在誠屬必要。然而，十五世紀後半，這個絕對需要仰賴他國存活的國家，卻對上可以自給自足，價值觀迥然不同的國家——土耳其。

「良知，是被動一方說的話，握有行動主導權的一方通常是不依良知行動的。」——一封威尼斯時人的書信一三〇〇年前後，鄂圖曼王朝在小亞細亞內陸不斷成長，誰都沒有料到，當時東有蒙古帝國，西有拜占庭帝國陰影籠罩的土耳其王朝，竟會在日後發展成一個強大帝國。二十八年後，土耳其人征服了小亞細亞西邊位於馬摩拉海附近的布爾沙(Bursa)，並決定在此設立第一個正式首都。布爾沙是拜占庭的領土。當時東邊的蒙古帝國勢力強大，西邊拜占庭帝國國勢衰微，土耳其作西進的選擇並不令人意外。雖然土耳其此時已經征服拜占庭帝國位於亞洲的領土，但是對於位居西歐主流勢力的海事國家威尼斯或熱那亞來說，仍不構成直接威脅。小亞細亞在地圖上儘管占地廣大，大部份內陸地卻是既荒涼又貧瘠。換句話說，只要不威脅到海岸地帶的所有權，對於以制海權為優先考量的海事國家而言，根本不足為懼。

然而，二十六年後，一三五四年土耳其攻陷了加利波利(Gallipoli)。加利波利已經不在亞洲的範圍內，儘管位處歐洲邊陲，卻是不折不扣的歐洲領土，尤其更是愛琴海通往馬摩拉海的要道——達達尼爾海峽沿岸的海港城市。警報傳到了威尼斯。是年，派駐君士坦丁堡的威尼斯大使在上呈給本國元首及元老院的報告中這樣寫著：

拜占庭帝國對於新興國家土耳其的威脅束手無策，似乎有除了土耳其以外，只要是基督教國家，不管是威尼斯、塞爾維亞，或是匈牙利，拜占庭帝國均願意臣服之意。

這是威尼斯方面關於土耳其情報史的最早史料。對於知道君士坦丁堡將在百年後陷落的我們，這真是預言歷史彌足珍貴的史料。只是，一如歷史上先知常遭忽視，威尼斯政府在得到大使瑪迪歐．維涅爾的警告之後，是否也重蹈歷史的覆轍，無視大使的警告呢？

威尼斯當初確實是沒有對土耳其採取行動，不過這並不表示威尼斯忽視這項警訊。

事實上，威尼斯審慎檢討了這份駐外單位送回來的報告書。最直接的證據就是，威尼斯當時曾經立即下令，要求君士坦丁堡注意往後土耳其的動靜。何以威尼斯不採取實際行動，而是靜觀其變呢？其中有著這樣的理由：

第一是拜占庭帝國的內情。儘管拜占庭帝國在各方面幾乎都荒靡不振，但若考慮到希臘人對於逼迫他們改信天主教的西歐人之嫌惡程度，要他們捨棄希臘正教去屈就羅馬教會，多數人寧可不要西歐人的援助。所謂只要是基督教國家皆願意臣服的說法，只是帝國內部某些人的一廂情願，人民的反天主教情結，即使在受到直接威脅的情況下，依舊不減。這一點，從一二〇四年第四次十字軍建立拉丁帝國起，曾辛苦守護了拉丁帝國六十年的威尼斯人最為清楚。

第二個理由是經濟。十年前，與穆斯林之間由於教皇施禁而中斷許久的貿易，再度因解禁而活絡起來。威尼斯香料的主要市場也因為「解禁」，由君士坦丁堡轉移到埃及的亞歷山卓。不過這一切並沒有影響到君士坦丁堡的重要性，威尼斯商船開往君士坦丁堡的航線也依舊正常——土耳其雖然占領了加利波利，但是安置的兵力之少，對於不費吹灰之力就能應付的威尼斯來說，根本不構成航行上的困擾。

對於缺乏無限制擴張領土欲望的威尼斯人而言，擴張土地一如精力的浪費，是種不切實際

1340 年的勢力分布圖

（摘自 OSTROGORSKY, G. *Storia dell' Impero Bizantino*）

的行為。

不過，土耳其民族可不這麼認為。僅僅五年後，一三五九年土耳其人開始有計畫地攻占巴爾幹地區。同年，拜占庭帝國首都君士坦丁堡的居民，只能毫無招架地看著土耳其軍從亞洲渡過博斯普魯斯海峽的最狹窄處登陸歐洲，光天化日堂堂通過城下。三年後，亞得里亞堡陷落。又過了一年，菲力波波利 (Philippopolis) 也落入土耳其軍手中，色雷斯地區全面淪為土耳其的領土。一三六五年，土耳其王朝將首都由小亞細亞的布爾沙遷至亞得里亞堡，向世人正式表明土耳其民族將根據地由亞洲移至歐洲的決心。不多時，色雷斯鄰境的保加利亞、馬其頓，甚至連拜占庭帝國都開始動搖。保加利亞和形式上為拜占庭帝國屬地的馬其頓相繼成為土耳其的屬國，約定每年進奉貢金、履行軍事義務；拜占庭皇帝也同意每年進貢，並約定在蘇丹遠征時由皇帝親自或是皇族率兵隨軍出征。

只是，貴為大東羅馬帝國的皇帝，豈能全面屈服於屬國化的事實。東羅馬帝國皇帝於是親自前往匈牙利求援。未料，遭到匈牙利國王以自己是天主教徒，必須對羅馬教皇忠誠為由的拒絕。皇帝不得已只好轉向羅馬。但是這回才剛在兩年前結束「亞維儂之囚」回到羅馬，明明已經喪失號召西歐組成十字軍力量的羅馬教廷，態度卻依舊傲慢，堅持拜占庭帝國應先回歸天主教，再來談派軍援助的事。絕望的皇帝只好在羅馬接受天主教的洗禮。

只不過，一回到君士坦丁堡，皇帝立刻明白了捨棄希臘正教終究只是他個人的行為。因為從朝廷、希臘正教的神職人員甚至到民眾全都認為，如果要他們禮拜羅馬教皇的三重冠，他們寧可去膜拜土耳其人的頭巾。

翌年一三七〇年，皇帝又改向威尼斯共和國請求援助。但是遭到皇太子一干人的反對，另行推舉熱那亞，結果在朝廷內部缺乏共識的情況之下，威尼斯政府連考慮的時間都沒有，便宣告無疾而終。

其實就算拜占庭帝國內部齊心向威尼斯求援，當時的威尼斯也未必有餘力幫助拜占庭帝國。對海事國家威尼斯而言，東地中海的制海權高於一切，不管土耳其是以多麼龐大的軍力由陸上進攻，比起進軍陸地的土耳其，熱那亞無疑還是最大的敵人。正如第六章〈對手熱那亞〉中所提到的，經過一三八〇年那場戲劇性的發展，地中海兩大海事國家的爭端終於落幕。當時的威尼斯，老實說，根本沒有多餘的心力理會土耳其。威尼斯是打了勝仗沒錯，但經過一場全力以赴的戰爭後，調養生息、恢復元氣，畢竟需要時日。

土耳其軍勢如破竹，如同不識戰敗滋味般屢戰屢勝。一三八五年，攻陷保加利亞首都索非亞(Sofia)；一三八七年，馬其頓的薩羅尼加(Salonica)陷落。當拜占庭帝國皇室為了下任皇帝人選爭執不休時，甚至有賴土耳其蘇丹的一句話加以定奪。造訪君士坦丁堡的蘇丹被皇帝奉為上賓，倍受禮遇，但若問到是誰要求打掉君士坦丁堡周圍城牆並實際毀壞一部份的，卻也是這位蘇丹巴耶茲德一世(Bayezid I)。威尼斯甚至叮囑新任大使到君士坦丁堡上任時，如果見到的君主不是帕里奧洛加斯而是鄂圖曼時，應該如何應對等等事宜。

拜占庭帝國此刻的命運，任誰看來都有如風中殘燭。一四〇二年拜占庭帝國的勢力，除了君士坦丁堡及其周邊外，僅及伯羅奔尼撒半島。就算不跟六世紀的查士丁尼大帝全盛時期，領土從北非到中近東全域、小亞細亞、希臘、巴爾幹、義大利全境、南西班牙的時代相比，以一三〇〇年到一四〇〇年這短短百年間，領土消長變化之劇，雖說是新興民族與老帝國對決

1402 年的勢力分布圖
（摘自 OSTROGORSKY, G. *Storia dell' Impero Bizantino*）

的必然結果，仍不免令人心生唏噓。

然而，現實的歷史，總是充滿了讓相信歷史是階段性發展的人不解的事。這件發生在一四〇二年，土耳其完成君士坦丁堡包圍網時的事，讓原本以為拜占庭帝國滅亡只是遲早的事而深感絕望的人們，無不為之欣喜若狂。

由蘇丹巴耶茲德親自率領的土耳其大軍，在小亞細亞安卡拉 (Ankara) 迎戰帖木兒所率領的蒙古軍，不料兵敗如山倒，吃了個大敗仗。蘇丹遭俘，土耳其兵遭蒙古軍擊退，潰不成軍。如果說土耳其士兵的殘暴向來出了名，那麼蒙古軍毋寧更勝一籌，據說只要是蒙古軍經過的地方，不要說狗吠，就連鳥鳴、孩童哭聲都不復聞！

蘇丹遭敵人俘虜，初嚐敗績的土耳其統治階級頓時起了分裂，內鬥直到三年後帖木兒過世，蒙古帝國急速瓦解時仍未平息。原本屈服於土耳其的各國莫不抓住這個翻身的大好時機，紛紛高舉反幟——有沒有反攻的力量是一回事，在年貢金及軍事義務上裝蒜至少不成問題。

「停戰」狀態在土耳其收拾內亂的二十年間不斷持續，給了宛若風中殘燭的拜占庭帝國一線生機。在所有人眼裡，土耳其的威脅已經、且將不復存。由於勁敵熱那亞的拱手稱臣，威尼斯趁著掌控地中海制海權的既有優勢，全力開動商船隊，致力經商。當時利亞托橋附近所呈現的活絡景象，號稱是東自巴格達 (Baghdad)，西至倫敦的經濟世界的一大重鎮。不僅如此，威尼斯還向本土擴張，在這個時期展開了建國以來從未嘗試過的擴張政策。

Terra Ferma 直譯為「靜止的土地」，意譯為「本土」，指的是當時威尼斯人口中與歐洲大陸接壤的義大利北部。以今日我們對本土這個字的理解，實在很難感受當初威尼斯人何以不直接稱大陸，而另造 *Terra Ferma* 一詞的用心。對威尼斯人而言，他們的根據地始終只有浮在

潟湖上的威尼斯本島，至於那片位於海所圍起來的城牆對岸的 *Terra Ferma*，則純粹只有屬地的意味。

最近有歷史學者主張，十五世紀初威尼斯所推行的「本土」擴張政策，是海運國家為求在陸地安定生活所作的轉變，如果不是當初在「本土」投注心力，威尼斯理應可以集中精力於海上，自然也就能避開後來土耳其的攻勢了。但這實在是後人常犯的妄加論斷之誤。關於海運大國威尼斯是不是真的改弦易轍，魯薩多教授已經就經濟面加以推翻，更別說土耳其的問題根本不是威尼斯集中心力在海運就能解決的，這點容後再提。十五世紀威尼斯共和國之所以必須施行「本土」擴張政策，其實有兩個迫切的理由。

前面曾經多次提及，威尼斯能自給自足的資源只有魚跟鹽，其餘物品如果不向其他地方購買，生活便無以為繼。生活在這種處境下的人們，對於麵粉等不可或缺的生活必需品的渴求，如果說國內本身就能提供，不用仰賴遙遠的英國或是義大利南方，相信所有人都會舉雙手贊成。尤其，此時又是威尼斯政府為了因應經濟繁榮所帶來的人口大幅增長，正努力確保糧食之際，如果能夠就近擁有一塊穩定供給糧食的土地，實在是件求之不得的事。換言之，在這個動機背後，其實有著經濟上的必要性。

威尼斯以仲介貿易立國，東方與西歐透過威尼斯彼此連結。就像威尼斯一向視東地中海的制海權，即東方商業重鎮與威尼斯之間的航線安全為生死攸關的問題。同樣地，連結西歐與威尼斯各交通要道間的安全性，對他們而言也極為重要。如何讓集結在威尼斯的西歐商人，能夠在即使安全無虞的情況下，也不致因君主的一句話而使得道路封鎖、商品無法順利在威尼斯與西歐間流通的情事發生，在在都是威尼斯必須考慮的課題。畢竟，威尼斯商業的興廢不僅存繫於東方航路的安全與否，也與西方陸路的安全息息相關。

然而，當時義大利北部卻正陷於主張領土擴張政策的米蘭維斯康提家族，與反對領土擴張主義的維洛納史考利傑力家族、帕多瓦卡拉拉家族的征戰中。自一三八〇年的吉奧佳戰爭後，威尼斯便深深體會到強敵在側的不安，此刻早已想方設法地擺脫現狀。最好的時機在一四〇二年到來；同年也是土耳其在東方大敗於蒙古的一年。

一四〇二年，維斯康提公爵，這名力主擴張王國版圖至北義大利，乃至中義大利佛羅倫斯的擴張主義者猝死，慣例又是一場家族分裂劇隨之上演，威尼斯獲得了一個翻身的大好時機。

威尼斯的土地擴張政策向來不以軍事鎮壓。若說威尼斯是按照當時慣例，以徵募傭兵的方式組成陸軍進行征服，不如說是各地主動臣服，而威尼斯也樂於接受要來得正確。由於威尼斯政府只要求市長和警察長須由中央任命，其餘幾乎全由地方人民自治，與過去專制的米蘭公爵要求全面納入自己統治的做法完全不同，這也使得威尼斯在「本土」的屬地在短短的五年間，便從柏加摩(Bergamo)擴張到夫利烏利(Friuli)。原本十五萬多的威尼斯人口在加入「本土」後，一口氣成長到十倍之多，讓威尼斯共和國享受到了海陸雙方完全的通商自由，經濟實力也在十五世紀前半達到了最巔峰。

布爾克哈特（Jacob Burckhardt，編按：十九世紀的傑出文化藝術史家）曾經引用一段有名的演說，據說是元首湯馬索．莫契尼哥（Tommaso Mocenigo）垂死前在病榻上說的話。莫契尼哥是個數字通，連喜歡精打細算的官員都要讓他三分。他的話相當程度透露了當時威尼斯統治階級有趣的思維模式。內容大致列舉了：

公債由原本的一千萬減為六百萬達卡特。

出口總值一千萬達卡特，與進口總額相當，獲得的利益約四百萬達卡特。

國營鑄幣場每年鑄造發行一百二十萬金幣、八十萬銀幣。由於金銀的含量穩定，當時威尼斯的通貨，同時也是世界上最具信用的國際貨幣。

威尼斯全國房價總值超過七百萬達卡特，一年的租賃所得達五十萬達卡特。

法律的公正也是舉世聞名，外國人甚至寧可在威尼斯接受法律的制裁。

四十五艘大型槳帆船與一萬一千名船員隨時維持在出航狀態。

三百艘兩百安法拉（一百二十噸）級以上的大型帆船，配置八千名船員。

四十到兩百安法拉（二十四噸到一百二十噸）級的小型帆船，總數達三千艘，船上共有一萬七千名任職的船員。

造船工人有六千人之多。絲或棉布的紡織工人，包括織帆布的工人在內，總人數多達一萬六千人。

年收入七百到四千達卡特的威尼斯居民有一千人。（註：不含房租，當時一年只要有十五到二十達卡特便可衣食無缺。）

元首莫契尼哥繼續說道：

這樣下去，威尼斯極有可能成為基督教世界中排名第一的經濟大國。有鑑於此，必須避免無謂的戰爭。

因為如果國家一直處於爭戰狀態，今日擁有一萬達卡特的人，將減為只有一千達卡特，而擁有兩棟房子的人，則會減為只剩下一棟。

若其他國家也能抱持相同的看法，老元首莫契尼哥的心願想必就能達成吧。可惜，十五世紀，無論是土耳其、米蘭，還是十六世紀初崛起的西班牙或法國，乃至此時雄踞東方的土耳其等等，都是不需要他國便能生存的陸路國家，此乃威尼斯之不幸。

這篇講稿的日期是一四二三年。當時能夠作出這麼精確統計的國家，放眼地中海周邊乃至整個歐洲大陸，威尼斯均是絕無僅有，就連另一個以工商立國的共和國佛羅倫斯也望塵莫及。足見威尼斯人擁有的經濟觀與當時其他國家截然不同。但問題是，這些在經濟上縱然不如威尼斯的國家，卻擁有十倍優於威尼斯的人口數。

早在極力反戰的莫契尼哥死前一年，因為內亂而長久積弱不振的土耳其，早有東山再起之勢。一四二二年六月，土耳其出其不意包圍君士坦丁堡，此時的拜占庭帝國首都雖然在堅固城牆的護衛下不為所動，逼使蘇丹穆拉德最後只得撤退，但是對拜占庭帝國所造成的心理打擊，從其兩年後輕易對蘇丹臣服，以及日後二十年間持續進貢與盡軍事義務的態度上，不難看出。拜占庭帝國再度成為土耳其屬國。

六年後，一四三〇年，向來只覬覦小亞細亞及巴爾幹，對南方採取友好態度的蘇丹穆拉德，突然攻打薩羅尼加。重要性相當於馬其頓首都的薩羅尼加，四十三年前便曾一度臣服於土耳其，後來在一四〇二年土耳其敗於蒙古時，才重回希臘人懷抱。在君士坦丁堡受包圍而動盪不安的那段期間，薩羅尼加正好歸威尼斯託管。在秉持據點主義的威尼斯人七年的治理中，馬其頓全境主要還是由希臘人民自治，威尼斯共和國只是形式上擁有。別的不說，人口稀少的威尼斯首先就不可能像古羅馬一樣，讓國人大量從本國移居殖民地守護、統治當地。威尼斯對馬其頓唯一能做的只有海上防備。孰料，土耳其竟從陸地上進攻。

有過一次淪陷，而且又是委託他國統治的都市國家，要再陷落一次實在再簡單不過了，少數威尼斯人的英勇對抗，似乎都只淪為無謂的犧牲。不過，這次威尼斯與土耳其於一四三〇年戰場上的首次交鋒，卻也讓威尼斯人對於戰爭規模已經改變的事實有了切身體驗。只要蘇丹一聲令下便可動員的大軍人數，相當於威尼斯市的所有人口，這就是威尼斯今後必須面對的勁敵。

共和國政府火速派遣和平使節到土耳其首都亞得里亞堡。同年簽訂條約，威尼斯以薩羅尼加換取國人在土耳其境內的全面通商自由，蘇丹則正式承認威尼斯在東地中海到黑海的所有基地的主權。

這項通商友好條約在往後的十六年間，重新確認了九次之多。期間並且造就了一些藉由在君士坦丁堡及土耳其首都亞得里亞堡之間做買賣、進而累積財富的威尼斯商人，銀行也開了兩家。發明現代銀行業務的是威尼斯人，但是在君士坦丁堡的威尼斯銀行諸多往來的客戶中，同樣不乏土耳其人的身影。

以牧羊起家的土耳其民族，對商業並不如另一個同屬伊斯蘭國家的阿拉伯熟稔。在土耳其人眼裡，讓威尼斯人等一干西歐人來掌控自己不擅長的買賣，至少在當時並無不妥。而威尼斯似乎也相信，彼此在這種情形下有共存共榮的可能。事實看來似乎也是如此，在奪得薩羅尼加之後，土耳其雖曾遠征巴爾幹，卻一度也不曾派兵踏上威尼斯的土地。

然而，誠如馬基維利在書中所提的，現實主義的威尼斯人所犯的錯誤就是：無法了解非理性行動的對手。因為威尼斯人總認為對方不至於做傻事。

威尼斯政府的情報網怎麼都沒料到，土耳其宮殿裡竟然有位熱衷研讀朱利斯．凱撒傳記，高喊著「現在是伊斯蘭的時代！」，或是以亞歷山大大帝為楷模，喊出「亞歷山大大帝東征，我們西征！」口號的青年正逐漸長成。

一四四八年十月，在伯羅奔尼撒半島戰地上，展現了非凡統治才能的君士坦丁．帕里奧洛

加斯 (Constantin XI Palaiologos) 登基為拜占庭皇帝。這位四十五歲成熟穩重的君王，以紳士風範聞名。

三年不到，一四五一年二月，繼承土耳其蘇丹王位的是十九歲的穆罕默德。穆罕默德二世其實是三男，但大哥及二哥相繼過世，因此當父親穆拉德 (Murad II) 駕崩的時候，由他順利繼承蘇丹王位。

雖說當時人們的壽命普遍不長，但十九歲畢竟太年輕。包含威尼斯共和國在內的西歐勢力，對於這位即任的新蘇丹，似乎都給予不如其父的過小評價。

穆拉德具有古典武士的氣質，他會跟兵士一同用餐，就算處罰，也罰得令人心服口服，極受軍隊的信任。與他國締結的條約也絕不出爾反爾。例如，他與一度攻擊未果的君士坦丁堡之間，自從拜占庭帝國皇帝允諾以每年繳納貢金的方式換取雙方簽訂互不侵犯條約之後，穆拉德便再也沒有作出任何挑釁的行為。此外，他也不作無謂的殘暴統治。在他三十年的治世中，所有戰爭幾乎都是出於自衛。包括威尼斯希望享有的通商自由，穆拉德也都全部應許。對威尼斯而言，蘇丹穆拉德確實是一個「講得通」的人。

然而，接替父親登上帝位的穆罕默德二世，與其父的個性卻正好相反，這點稍後再作詳細說明。就上任當時來看，他除了是位心思讓人難捉摸的君主之外，同時也不受士兵愛戴，與大臣之間的關係說不上好，在跟隨父親作戰的時代，又沒立下什麼值得一提的汗馬功勞，西歐各國因此一致認為這位新上任的蘇丹軟弱且無能。尤其，這位穆罕默德二世在繼承土耳其廣大領土的同時，也概括承受了鄂圖曼土耳其民族的發源地——安那托利亞（小亞細亞）所爆發的叛亂問題。

循著理性思考的威尼斯人因此下了這樣的判斷：

「穆罕默德二世的當務之急一定是以促進民族間的團結為優先。」

「如此一來，在沒有多餘心力攻打鄰近諸國的前提下，應該會暫時跟各國維持友好的關係。」

下了這個想當然耳的結論，威尼斯人於是認定新蘇丹應該暫時不會有侵略性的軍事行動。然而，十九歲年輕君主的行動卻令人始料未及。初即帝位的穆罕默德二世先是殺害眾家皇弟，然後以賞給侍衛隊耶尼切里軍團每人加倍的薪餉籠絡軍心，隨即便帶軍鎮壓安那托利亞。內亂獲得了一時的鎮壓，雖然談不上根除，但是順利牽制住了亂黨。因為若想完全鎮壓這場內亂，恐怕得耗費好幾年的時間，但這並不符合穆罕默德二世此時的盤算。

同時間，穆罕默德二世在和鄰近各國的外交上，也採取了不像十九歲年輕人的行動。首先，他維持了與威尼斯之間的友好通商關係，至於與拜占庭帝國皇帝締結的互不侵犯條約，他也向阿拉、先知以及《可蘭經》立誓將保持不變。然而，就在安那托利亞的問題告一段落時，新蘇丹卻馬上在土耳其境內召募一千名工人。而此時距離他上任不過短短十個月。

召募令不只在君士坦丁堡發布，同時也傳到愛琴海鄰近諸島，弄得人心惶惶，眾人紛紛猜測募集工人的目的。樂觀一點的人推測，大概是要在亞得里亞堡蓋宮殿，因為土耳其蘇丹過去雖擁有廣大的土地，生活也極盡奢華，但是住的地方卻只像個變形的帳篷。

就連朝中大臣也不清楚內情。不過，只要朝廷中有親西歐勢力的大臣在的一天，威尼斯政府要透過這些人蒐集情報就不是難事，情形姑且不算太悲觀。一四五一年的冬天，就這樣在不安與樂觀的擺盪中渡過。

翌年一四五二年春天一到，數量龐大的工人開始移動。他們從歐洲、亞洲集合到博斯普魯斯海峽。拜占庭帝國及威尼斯這時才知道穆罕默德二世真正的企圖——他要在博斯普魯斯海峽建立要塞。博斯普魯斯海峽最狹窄處只有六百六十公尺寬，穆罕默德二世的祖父在海峽另一端，也就是亞洲對岸已經築了一座安納托利亞要塞(Anadoluhisarl)，穆罕默德二世就是打算在原先那座的對面再蓋一座。

拜占庭皇帝君士坦丁火速對穆罕默德二世的行動提出抗議，理由是當初在對岸亞洲築要塞時，當時的蘇丹曾事先徵得拜占庭皇帝的許可，但是這次卻毫無通知，明顯違反雙方締結的條款。由於要塞的所在地位於拜占庭領土境內，皇帝的抗議可說合情合理，但年少的穆罕默德二世卻以冷笑回覆，並將皇帝的使者逐回，緊接著派去的兩名使者更是慘遭殺害。

工程在四月十五日動工，總共動員了五千多名的技術人員、工匠以及工人，由三位大臣分別負責踞於城塞三方的三座塔的建設。開鑿工程在沒有任何阻撓的情況下進行，時序進入八月後，穆罕默德二世更是親臨工程現場視察，從首都亞得里亞堡移駕加利波利，又從加利波利搭槳帆船渡過馬摩拉海，繞過君士坦丁堡城牆進入博斯普魯斯海峽，沒有海軍的拜占庭帝國只能眼睜睜看著穆罕默德二世來去自如，束手無策。

這座稱為魯美利・希薩爾（Rumelihisarı，意思是「歐洲之城」）的要塞於八月二十一日完工。當時，這種規模的城塞能在這麼快的時間內完工，實在是個特例。西歐方面藉由威尼斯間諜終於一窺這座城塞的內部構造。這座運用山丘到海岸的斜面，有著三角形平面構造的城塞，明顯是西歐設計師的手筆。

設立這個要塞的用意有二。打從這座城塞的地點明朗後，明眼人都知道是要作為在攻打君士坦丁堡時的緊急後方基地；二來也有控制博斯普魯斯海峽的目的。拜占庭帝國首當其衝成為箭靶，其他像是威尼斯、熱那亞等以君士坦丁堡為基地，來往於博斯普魯斯海峽穿梭黑海沿岸都市的商船，也都將直接受到威脅。

接下來，穆罕默德二世更進一步在舊有的亞洲城塞與新建的城塞兩邊安裝大砲，擅自決定往後通過博斯普魯斯海峽的船隻必須繳交通行費，凡不遵從停船命令者，一律擊沉，毫不留情。事實上，就有三艘不聽從命令想要硬闖的威尼斯商船受到大砲攻擊，其中兩艘逃過一劫，一艘因此沉船，船上的船員全被帶到亞得里亞堡，在蘇丹面前遭到斬首。

在當初讀到這份史料的時候，我簡直無法置信。畢竟，將近兩百名划槳手使勁全力划的船，就算博斯普魯斯海峽以海流速度快聞名，就憑當時準頭欠佳的大砲，怎麼可能輕易擊沉移動中的船隻呢？一直到自己親自站在魯美利・希薩爾遠眺時才發現，海流的速度遠比想像中還快。這股起因於黑海與馬摩拉海之間的水位不同、海中鹽份比例差異等因素的博斯普魯斯海潮，速度快得宛如急湍，起風的日子甚至會激起陣陣洶湧的白浪。以現代動力船為例，即使只是艘小船，從黑海下來的速度仍能快得有如飛箭；反之，從馬摩拉海到黑海的船則是慢得如同靜止。以當時再大不過是一百二十噸到兩百噸的槳帆船為例，即使竭盡全力划，除非幸運得到順風相助，否則大概就像個靜止的標靶吧。穆罕默德二世嚇阻西歐支持君士坦丁堡的意圖也因此順利達成。

但真正令拜占庭坐立難安的倒不是被索取通行費，而是被穆罕默德二世宣告要征服的這件事。年輕蘇丹的每項作為都令拜占庭帝國膽戰心驚，在穆罕默德二世在位的二十年間，拜占庭皇帝不斷向西歐討救兵，甚至不惜親自出席天主教會說明出動十字軍討伐土耳其的必要性。

拜占庭要求無論如何先派救兵，否則無法安撫民眾。

但是天主教會所抱持的態度卻是：先統一東西教會，否則無法說服各國君王參與十字軍。

誠然，拜占庭皇帝迫切需要援軍，也十分願意接受以改信天主教的形式統一東西教會，但國內的反應，諸如「如果要向羅馬教皇的三重冠低頭，寧願向土耳其人的頭巾投降」，以及「寧可君士坦丁堡被土耳其的頭巾淹沒，也不願見到處都是主教的帽子」等言論，卻也相當程度反映出強烈的反天主教情結。甚至連拜占庭帝國高層也有不少人懷疑，就算東西教會統一，西歐果真會派救兵援助拜占庭嗎？畢竟在共同面對土耳其威脅的天主教各國當中，真正認真重視這個問題的，至今也只有國境直接受到侵犯的匈牙利國王而已。

但是眼看年輕的蘇丹不顧朝中大臣的反對，執意消滅拜占庭帝國的決心已成定局，君士坦丁皇帝也無暇去顧慮這些不信任了。

理論上來說，當時的土耳其並沒有非攻打君士坦丁堡不可的理由。君士坦丁堡雖是拜占庭帝國的首都，但統轄的領土只有君士坦丁堡市街，踏出城牆後，就算在那裡建了座軍事要塞，君士坦丁堡也沒有能力派兵力固守。再說，當時的君士坦丁堡又是個自由都市，各國商人各自擁有自己的社區；基督教會、猶太教會、清真寺中，各種宗教都有公開獲得謳歌的機會。這些人的存在促成了商業的繁榮，同時也讓土耳其人充份享受到利益。

但穆罕默德二世其實是企圖在消滅拜占庭帝國之後，重新建立一個帝國；當然，是伊斯蘭而不是基督教帝國。因此，對於心懷不軌的穆罕默德二世來說，征服拜占庭帝國的首都君士坦丁堡勢在必行。雖然有些親歐派的大臣不以為然，但在死刑的威脅下，這些人也不敢不從。

穆罕默德二世首先命令大臣率領一支軍隊到伯羅奔尼撒半島，牽制當地擁有領土的皇族，讓他們在君士坦丁堡受到攻擊的時候無法派遣救兵。不僅如此，還將他們的護城河通通給埋了起來。

君士坦丁皇帝頻頻派出使節向西歐告急。當時的羅馬教皇是尼古拉五世（Pope Nicholas

V)，但這位頂著文化人名號的教皇，卻連迎接使節的態度都欠缺誠意。同時期，日耳曼的神聖羅馬帝國因為君侯間的鬥爭，正陷入無政府狀態。法王也正忙著將英國人逐出法國，無心鎮壓異教徒。英國有約克王朝和蘭開斯特王朝的薔薇戰爭，西班牙同樣也有內亂；義大利領土的米蘭、佛羅倫斯、威尼斯、羅馬、那不勒斯彼此間的混戰，也都維持了至少有二十年。

至少——君士坦丁皇帝心中這樣想著——有直接利害關係的威尼斯會是最可靠的友邦，因此送了好幾封乞求救兵的信給威尼斯。但威尼斯政府每次的回信總是千篇一律，內容不外乎因為北義大利的戰役，威尼斯根本無力獨自派遣救兵，但如果教廷或佛羅倫斯共和國願意共助一臂之力，情形或許還有轉機。就連信中的附註：雖然無法派遣救兵，但是經濟上的援助威尼斯不會吝嗇，已下令駐外大使，皇帝隨時可以向威尼斯派駐君士坦丁堡的大使領取支票等字眼，也都一模一樣。

元首莫契尼哥臨死前殷切叮嚀威尼斯人不要捲入無謂的爭戰，但威尼斯仍相當程度涉足了「本土」的戰爭。儘管威尼斯擴張「本土」政策的本意，不過是想確保陸路交通權，而非擴張領土。只是，一個擁有北義大利大部份土地的國家，要說不刺激到周遭國界相鄰的友邦也難。尤其威尼斯的經濟實力又是西歐首強，招致的反彈當然更是大。

與強國為鄰而心生不安的國家，縱使有求於友邦，但在不想遭併吞的考量下，態度時常強硬，甚至時有不當要求。威尼斯當初深入本土戰局的初衷，其實也只是一個經濟大國在面對這些國家的顧慮時，不得不採取的外交姿態。

湯馬索・莫契尼哥的演說是一場選舉演說。在排列了許多數字之後，他說了以下這段話。話裡提到的Messel是先生的意思，這跟英國在首相兩個字之後只加Mister是一樣的意思。

我的繼任者將決定共和國前途的黑暗或光明，期盼各位審慎行事。各位似乎多推崇Messel馬林・卡拉貝洛，依他的才華與氣質，本人也認為是位合適擔任此時國家元首的人選。Messel法蘭契斯科・班伯是位有崇高人格的人，Messel雅可莫・特列維森也是。Messel安東尼奧・孔塔里尼、Messel法斯丁・米凱，以及Messel阿爾・邦巴德爾等諸位先生也都個個賢明，毫無不適任之處。

然而，推崇Messel法蘭契斯科的各位，似乎不了解先生重榮譽、無法忍受屈辱的好強性格。若由先生接任，相信威尼斯將因此捲入綿延不斷的戰禍中。

接在這段話後面的，就是前面曾經提到如果威尼斯陷入戰火，則原本家產有一萬達卡特的人將減到只剩一千；擁有兩棟房子的人，會減到只有一棟。莫契尼哥於一四二三年留下這番話後辭世，其後三十年間，威尼斯的命運果如其言，接任莫契尼哥的正是好強的佛斯卡利(Francesco Foscari)。在外交上，他的主張氣度宏偉，符合泱泱大國的形象，也博得了多數有權者的支持。佛斯卡利在位長達三十四年，但到最後就連過去站在同一陣線的夥伴也都背離他，終至被迫退位。不過，他的影響力左右了威尼斯頗長一段時間，卻是無法否認的事實。

威尼斯的經濟實力雖然無人可敵，又是一流的海事國，但是陸軍只有三流水準，在「本土」的戰局中可說完全居於劣勢。對於出任此時期的威尼斯的下任元首人選，莫契尼哥判斷好強的佛斯卡利不適任，理由其實頗耐人尋味。世間所謂的好戰派，說穿了，不是喜歡打仗，只是較一般人好強罷了。

然而，歷史中哪場戰爭必要，哪場又是不需要，其實無從判定，有的只是太過深入與不須深入的差別。在興盛時期，時代站在我方，手中又握有主導權，所以處世不難。但只要國勢一走下坡，問題也隨之變得困難重重。除了時代不利於我方之外，由於立場屈居下風，主導權當然也不復在，但這時的主政者卻較他們興隆時期的同伴，更被期待應具有賢明的領導能力。只是，我們卻不能因為他們行事被動而加以批判，因為就算要批判，也該是針對他們對所處的被動時代的認識是否充份。然而，這種能力往往也是人類最高的智慧。

此時的威尼斯無法從「本土」的戰亂抽身，但東方風起雲湧的緊急情勢卻迫使他們必須在此時做出決策。

對於拜占庭皇帝請求救兵的要求，威尼斯除了暫以支票交差外，並在一四五二年八月下令克里特島防衛艦隊副司令加布里列．特列維森 (Gabriele Trevisan) 出兵。特列維森火速從克里特轉往科爾夫，在當地接收了從威尼斯本土派來的援軍以及軍資，隨即前往內格羅龐特，打算以護衛等在內格羅龐特的希臘定期航線商船隊的形式，前往君士坦丁堡。威尼斯商船隊的希臘定期航路終點站一向為君士坦丁堡，這點土耳其是知道的。為了不讓人有出動艦隊的聯想，威尼斯可說用盡心思。時值「魯美利．希薩爾」城塞漸漸完成，而威尼斯商船沉船事件還沒發生之際。

沒多久，土耳其便公然進行起攻擊君士坦丁堡的準備。亞得里亞堡收到消息指稱，穆罕默德二世正在下令建造前所未聞的大砲。這個據稱能夠破壞君士坦丁堡城牆的大砲，經證實確實具有炸開直徑兩公尺大洞的強烈破壞力。是年十一月，皇帝派去羅馬交涉東西教會統一事宜的伊希多洛斯樞機主教，拿到了教皇的認可回國。十二月十二日，皇帝親自出席統一後的第一次彌撒，但希臘人的反應卻出奇冷淡。西歐援軍是否已經出動的消息一直沒有傳來，君士坦丁皇帝唯一能做的只有火速修復城牆與調度糧食。一四五二年跨五三年的冬天，相較於土耳其積極的攻城準備工作，拜占庭帝國和西歐卻是在毫無動靜之下渡過。

時序將近一四五三年一月底，巧斯島島主熱那亞人喬凡尼．朱斯提尼安（Giovanni Giustiniani），率領旗下士兵乘船抵達君士坦丁堡。君士坦丁皇帝因這名威名遠播的武將的到來而龍心大悅，馬上任命他為君士坦丁堡防衛軍總司令。從黑海的特拉比松（Trebizond）也來了兩艘軍用槳帆船，如果再加上前年底抵達的威尼斯船隊，這些就是西歐方面派來的全部援軍了。

史上有名的君士坦丁堡戰役守方的戰備如下：

威尼斯　——五艘

熱那亞屬——五艘
克里特（威尼斯屬）——三艘
義大利的海港安科納——一艘
西班牙的加泰隆尼亞 (Catalonia)——一艘
法國的普羅旺斯——一艘
共計十六艘

如果再加上拜占庭海軍的十艘，總共也不過二十六艘。相形之下，土耳其封鎖海上的船隻卻將近百艘。守方海軍的工作主要是以粗鎖鏈封鎖金角灣入口，然後據守在金角灣中讓敵方無法攻擊。西歐因善於海戰，操縱船的能力遠優於土耳其，因此儘管面對的是人數將近四倍的敵軍，依然能夠對抗無礙。只是，陸軍戰力卻有著令人絕望的差距。

四千九百七十三名希臘兵，再加上兩千名外國傭兵，總數七千人，這就是全部的兵力了。雖說居民或多或少會給予協助，但因為懼怕土耳其的威脅，早有不少希臘人落荒而逃。決戰前夕君士坦丁堡的總人數，即使連小女孩也算入，也不過三萬到三萬六千人。相較之下，土耳其光正規軍就在八萬人之譜，如果再加上因為垂涎戰利品而趨之若鶩的志願兵，人數將更多達十五萬；而且這還是務實不灌水的威尼斯人的估計，根據希臘方面的記錄，甚至估到三十萬。

四月六日發動的君士坦丁堡戰役不是本章重點，在此不多作贅述。令人驚訝的是，直到五月二十三日土耳其破城攻入為止，君士坦丁堡竟能以這樣的軍力撐過四十八天。整場戰役最後在土耳其以大砲為攻擊主力，以及大膽決定以陸路行船的方式通過加拉太地區，將船隊由博斯普魯斯海峽運到金角灣後，勝負始定。當然，最重要的還是穆罕默德二世的毅力，這也是君士坦丁堡歷經多次攻城戰（光是土耳其就有兩次）都沒得逞，但終究陷落的主因。

西歐最終還是沒有以國家的名義派軍救援，這也更加突顯了個人戰績的斐然。朱斯提尼安在這場戰役中身受重傷；威尼斯大使米諾特（Girolamo Minotto）帶著兒子跟六名國人一起在勝利者蘇丹面前慷慨赴義。戰死或成為俘虜的威尼斯市民，光是貴族就有四十七人。那些在城陷時跳入海中，游到威尼斯船上獲救的人們成了幸運兒。陣亡、遭處決，或是成為俘虜的威尼斯市民中，最受注目的莫過於多芬（Dolfin）、格里提（Gritti）、羅瑞丹（Loredan）、柯納羅、莫契尼哥、特列維森（Trevisan）、維尼爾（Venier）、孔塔里尼等名門中的名門。在城陷後慣例的三天掠奪中，威尼斯方面的損失高達五十萬達卡特，而當時佛羅倫斯最有錢的科西莫．梅迪奇（Cosimo de'Medici）的家產也不過二十萬達卡特而已。熱那亞商人的損失超過了四十萬；其他國家，例如義大利的海洋都市國家安科納或阿馬爾菲等，損失雖不如這兩個國家，但蒙受的打擊是相同的。在後來一段時間裡，土耳其人甚至不直稱有錢人為富豪，而改口以「參與君士坦丁堡陷落的人」作為有錢人的代名詞。

威尼斯共和國是西歐方面率先得知君士坦丁堡陷落的國家。五月二十九日，君士坦丁堡城陷六天後，八艘成功脫逃的威尼斯和克里特船隻抵達了威尼斯領土內格羅龐特。在向威尼斯東地中海艦隊總司令雅各波．羅瑞丹 (Jacopo Loredan) 作過報告後，三艘克里特船經由愛琴海南下返回克里特島。另外三艘損傷不大，依舊可耐航行的威尼斯船隻，則於六月三日離開內格羅龐特，六月十二日抵達伯羅奔尼撒半島上的莫頓稍作停留，之後便一路北上返回國土。

約此同時，總司令羅瑞丹也發出了一份君士坦丁堡陷落的報告，交由名為「格利波」的快速船送到威尼斯。這艘船抵達的時間是六月二十九日，換言之，當這份第一手情報抵達威尼斯時，已經是君士坦丁堡淪陷整整一個月後的事了，這就是當時所謂「新聞」的傳遞速度。

報告書傳到了正在開會的「十人委員會」手中。元首以下的威尼斯領導階層，透過報告書得知君士坦丁堡皇帝戰死的消息，以及威尼斯人存活者的名單後，立刻就在全市各地公布。擔心家人安否的百姓火速趕到元首官邸，但由於政府的消息來源僅有歷劫歸來的威尼斯船，因此實在沒辦法給百姓滿意的答覆。

翌晨，威尼斯急忙派遣特使前往西歐各國；諸如羅馬、那不勒斯、佛羅倫斯、西恩那 (Siena)，甚至是尚在交戰中的熱那亞和米蘭，當然也沒漏掉日耳曼的神聖羅馬皇帝、法國和西班牙等地。同一時間，透過在君士坦丁堡陷落時逃到巧斯、克里特及羅德斯的人們的傳布，這個消息也傳到了西歐，匈牙利與俄羅斯就是透過保加利亞與塞爾維亞得知消息。

此事衝擊了整個西歐。連原本不抱樂觀態度的人都沒料到君士坦丁堡竟會這麼快淪陷。過去君士坦丁堡雖曾遭遇過無數戰役，但每次都能全身而退，這使得人們高估了這座城的能耐。

當然，太過小覷年輕的穆罕默德二世也是一項主因。

然而，對於這些震驚的人們，我們實難以譏笑。就像日本某位政治家曾經說過，政治的下一步會怎麼走，實難預料。如果政治的下一步難以預料，那麼歷史也一樣。當歷史已成事實，後代的人們再由既定事實去觀察批判，充其量只是後見之明，絲毫無法體會當時人們的心境。畢竟，許多今日我們認為理所當然的事，對當時的人們可是一點也不理所當然；歷史其實並不乏因總司令官猝死或士兵間的傳染病而導致攻防一夕之間瓦解等、被人們歸之為「奇蹟」而額手稱慶的事例。

拜占庭帝國的積弱不振確實是個不爭的事實，但若以此責備事前何以沒做好防範措施，則難免有失公允。早在四百年前面臨諾曼人侵略時，拜占庭帝國便曾向威尼斯討過救兵，顯示拜占庭帝國在當時即已有衰弱的跡象。即使從威尼斯大使「拜占庭帝國對於新興國家土耳其的威脅束手無策」報告書的年代算起，衰頹的國勢少說也有百年。「非常狀態」經過百年的洗禮，早已成了常態。在那些認為這個「常態」仍將維持好一陣子的人們心裡，這是個即使握有行動主導權的穆罕默德二世也無法打破的現狀，這也是西歐人對於陷城的消息為何感同晴天霹靂的原因。

史上稱為東羅馬帝國的拜占庭帝國就此從世界上消失，這件事讓即使是經濟未蒙其害的人也深感受創。西歐人向來視古羅馬為母體，拜占庭帝國繼承了羅馬帝國，乃公認的羅馬文明繼承人，但是現在這個母體消失了！儘管長久以來君士坦丁堡的國勢顯著衰微，昔日榮耀不再，但始終不失作為當時最知名的國際都市之一。西歐人咸信，只要到君士坦丁堡就能見到本身文化的泉源（儘管實際到訪的人僅止少數）。對多數西歐人而言，這個由君士坦丁大帝所建立的東羅馬帝國，或名雙頭鷹帝國的首都君士坦丁堡，一直是眾人嚮往的都市。但是現在這個都市竟然被另一個文化圈，而且還是遊牧民族的土耳其掠奪，打擊之大，非同小可。尤其巧合的是，壯烈成仁的拜占庭最後一任帝王君士坦丁皇帝正好與開國的皇帝同名，人們的憤恨與悲傷也就更深了。

西歐最早得知拜占庭帝國滅亡的威尼斯共和國，也是最先對此做出因應措施的國家。因為他們必須要靠貿易維生，跟西方那些與此事沒有直接關聯，只會氣憤悲傷，甚至主張組成十字軍討伐異教徒的各國立場不同。

首先，威尼斯要在七月四日率領三艘威尼斯船歸國的阿爾維澤·迪耶多 (Aluvixe Diedo) 船長，返航當日立即到元老院作說明，以聽取事情的詳細經過。此時的記錄雖然沒有留下，不過幸好有當時的船醫尼可羅·巴巴洛 (Niccolò Barbaro) 的記錄可供參考，這也是日後記載君士坦丁堡戰役最可靠的記錄，內容詳實冷靜，與船長迪耶多在元老院所作的報告應該相去不遠。威尼斯一直保有在航海歸來後向祖國進行詳實報告的慣例，在從內格羅龐特到威尼斯的三十日之間，迪耶多船長想必早已完成了報告書。

深覺事態嚴重的威尼斯政府，當天僅准許身體無法忍受長時間討論的人中途離席，其他人則留下來一直討論到深夜。決議於當天作成，火速付諸實行。

威尼斯首先下令克里特、內格羅龐特的威尼斯總督及雷龐多的地方官，提防土耳其突如其來的攻擊，檢查防衛措施並著手儲備糧食。

接著又火速派遣特使會見在內格羅龐特停泊的海軍統帥雅各波·羅瑞丹，命其巡邏愛琴海，致力確保威尼斯的領海權。

羅瑞丹此行還有兩項任務。一是派遣快速船前往塞浦勒斯，告知與威尼斯有友好關係的塞浦勒斯王，說明威尼斯絕對有保衛塞浦勒斯的決心。二是由於事出突然，原本已經離開威尼斯到達內格羅龐特，打算前往君士坦丁堡就任的新任大使馬切洛 (Bartelemi Marcello)，臨時奉命改派為出使蘇丹的大使。為了使這位大使可以隨時出港，羅瑞丹受命備好船隻以供大使使用。

馬切洛大使於七月十二日接獲的新指令如下：

第一、接獲命令後，馬上離開內格羅龐特到亞得里亞堡晉見蘇丹。

第二、支付一千兩百達卡特，交由特使購買貢品進貢蘇丹。

第三、傳達威尼斯共和國無意毀棄一四四六年與蘇丹穆拉德締結的雙邊友好條約，並告知蘇丹穆罕默德二世，威尼斯市民參與君士坦丁堡戰役純屬個人意願，與國家無關，威尼斯共和國對此誠表遺憾。

派令中另外又加了一項使命。如果蘇丹拒絕在以前締結的條約基礎下再續新約，大使馬切洛必須照會國家政府，不得擅自決定。但若蘇丹願意再續新約，大使必須向蘇丹提出條件，要求釋放在金角灣遭扣留的威尼斯商船與所有威尼斯市民，只有在這個條件下，威尼斯才願意繼續締結條約。當然，關於土耳其人一定會提出要求人質釋放金一事，威尼斯政府也保證絕對沒問題，不過也不忘交代大使千萬不要讓這件事檯面化，務使對方認為贖金是由人質的家屬支付。

以上就是威尼斯對付土耳其的東邊政策。但對威尼斯政府而言，不管是對國內或是西歐各國，此時都有成堆的問題急待解決。

首先是增強海軍軍力。在緊急時慣例向有產階級稽徵的所得稅，這會兒被充作向國營造船廠訂造五十艘軍用槳帆船的經費。另外像是亞德里亞海沿岸基地，克里特、內格羅龐特等，也都收到了威尼斯要求協助增強海軍戰備的指令。

其次是遺族對策。七月十七日，元老院已經批准前任駐君士坦丁堡大使米諾特之子搭乘「亞力蒙達號」前往君士坦丁堡，探詢行蹤不明的雙親及兄長的消息。如果確定被俘，就在當地付清贖金後將人帶回；米諾特之子此行也身負著為其他威尼斯市民打探消息的使命。

至於確定已經戰死的國人，威尼斯政府也沒忘記如何安撫死者家屬。雖然政府對蘇丹聲明威尼斯市民的參戰純屬個人行為，但對國內，卻得讓死者家屬認為家人死得有價值。威尼斯政府決定以死者並沒有辜負市民使命為由，發放「遺族年金」。

七月十八日，元老院通過支付雅各波．科克船長（在君士坦丁堡戰役中，衝向侵入金角灣的土耳其艦隊而慷慨赴義）的家屬們，兒子是終身年金，女兒們則在婚嫁時由國家代為支付嫁妝。

八月二十八日，大使米諾特遭處決的消息獲得證實。元老院立刻決議，如果米諾特的獨生女出閣，國家將發給一千達卡特的嫁妝，如果是進修道院，則發給三百達卡特的準備金。至於遺孀及兒子，則是每年發給二十五達卡特的終身年金。

九月十八日，元老院又作成決議，決定發給在特列維森座艦上戰死的船員，每名家屬遺族年金。

十月十二日，決定發放年金給兩名在科克船上戰死的船員的家屬。

十月十七日，決定發放年金給確定戰死的另一名船員的家屬。

十一月二十四日，元老院決定由國家出錢買回在君士坦丁堡淪陷時遭俘，後來被賣為土耳其奴隸的帕斯克瓦列．安東尼奧。他是特列維森船上的戰鬥要員。

十二月十日，威尼斯元老院判定補助特列維森指揮官的家屬三百五十達卡特的贖金差額。這位在君士坦丁堡之役中勇敢善戰的指揮官，在戰後成為俘虜。

十二月二十八日，決議發給科克船上三名陣亡船員的家屬終身年金。

單單一四五三年中所決議的撫恤政策，就有上述這麼多。威尼斯之所以無法一併處理，是因為百姓戰死或成為俘虜的消息傳來的時間不一，所以採取隨知隨辦的原則。俘虜的贖金通常是一千到兩千達卡特不等，但是像雅各波．孔塔里尼這類連土耳其人都知道家財萬貫的人，贖金被哄抬到了七千達卡特。不過，對於這些有能力支付贖金的家屬，威尼斯政府的立場是一律不補助。同樣地，「遺族年金」的發放對象中，也不包括富裕的貴族。

威尼斯在進行東邊的土耳其政策與國內遺族政策的同時，還有一項政策也在進行，那就是西歐政策。

繼六月三十日，派遣大使到羅馬報告君士坦丁堡淪陷與君士坦丁皇帝陣亡的消息之後，七月十八日，威尼斯再度派人向教皇解釋出使蘇丹的用意，說明威尼斯絕非打算對土耳其妥協，派遣使節不過是爭取時間。同時也對遲早必行的組織十字軍討伐土耳其一事表明立場：這絕對需要義大利各國共同協商，訴請教皇對米蘭和佛羅倫斯的戰事進行調停。翌日十九日，又派遣使節至那不勒斯，期使亞拉岡王以義大利境內和平為重，請求王儲出面調停。

八月八日，威尼斯共和國與教皇派來的卡爾維傑爾主教，雙方就如何終結戰爭進行討論。十日，威尼斯政府向各國政府傳達出席討論終結戰爭會議的意願。

各國的步調終於一致，「和平」會議即將召開。十月十二日，威尼斯政府對出發前往出席的代表下達詳細指令。同一時間，為了避免居中調停的教皇臨時改變心意，更在稍後動員所有威尼斯出身的樞機主教，不斷進行遊說的工作。

約此同時，土耳其邊境各國派遣使節向蘇丹朝貢的消息陸陸續續傳進威尼斯。使節們主要是傳達恭祝土耳其征服君士坦丁堡，以及為求友好關係，今後願意每年繳納貢金的意願。穆罕默德二世一一接見了這些外國使節，承諾土耳其無意侵略這些國家，同時也要求各國每年必須支付一定的貢金。熱那亞人所屬的巧斯為六千達卡特，列士波斯（Lesbos）三千，塞爾維亞王一萬兩千，特拉比松皇帝兩千，戰死的君士坦丁皇帝的兩位胞弟轄下的伯羅奔尼撒半島，每年則各須付一萬達卡特。拒絕支付貢金的，此時只剩下威尼斯和羅德斯的聖約翰騎士團而已。

威尼斯政府早先便獲知穆罕默德二世正為了恢復君士坦丁堡原本的人口數，正在強制實行移民政策。這項舉動也被解讀成穆罕默德二世打算將首都由亞得里亞堡遷到君士坦丁堡。

君士坦丁堡的人口在戰亂前便由於逃難的關係，減到只剩下三萬至三萬六千人，戰後再因一連串的殺戮事件，使得數字再度銳減，許多少男、少女成了奴隸。據說，當蘇丹騎馬的身影消失在山丘那頭，身後排成兩列隨同返回亞得里亞堡的奴隸隊伍，有的甚至還沒步出城門！多數的少年在軍中接受訓練成為士兵，特別美麗的少年則被安排在宮中聽候差遣，其中也有被安排在對男色有興趣的穆罕默德二世的寢宮伺候蘇丹。當然，拒絕這些安排而慘遭殺頭的也不在少數。

女孩們的命運也好不到哪裡。年輕貌美的女子被送進蘇丹或大臣高官的後宮終其一生；姿色平平，年紀也不輕的，則被送到土耳其人家中作勞役。由於被殺或成為奴隸的人數眾多，君士坦丁堡成為空城的說法想必一點也不誇張。光憑亞洲來的土耳其移民，不僅人口數不夠，都市機能也不完備。在確保人口的前提下，穆罕默德二世於是強制臣屬的基督教國家人民移居君士坦丁堡，城中的居民結構因此形成了土耳其人與非土耳其人二比一的比例。原則上，蘇丹雖然允許這些非土耳其人作基督教禮拜，但由於以聖索菲亞為首的教堂大多都被改建為清真寺的緣故，看來第一步他們得先重建教會才行。

隔年一四五四年春天，威尼斯政府在前一年播的種終於開花結果——四月十八日，馬切洛特使著手與土耳其簽訂友好通商條約。

蘇丹准許土耳其屬國內的威尼斯商人自由通商及航行，條件是在土耳其屬國內從事商業行為的威尼斯商人，必須繳納所得百分之二的關稅。由於在威尼斯領土內的土耳其人同樣也須繳納百分之二的關稅給威尼斯政府，因此就外國人都得課徵關稅的這一點來說，威尼斯並不算讓步。

除此之外，雙方還協議本國商船在他國遭遇船難時，從船、船員到貨物的遣返，雙方均有義務互相協助。至於死於本國境內的對方國民的財產，則必須送回故國，不得就地接收。

另外，威尼斯政府一開始即嚴令特使必須力爭的自由通商與自由航行的權利，也同樣獲得了穆罕默德二世的首肯，而且還同意讓威尼斯大使常駐土耳其首都。

就這樣，威尼斯政府不僅成功地就以往權利取得土耳其的再次確認，在延長過去取自拜占庭帝國的權益上，也稱得上克竟全功；只除了在君士坦丁堡享有治外法權的威尼斯人居留區無法繼續保有之外。

這項通商友好條約，其實也充份透露出威尼斯與土耳其人的不同。對於以貿易立國的威尼斯人來說，自由通商與自由航行絕對必要，但看在非商業民族的土耳其人眼中，這卻不是什麼重要的事。在威尼斯境內從事買賣，繳交百分之二關稅的土耳其人，比起威尼斯人在土耳其境內的商人人數簡直不成比例，土耳其境內承攬商業的當地人甚至多半是猶太人。

另外，條約中雖然也明訂雙方均有派遣大使常駐對方國的權利，但實際付諸行動的卻只有威尼斯。道理很簡單，對於蒐集情報、保護在對方國境內同胞的需要，威尼斯大過土耳其。威尼斯是第一個派遣大使常駐主要國的國家，相較於土耳其則是只有在不得已時才會派出特使，而且還都是一些地位極低、沒有土耳其國籍，只因為語言可以溝通而被選出的猶太人。威尼斯認同大使應具有外交官特權，並且予以尊重；反觀土耳其卻是經常無視兩國關係可能因此破裂，屢次將大使關進牢裡，絲毫不為意。

「重視外交」，意味的其實是無法單以軍事力量與他國抗衡。從十五世紀中葉到十六、十七，甚至十八世紀末共和國瓦解時，威尼斯的外交始終是由最優秀的人擔綱。這些人稟持一貫的冷靜觀察所寫成的報告書，當然也成為後人研究當時歐洲，乃至全地中海世界的第一手史料。下面就是大使馬切洛的副官雅各波．朗格斯基，在陪同大使與蘇丹長達八個月的談判之後所寫的報告內容。

蘇丹穆罕默德，二十二歲，身材均勻，較常人高。長於武術，甚具威嚴難親近，不苟言笑。慎重，但無偏見。一旦決定付諸行動，行動極其膽大。期與亞歷山大大帝享同等榮耀，為此，每日必由奇里亞哥・丹科納及另一義大利人為其誦讀羅馬史。喜愛希羅多德、李維斯、昆丁・克勞迪亞斯及教皇等傳記、皇帝評傳、法王與倫巴底王故事等。通曉土耳其文、希臘語、斯拉夫語，並精通義大利地理。持有以各種不同顏色標示伊尼亞斯居住地及教皇居住城市、皇帝宮廷所在地、全歐各國的地圖。其人權力支配欲極強，顯示對軍事技術及地理之極大興趣，尤善誘導詢問。如此強悍之人，勢為威尼斯今後宿敵。

不過，威尼斯共和國最後還是搞定了這個難纏的對手。新任大使羅倫佐・維托利，代替特使馬切洛，成為威尼斯第一任駐土耳其大使。

在西歐方面，威尼斯也成功擺脫了戰爭的牽扯。在與穆罕默德二世簽訂條約的九天前，四月九日，名為「羅迪和平」的和平條約成立了。由於這項條款的簽訂，北義大利長達二十三年的戰爭終於劃上休止符，義大利成為由那不勒斯王國、羅馬教廷、佛羅倫斯共和國、米蘭公國，以及威尼斯共和國五國所組成的勢力圈，各國同意共同維持均衡的和平體制。今人仍常提出的均勢策略，其實就是由「羅迪和平」首開先例，為世界史上的一項創舉。

然而，國與國之間互締盟約，常不是基於相互的尊重與理解，而是源於對第三國的恐懼，或是眼前反正也沒特定敵人，先簽訂個盟約以備不時之需的心態。威尼斯與義大利各國的結盟屬於前者，土耳其與其他國家結盟的心態屬於後者。一般相信，當時只有威尼斯意識到結合盟國的必要性。換言之，即使締結了盟約，威尼斯仍舊無法高枕無憂，至少在經濟上就是如此。

威尼斯因為避開東西戰事而立刻找回昔日的繁榮，但是卻也引發西方「友邦」的忌妒心。雪上加霜的是，威尼斯與東方土耳其所持的價值觀原本就大不相同。

九年的歲月過去了，威尼斯的經濟實力達到前所未有的高峰。屬地之一的「本土」託威尼斯善政之福，國泰又民安，民生必需品供給無礙，西歐商業航路的安全也獲得確保。東方市場則由於土耳其的抬頭，改為分散至埃及和敘利亞，不再集中君士坦丁堡，相較於全力經營君士坦丁堡路線的熱那亞此時的一蹶不振，威尼斯所受的衝擊就小得多了，甚至沒有花多少時間便重新站了起來。只是，威尼斯也無法高枕無憂，因為土耳其首都君士坦丁堡裡的那位以古代英雄為偶像的年輕穆斯林，此刻正高喊著：時代變了！西方侵略東方的歷史已成過去，如今是東方西進的時代！世界應由單一宗教、單一帝國、單一統治者整合的論調。

在穆罕默德二世的想法裡，既已將首都移到君士坦丁堡，原先拜占庭帝國轄下的領土當然也歸土耳其所有。尤其這些國家的王侯都向土耳其王朝繳納貢金，等於自己承認是土耳其蘇丹的屬地，既是屬地，被征服又有什麼不對。雖然周邊各國無不認為貢金只是跟蘇丹訂立互不侵犯條約的條件，但是這項論點在穆罕默德二世來說根本行不通。

色諾比(Sinope)、特拉比松在西側強敵波士尼亞、塞爾維亞與土耳其不斷擴張領土之下，很快便被征服，幸好匈牙利人驍勇善戰，才使得基督教世界一息尚存。伯羅奔尼撒半島也遭戰爭波及，每年對蘇丹進奉大筆貢金的帕里奧洛加斯皇家的兩位君主，因為無法抵擋土耳其大軍，雅典、科林斯 (Corinth) 等主要城市相繼陷落。被俘的人民當中，少年被送到軍隊，婦女成了奴隸，剩下的男人則被強制移居到君士坦丁堡補足人口。當時君士坦丁堡流行黑死病，在連徹底實施防疫措施的威尼斯都無可倖免的時代裡，缺乏此一概念的土耳其因黑死病肆虐而導致的人口銳減，程度當然更是可觀，每次都得從征服的地區強制移民才能補足。

西北方有善戰的匈牙利，西南方也有一名英雄人物，那就是被羅馬教皇讚譽為「基督教世界騎士」的阿爾巴尼亞君主史肯德爾貝格 (Skanderbeg)。史肯德爾貝格的青年期在蘇丹的宮廷內作人質，當得知父親阿爾巴尼亞君主過世後，潛逃回國。史肯德爾貝格所憑藉的兩項「武器」，一是熟知土耳其人的個性，二是利用阿爾巴尼亞崎嶇的山勢，採取全面游擊戰略，不僅讓穆罕默德二世的父親穆拉德束手無策，就連二世所派出的大軍也屢次無功而返，僅以數千兵力便成功地使十萬大軍無法越雷池一步。正常的戰略是不贏便輸，游擊戰卻是：只要不輸，就是贏了。

史肯德爾貝格死於一四六八年，他為阿爾巴尼亞奮戰了二十四年，連土耳其人都自嘆弗如。據說在他死後，土耳其士兵攻占了他墓地所在的教堂，掘開墓地將遺骨分成小塊，用皮繩繫在頸上用來辟邪。

征戰期間，威尼斯持續在軍費上經援匈牙利王及史肯德爾貝格，但是透過羅馬教皇代為轉交的方式。這是由於威尼斯與土耳其之間訂有友好條約，表面上必須擺出與匈牙利及史肯德爾貝格反目的假像。所謂九年的「和平」對威尼斯來說，其實就是在這樣偽裝的形式下成就的。

在第八年年中左右，這份「和平」開始蒙上陰影。一四六二年七月，駐君士坦丁堡大使多明尼哥．巴爾波在上呈威尼斯政府的書信中，作了以下報告。

在此先補充說明。土耳其蘇丹對於對外書信，不論是公文或是私人信件，此時都開始進行嚴格的檢查。換言之，要向祖國報告可說是難如登天。

儘管如此，巴爾波大使依舊將土耳其打算於九月在達達尼爾海峽沿岸的加利波利打造艦隊的消息，送到了威尼斯政府的手中。在下一封密報中更是提到，出入蘇丹宮廷的威尼斯人漸遭排擠，但佛羅倫斯人進出宮廷的頻率卻愈來愈高。威尼斯警覺到事態的嚴重性，立刻命令愛琴海艦隊海軍統帥帶領艦隊北上達達尼爾海峽待命。但命令中亦附註，只要土耳其沒有直接攻擊威尼斯領土的行動，沒有本國政府的命令，絕對不准進入備戰狀態。

蘇丹很快得知海軍統帥維多爾．卡裴洛率領艦隊移動的消息，為此還召來了威尼斯大使巴爾波，告知土耳其出動艦隊的目的並非威尼斯，而是熱那亞的領土。大使在得知消息後，隨即派遣了快速船通知卡裴洛，未料土耳其的動作更快，快速船在返回君士坦丁堡途中便遇上駛出達達尼爾海峽的土耳其船隊。若以卡裴洛的艦隊加上停靠在巧斯的船隊兵力，戰力想必不在土耳其之下。但一來是因為接獲了土耳其的目標並非威尼斯的通知；二來，威尼斯政府也沒有下達指令，威尼斯艦隊於是只能目送土耳其艦隊從面前經過。

翌年一四六三年，熱那亞統轄了兩百年以上的列士波斯陷落。海軍戰力不佳的土耳其派遣大軍由陸路壓境，攻擊堅固的城塞。以島上僅有的五千名戰鬥人員和兩萬名非戰鬥人員，當然無法抵擋土耳其的八萬大軍。戰後，平民獲准留居島上，但身體健康的年輕人被迫加入軍隊，知識份子和上流階級則是被強制移民到君士坦丁堡。穆罕默德二世另外又帶走八百名少男、少女供自己差遣，特拉比松皇帝的小姨子，人稱當時基督教世界第一美女的列士波斯島主之妻也在這群人之列。當初穆罕默德二世承諾饒其性命所招降的三百名重要人物，包含島主在內，後來全遭二世以未做過承諾為由，趕盡殺絕。受邀參加隨後慶功宴的義大利人中，熱那亞一如預料未受邀請，但威尼斯居然也沒在受邀之列，這就令人費疑猜了。

大約從兩年前開始，一向以情報的質與量自豪的威尼斯，開始逐漸讓土耳其凌駕超前，事態的嚴重性非同小可。

就情報網的範圍來說，威尼斯仍然維持有利的地位，既派有大使常駐君士坦丁堡，活躍在土耳其境內的威尼斯商人也不在少數，比起從來不設大使館，甚至商館都是在十七世紀才落成的土耳其，簡直就是天差地別。然而，相較於威尼斯的情報不是靠本國國民的愛國心，就是用錢收買間諜，有意圖地進行間諜活動，對手穆罕默德二世卻是不須花費任何心思，情報便自然到手。

蘇丹穆罕默德二世的情報來源分為四大類。第一類是造訪土耳其宮廷的西歐知識份子，代表人物為南義大利研究古文化的學者奇里亞哥．丹科納 (Ciriaco d'Ancona)。這類學者只要有人願意提供研究古代遺跡或遺物的機會，不管對方是基督徒或是穆斯林，對他們來說通常沒有什麼分別。奇里亞哥不僅可以自由進出羅馬教廷，就連土耳其宮廷，奇里亞哥也從穆拉德二世時代起便來去自如，這項禮遇到了熱愛古代的穆罕默德二世時代，應該更是有過之而無不及。蘇丹准御賜奇里亞哥土耳其全境的通行證，使他可以不受任何限制地從事研究工作。奇里亞哥不認為自己從事間諜活動，但他給予蘇丹的西歐情報，以及他在土耳其境內的所見所聞，卻都是蘇丹眼中極為貴重的情報。君士坦丁堡戰役時，這名義大利人就是在土耳其陣營裡觀戰；他同時也是教授年輕蘇丹古代希臘及羅馬歷史的人。

在沒有自覺的情況下，奇里亞哥似乎做了類似雙面間諜的工作。因為他也以研究經費為名，接受羅馬教皇的資金援助。說不定在羅馬教廷裡，他就是以在蘇丹宮廷裡談話的語氣，聊著土耳其的情勢呢。不過這些情報都是些尋常消息，談不上極度機密，不曉得是他沒有機會接觸，還是經過考量後，認為這種危險的行為與自己的目的不符。總之，在威尼斯看來，這等情報可有可無。

第二類是希臘人，尤其是希臘正教的教士。這些人原本就有反天主教情結，加上西歐在君士坦丁堡戰役中未伸援手一事，加深了他們的反感，其中就有幾個曾經追隨君士坦丁皇帝到西歐求援，對於當時羅馬教皇及西歐各國君王令人氣憤的冷漠態度依然記憶猶新。不過，這些人的行動也不全然是情緒的反彈。為了在土耳其政權下維持希臘正教的正常運作，提供情報給蘇丹，其實也是不得已的做法。

只是，這些希臘人所提供的情報，應該都僅止於極尋常的消息。威尼斯連羅馬教會的教士都不透露國家機密了，更何況是希臘正教的教士！

第三類是「情報販子」。這些人都是背叛者，基本上並不是威尼斯市民，而是威尼斯海外基地的居民，提供情報的動機不外乎是不滿受到不平待遇，或是想獲得更多利益。有人打算以獻上基地要塞的設計圖接近蘇丹，有人則是提供技術指導，讓土耳其也能製造跟威尼斯同等的軍艦。這些人的數目並不多，但由於終究會把威尼斯不欲人知的機密走漏到土耳其，因此只要威尼斯政府一有線索，馬上就會派出殺手暗殺，這也是威尼斯駐君士坦丁堡大使館的一項重要工作。

不過，真正對威尼斯打擊最大的情報來源應該是第四類。提供情報者有佛羅倫斯作為後盾，可以充份利用梅迪奇家族豐富的資金，威尼斯處理起來因此格外棘手。

佛羅倫斯市民班乃迪特·狄，在一四六〇年起進入威尼斯大商人傑羅拉摩·米迦勒的店裡當店員。位於君士坦丁堡的威尼斯租界，向來都是透過大使館與米迦勒的店密切和威尼斯政府保持連繫，出入米迦勒店裡的威尼斯人因此多是些地位崇高的人士，狄就是拿著在這裡取得的情報接近蘇丹。雖然不久後便東窗事發，但卻無法力挽佛羅倫斯間諜的觸角已經深入土耳其王朝的事實。

事跡敗露之後，來自威尼斯租界的情報固然是斷了線，但是穆罕默德二世對班乃迪特的重視卻沒有稍減。因為狄透過了佛羅倫斯梅迪奇家的提供，還是跟往常一樣擁有許多消息來源。

班乃迪特從事間諜活動的動機，主要是源於對威尼斯的情結。他的故鄉佛羅倫斯特產紡織品，但是因為本身沒有海港，必須透過威尼斯人才能將這些紡織品賣到東方。佛羅倫斯人雖然屢次欲取海港比薩，但都遭到比薩人的頑強抵抗。因此，在他們得知威尼斯竟在暗中援助比薩時，當地立刻爆發了反威尼斯情結。威尼斯人不許其他國家超越其經濟實力，自己卻大肆擴張「本土」的做法，令佛羅倫斯感到忍無可忍。梅迪奇家的如意算盤，同時也是班乃迪特的想法就是：打擊威尼斯，讓威尼斯與土耳其開戰，等威尼斯無法集中精力在東方市場時，佛羅倫斯便可在義大利境內自由行動，佛羅倫斯商人也就能取代威尼斯商人在東方交易市場的地位。梅迪奇家利用與威尼斯同盟的關係，打探各種情報送給狄，每年還支付五千達卡特給他作為購買給蘇丹的禮物或是賄賂官員的資金。這筆錢對於班乃迪特取得蘇丹的重視想必非常好用，因為正如威尼斯大使在報告中所提的，土耳其官員收賄向來是出了名的，外國人在土耳其境內沒有賄賂便寸步難行。

但如果真的用錢就能解決，對威尼斯來說倒好辦多了。真正使威尼斯大使深感絕望的是穆罕默德二世對佛羅倫斯，尤其是梅迪奇家族所表現出的好感。佛羅倫斯與土耳其的關係和威尼斯不同，雙方不僅沒有領土接壤的直接利害衝突，穆罕默德二世對佛羅倫斯這個形式上採行共和體制，實際上卻是由梅迪奇家出任僭主的國家，個人也存在著特殊的好感。

道理很簡單，掌權者喜歡與地位對等的掌權者對談。威尼斯政府跟土耳其蘇丹交涉談判的代表是大使，不論才幹多強、手腕如何高明，身份是貴族也罷，但終究是名官員。相較之下，班乃迪特所仲介的卻是無君王之名，卻有君王之實的人。尤其是稍後即將登上歷史舞臺，人稱「高貴的」洛倫佐·梅迪奇 (Lorenzo il Magnifico)，更是投穆罕默德二世的意。而這類「政治明星」在極端排斥個人集權的威尼斯中，卻是不可能產生。

威尼斯政府極早便察覺眼前的危機，並曾一度考慮暗殺狄。但狄只不過是佛羅倫斯的一顆棋子，就算殺了他，還是會有其他人替補。因此威尼斯能做的只有留意義大利境內的佛羅倫斯人，以及攔截土耳其與佛羅倫斯之間的通訊而已。攔截狄送出的信是成功了幾次，但是阻撓佛羅倫斯送信的行動卻都以失敗收場。就在威尼斯與蘇丹宮廷漸行漸遠之際，時序進入一四六三年。

三月，威尼斯大使突然接獲蘇丹召見，蘇丹對大使嚴重抗議，原因是土耳其竊賊偷竊十萬阿斯普利（相當於兩千達卡特）的錢財後，

莫頓港

逃到威尼斯的領地莫頓，但莫頓的總督不但保護這名竊賊，拒絕引渡人犯，甚至還收下約值贓款半數的禮金。大使為此大吃一驚，告知穆罕默德二世將立刻進行調查，但二世根本無意等候大使的消息。四月三日，接獲蘇丹動員令南下的大軍攻占了威尼斯領地亞各斯，並在同為威尼斯領地的雷龐多和莫頓周邊展開了掠奪。

威尼斯共和國陷入放棄海外基地或是接受挑戰的兩難困境。元老院經過白熱化討論的結果，決定接受土耳其的挑戰。理由是威尼斯在經濟及海軍實力上擁有絕對的自信，並且可望獲得同盟國的支持。

五月，海軍統帥羅瑞丹率領艦隊由威尼斯出發。陸軍方面則由費拉拉君王德斯特率領傭兵，由威尼斯運輸船隊稍晚載抵伯羅奔尼撒半島。

同一時間，威尼斯也開始進行與匈牙利王的結盟。但第一步得先和日耳曼神聖羅馬帝國皇帝交涉。原因是日耳曼皇帝與匈牙利王兩國正在為國界問題僵持不下，如果威尼斯不居中排解，匈牙利王勢必無法集中心力對抗土耳其。威尼斯政府派出使者對日耳曼皇帝曉以大義，力陳基督教國家必須團結一致對抗異教徒的侵略，私底下也不忘用金錢收買人心，結果成功地阻止了皇帝的反匈牙利行為。九月，威尼斯與匈牙利聯手對抗土耳其的同盟正式成立。此時是阿爾巴尼亞號稱「基督教世界騎士」的史肯德爾貝格依然健在的時候。

威尼斯在西方下工夫的同時，也沒忽略東方。透過駐當地大使，威尼斯政府請求統治敘利亞、埃及的馬木路克王朝保持中立。馬木路克王朝雖然曾經在一四五三年君士坦丁堡淪陷時，派遣使節恭賀蘇丹取得伊斯蘭與基督教國家對峙的勝利，但是土耳其的領土擴張政策卻令他們愈來愈不安，要他們保持中立因此並不困難。

接著，威尼斯又派使者前往波斯，但這回不是要求波斯王保持中立，而是要波斯王在亞洲對土耳其開戰，威尼斯承諾將以金錢及海軍攻打小亞細亞沿岸作為回饋。從威尼斯企圖使土耳其陷入四面楚歌的困境來看，情勢似對威尼斯愈來愈有利。

很快地，羅瑞丹指揮的海軍不費吹灰之力便奪回亞各斯，並且從沒有任何土耳其船隻進出達達尼爾海峽的情況看來，威尼斯無疑地再度取得了愛琴海的領海權。唯一美中不足的是列士波斯，由於島上面積寬闊，若想攻陷得要大量的陸軍，而這卻正是威尼斯最缺乏的。

德斯特侯爵率領傭兵隊在伯羅奔尼撒半島上岸，與擅長陸路作戰的土耳其對峙，雙方展開激戰。相形之下，穆罕默德二世親自率領的大軍卻因數次遭到史肯德爾貝格的擊退，而有士氣低落的現象，傭兵軍隊不僅成功地捍衛威尼斯的屬地，同時還不只一次進逼被土耳其占據的城鎮。

西歐人更在此時發起了組織十字軍的活動。不過，純粹是教皇庇護二世 (Pope Pius II) 個人的熱情鼓吹，而非各君王的主動參與。對於理性主義的威尼斯人來說，與土耳其有直接利害衝突的埃及和波斯異教徒，毋寧較值得信賴，反倒是與土耳其沒有直接利害關係的西歐各國君主所唱的高調，在沒有採取行動之前，一切都不足採信。不過，事情也有出人意表的時候，西歐諸國這回倒是遵照教皇的指示，將元首親自率領的艦隊送到預定的集合地點安科納港。只不過，最後還是不出所料，這支「最後的十字軍」在庇護二世逝世後，便跟著煙消雲散。基督教世界站在對抗土耳其最前線的，依舊只有國家存亡受到威脅的匈牙利、阿爾巴尼亞和威尼斯而已。

但這三個國家雖然善戰，卻不曾贏得決定性的勝利，還好土耳其也不是諸事順利。北邊有匈牙利軍深入波士尼亞，西邊對史肯德爾貝格束手無策，局勢不但讓穆罕默德二世氣得發狂，也讓四處征戰的土耳其士兵愈來愈不滿，連帶使得蘇丹的健康狀態也亮起紅燈。時值三十三歲壯年的穆罕默德二世開始肥胖，一度似乎導致心臟惡化，連騎馬都有困難。這位四處征戰、從來不知疲倦為何物的君主，待在君士坦丁堡興建中的托普卡珀宮足不出戶的時間愈來愈長。威尼斯政府研判這是一個停戰的絕佳時機。

一四六五年二月，威尼斯大使帕歐洛．巴巴利格前往蘇丹宮廷面見宰相，打探停戰談判的可能性。席間，宰相責備威尼斯不該毫無理由宣戰，大使則反駁威尼斯是被迫應戰而非求戰，雙方起了一番爭執。但大使卻察覺，土耳其對於「在保有榮譽的情況下講和」，未必沒有興趣。

七月，威尼斯提出明確條件，要求土耳其歸還伯羅奔尼撒半島上的各基地，其中包含了列士波斯；而匈牙利王則是針對他在波士尼亞取得的土地，要求土耳其承認。對於這樣的要求，土耳其表示難以接受，但是談判仍然持續進行，直到十一月才戛然打住。原因是埃及使節抵達威尼斯，帶來了埃及將由原來的絕對中立改為傾威尼斯的消息。除此之外，穆罕默德二世利用土耳其人高漲的反威尼斯情感，將居住在君士坦丁堡的威尼斯人關進大牢、沒收財產的事件，也是促使威尼斯決定中止談判的一項原因。

翌年一四六六年，穆罕默德二世再次親率大軍出征阿爾巴尼亞。在此之前，威尼斯已經接獲潛伏的間諜傳來消息指出，穆罕默德二世逐漸回復正常體態。只是，恢復健康的穆罕默德二世雖然一鼓作氣出征，率領著單是正規軍就超過三萬人的軍隊，卻還是沒能打敗史肯德爾貝格和威尼斯只有四千軍力的聯軍。這是因為人數占劣勢的史肯德爾貝格避免了平原的征戰，集中全力於山林裡的游擊戰。由於當時整個君士坦丁堡正流行黑死病，穆罕默德二世這會兒不但吃了敗仗，連家也歸不得，整個宮廷移到色雷斯山區避難。蘇丹為此怒氣沖天，嚇得大臣們人人自危。在土耳其境內經商的威尼斯商人不只被關進牢裡，慘遭殺害後的屍首更是不准人埋葬，任其橫置街頭。就連跟土耳其沒有戰爭關係的熱那亞人，甚至一直被視為友好國的佛羅倫斯人，也都難逃蘇丹遷怒的厄運。

兩年後的一四六八年一月，史肯德爾貝格死去。這對穆罕默德二世而言，無疑是心中陰霾一掃而盡，但對威尼斯卻是項惡耗。史肯德爾貝格臨死前雖將阿爾巴尼亞託付給同盟國威尼斯，然而，以威尼斯和阿爾巴尼亞長久以來的同盟關係，當然不可能不了解阿爾巴尼亞軍的驍勇善戰，其實完全存繫於史肯德爾貝格個人的才能與人氣。更何況，威尼斯人又非山地居民。元老院因此裁定再次展開停戰談判。

穆罕默德二世接見了威尼斯派遣到君士坦丁堡的特使，也對特使致贈的禮物鄭重地回了禮，但是對於威尼斯方面期望的談判，卻以特使沒有二世發行的土耳其通行證，不具使節身份為由，不肯進行談判。面對遲遲不肯離開的特使，蘇丹提出了條件：如果威尼斯願意背棄與匈牙利王國的同盟關係，宣稱與匈牙利為敵的話，土耳其願意進行談判。在威尼斯來說，這實在是不可能的事，並非他們看重與匈牙利王之間的承諾，而是在史肯德爾貝格死後，少了同盟國就無法進行戰事。談判最後只好中止。

不過威尼斯還是平安渡過了一四六八年、六九年，原因是蘇丹為了平反安那托利亞的動亂，出了一趟遠征。但是到了一四六九年歲暮，威尼斯的情報卻顯示土耳其正在小亞細亞製造火藥、大規模徵兵十萬人，加利波利與君士坦丁堡造船廠裡也在建造大型軍艦。最後一項消息是從與熱那亞有生意往來的威尼斯商人的商業契約書分析而來——從熱那亞人大量買入塗料，且顧客又是土耳其人來看，答案呼之欲出。同一時期，穆罕默德二世開始散布艦隊的目的地是黑海的假消息。根據威尼斯的情報網顯示，這些艦隊實際的目的地不是往北而是往南，艦隊的規模共計兩百五十艘軍艦，其中還包含一百二十艘的槳帆船。威尼斯推論土耳其的攻擊目標可能是威尼斯的領地內格羅龐特，海軍統帥尼可羅・卡那雷 (Nicolò da Canal) 因此率領著三十五艘軍艦駛離威尼斯，開向內格羅龐特。

內格羅龐特是座位於雅典北方愛琴海上的小島。雖說是座小島，但面積也有克里特的三分之二，跟希臘僅隔一道狹窄的海峽，有如半島陸地的延伸。自一四〇二年第四次十字軍以來，兩百七十年間，一直是威尼斯的殖民地，同時也是威尼斯希臘定期航線的船隊出港後，南下亞德里亞海，進入地中海，再繞過伯羅奔尼撒半島南端首站前往停靠的地點。據稱當年前往特洛伊的希臘聯軍船隊集結地點就是在這裡，更加印證了內格羅龐特與希臘之間那道海峽風平浪靜的程度。此處後來成了商船往來君士坦丁堡和黑海之間的絕佳中繼站，由於原本就是希臘產物的集散地，對於向來視貿易網絡的永續經營為繁榮關鍵的威尼斯來說，重要性絕對不下於克里特。威尼斯政府在此地任命的總督地位，不論就權威或是權力，均與駐君士坦丁堡大使、駐開羅大使，以及克里特總督沒有分別。至今仍散見在島上的威尼斯殖民時代所留下的要塞數目，也充份印證了威尼斯對此地的重視。而穆罕默德二世這次首次親征威尼斯領土所選定的第一目標，事實上證明，也正是內格羅龐特。

穆罕默德二世顯然是勢在必得，這點從他派遣的大軍，規模遠超乎攻擊威尼斯一個基地所需不難看出。除了一隊由君士坦丁堡出發，經馬其頓一路南下，總數十二萬人的軍隊之外；另外還有一隊同樣由君士坦丁堡出發，包含一百二十艘槳帆船在內，共兩百五十艘船所組成的海軍艦隊。根據威尼斯潛伏在達達尼爾海峽的間諜回報，當時通過達達尼爾海峽進入愛琴海的盛況，遍布在海上的船桅簡直如同茂林一樣。

相較之下，威尼斯的陸軍戰力卻幾近於零。面對這麼大的一座島，要想守衛全島幾乎不可能，憑威尼斯市民跟自願協防的希臘人人數，據點式防衛是唯一可行的方法。威尼斯最後決定，將主力集中在內格羅龐特最大的海港內一座面對海峽的要塞，由當地總督擔任統帥。

但即使是海軍戰力，威尼斯也同樣處於劣勢。相較於土耳其有兩百五十艘戰艦，威尼斯連同五十三艘槳帆船在內，總共也只有七十一艘。不過土耳其畢竟沒有通商傳統，雖然船上用了許多臣服的希臘船員，比起有商船傳統的威尼斯艦隊，以土耳其海軍戰備的實力公認不過僅及熱那亞、威尼斯的四～五分之一來看，七十一艘軍艦對抗兩百五十艘軍艦應該還算綽綽有餘。當然，這是指海上對壘時的情形，深諳此理的穆罕默德二世因此極力避免與威尼斯進行海戰。正巧，他所碰上的威尼斯總司令尼可羅．卡那雷，也是個小心翼翼的人物。

一四七〇年六月初，威尼斯收到土耳其海軍駛出達達尼爾海峽的通報。卡那雷立即派出偵察船，並吩咐如果發現土耳其艦隊以六十艘為一單位組成船隊航行時，便是有意挑唆海戰，偵察船應火速回報。然而，偵察船所看到的土耳其船艦卻是聚成一群，有如防範騎兵攻擊的步兵似地在海上集結移動。得知消息的海軍統帥卡那雷因此命令原本應該從克里特來的援軍，暫時先在內格羅龐特另一處離要塞不遠的港口待命。這也使得土耳其軍隊得以在六月十五日，不傷一兵一卒地抵達內格羅龐特跟早已到達的陸軍會合。

擔任陣前指揮的穆罕默德二世並沒有浪費任何時間，而是立刻就在六月二十五日發動了第一波總攻擊。然而，以內格羅龐特多年來作為威尼斯重要基地的背景，防守當然堅固。土耳其為此失去了一萬六千兵力，船隻也燒毀三十艘。三十日，土耳其再度發動總攻擊，但結果仍以失敗收場；七月五日、八日強行進行的總攻擊也都被威尼斯頑強抵擋住。守軍們相信他們引以為傲的海軍一定會前來援助的信念，維持著全軍的士氣。

穆罕默德於是改變戰術，在狹小無波的海峽上布滿小船搭的橋。期間雖然受到守軍不斷從海上加以阻撓，但土耳其軍還是像不受干擾似地完成了搭橋工事。威尼斯守衛隊緊急在要塞塔頂升上黑旗，催促海軍加入戰事。由塔頂看下去，可以清楚看見趕工完成的橋上架著一座大砲，正在陽光下對著城門閃閃發光；海面上則是有艘因不耐總司令按兵不動，不忍同伴有難卻見死不救而擅自孤軍出海的威尼斯船艦，正被土耳其軍有如蟻群攻擊蜜蜂般圍剿。

七月十一日，第五次總攻擊發動。穆罕默德二世由逃出要塞的希臘人口中得知城牆的弱點，開始集中火力展開砲擊。始終按兵不動的本國海軍，加上入夜後仍不止息的砲擊聲與耶尼切里軍歌令人毛骨悚然的旋律，無一不讓守軍陷入絕望。翌日十二日，總督終於在獲得土耳其不殺頭的保證下，決定獻城投降。當然，緊接而來的照例又是一連串的掠奪與暴行。

就在同一天，羅瑞丹麾下的二十三艘船與維涅爾麾下的十六艘船陸續抵達，當這些卡那雷海軍統帥等待的援軍抵達時，早被攻陷的要塞中正執行著總督以下的重要威尼斯人的處刑。穆罕默德二世遵守不殺頭的承諾，將這些人由身體的正中間切成兩半。年輕的威尼斯人、西歐人，以及希臘人中較尊貴者，都被當作奴隸帶往君士坦丁堡，女人的命運亦然。向來與土耳其有友好關係的佛羅倫斯，損失達四十萬菲奧利諾，遭到殺害或成為奴隸的佛羅倫斯市民多達七百人，而且這還是與東方沒有傳統交易的佛羅倫斯的情形。至於威尼斯的受害程度，則是到了連精於統計的威尼斯政府都無法正確統計的地步。

七月二十六日，城陷兩週之後，穆罕默德二世在內格羅龐特留下兩萬名守衛兵，本人則率領著艦隊航向君士坦丁堡。陸軍也循往例，帶著兩人並排的奴隸隊伍，走陸路向君士坦丁堡出發。未戰先敗的威尼斯海軍，此刻面臨到必須自行決定是否對土耳其開戰的抉擇，沒有多餘的時間再待命——等到威尼斯政府收到內格羅龐特陷落的消息時，已是七月三十日的事。

如果這時返航的土耳其艦隊向威尼斯海軍開火，威尼斯方面絕對配合演出一場海戰，但問題是土耳其海軍採密集的隊形，只是一味往北行，威尼斯艦隊的司令官因此意見分歧。一派主張發動海戰，一派則認為必須保留海軍實力以確保日後的制海權。通常這類討論的時間如果拉得愈長，眾人的立場就愈傾向保守，此次也不例外。土耳其艦隊最後便是一路順利進入達達尼爾海峽，凱旋回到君士坦丁堡。

幾乎是同一時間，威尼斯政府接獲內格羅龐特陷落的消息，不禁錯愕萬分。政府原先堅信即使陸軍軍力不如人，但海軍一定會採取萬全的應戰措施，只要土耳其艦隊無法抵擋威尼斯海軍的長期封鎖，久而久之顯露疲態後，就會放棄征服內格羅龐特。未料，事與願違，不到一個月就敗下陣來的事實，對威尼斯共和國實在是項難以置信的打擊。

共和國政府決定解除總司令官卡那雷的職權，選出皮耶托・莫契尼哥 (Pietro Mocenigo) 為繼任人選。受命再組艦隊的莫契尼哥立刻拿著命令卡那雷返國的召喚書，火速離開了威尼斯。

在海軍統帥卡那雷未抵達威尼斯之前，「十人委員會」已經開始審查卡那雷的罪狀。從艦隊指揮官到船員，幾乎都對卡那雷的指揮能力大加撻伐，但審判還是決定等到卡那雷回國後才進行。在聽過卡那雷的說詞後，元老院以投票表決，其中認定卡那雷有罪者十四人，無罪者二十八人，無法決定的有三十五人，最後判定卡那雷怠忽職守、援救內格羅龐特不力，以致坐失痛擊土耳其海軍契機等罪名。但是由於他既非叛國，又非臨陣脫逃，罪不致死，所以最後是被處以終身放逐至波魯多古爾洛 (Portogruaro) 漁村，並歸還全數薪金，一半由國庫沒收，另一半則充作內格羅龐特之役殉職者的家屬年金。

卡那雷是當時知名的法學學者，曾歷任駐羅馬、米蘭、葡萄牙、法國大使，同時也是當時經常召開的十字軍及和平會議的老面孔。因此在刑求確定後，各國君主要求減刑的信函便如雪片飛來，但是威尼斯政府並不加以理會。不僅如此，任用國際間高知名度的知識份子為指揮官的經驗，也讓威尼斯政府倒盡胃口，進而選出一位雖然沒有知名度，但有海軍經驗的人擔任指揮官。在這個標準下所選出的新總司令莫契尼哥也確實不負期望，成功地整合了先前因未戰先敗而紀律大亂的艦隊。

不過，威尼斯卻渴望和平。除了失去內格羅龐特是一項太大的打擊外，與土耳其之間長達七年的戰爭、失去領導人物，以及威尼斯原就不擅長陸戰，卻不得不在史肯德爾貝格過世後站在西方最前線的種種負面因素，漸次浮現檯面，威尼斯政府因此積極透過各種方法探尋停戰的可能性，最後發現了一位女性。

穆罕默德二世是個名副其實的專制君主，這點著毋庸議。敗戰時，指揮官人頭不保，或是稍有不順心，宰相便人頭落地的情形時有所聞。土耳其宮廷內部對穆罕默德二世有影響力的人，可以說幾乎不存在，就連自己生母，穆罕默德二世雖說不曾虧待，但也僅任其在後宮終了一生。這位身為基督徒，同時也是奴隸身份的穆罕默德二世的生母，大概也不曾想過自己有能力影響大權在握的兒子；至於穆罕默德二世的那些包括希臘公主在內的妻妾們呢，那就更不用提了。

唯獨一位深獲專擅的穆罕默德二世敬重的女性是塞爾維亞公主瑪拉 (Mara Branković)。她是二世的父親穆拉德的妻子，也是穆罕默德二世名義上的母親。瑪拉似乎無法生育，在後宮期間也一直維持基督徒的身份。基督徒之所以在君士坦丁堡淪陷後，依然能在重重限制外得到一些保障，據說就是這位瑪拉公主和穆罕默德二世斡旋的結果。為此，威尼斯開始接近這位女性。

瑪拉馬上將威尼斯的意願轉達給蘇丹。穆罕默德二世答應，如果威尼斯有意，土耳其願意接受談判；發給威尼斯的土耳其境內通行證也同樣是透過瑪拉代為轉送。

威尼斯政府立刻任命了特使：尼可羅．科克與法蘭契斯科．卡裴洛。兩人都有長期在土耳其境內經商的經驗，為眾所公認的土耳其通。威尼斯政府明示兩人，務必獲得土耳其不入侵威尼斯在東地中海海域的屬地，以及歸還內格羅龐特的承諾。如果土耳其答應，威尼斯共和國同意以分五次付清的方式，支付二十五萬達卡特。這是威尼斯最大的讓步。由此時距離內格羅龐特陷落不過三個月，威尼斯便派出特使做停戰談判來看，不難窺知威尼斯政府渴望停戰的熱切程度。

抵達君士坦丁堡的兩位特使，首先按照禮儀覲見蘇丹，接著馬上與宰相會面，進行談判。宰相開出的條件是，威尼斯必須將所有愛琴海的島嶼「歸還」土耳其，每年並進貢十萬元。面對土耳其強硬的態度，兩位特使啞口無言，回以如果是這樣的條件，威尼斯寧願以放棄所有在「本土」的領土作為交換。蘇丹聞之大怒，隨即取消了特使在土耳其的通行證。特使之一的卡裴洛不久病死於君士坦丁堡，另一人科克則是搭乘漁船逃到林諾斯（Lemnos），再由林諾斯搭乘威尼斯船隻回到故國，向政府報告談判破裂的原因。

但是才一年不到，這回卻換成了土耳其主動提出停戰談判。一位使節帶著瑪拉的引薦信函，搭乘威尼斯的船隻抵達威尼斯。使節轉達穆罕默德二世的意思，如果威尼斯願意「歸還」包含克里特在內的所有愛琴海小島，並且放棄科爾夫，每年進貢五萬達卡特的話，土耳其同意考慮停戰。聽到這樣的條件，威尼斯政府不得不承認雙方在認知上根本南轅北轍。據守亞德里亞海出口的科爾夫有多重要就不用提了，包括克里特在內的所有愛琴海基地，對商業國家威尼斯而言，同樣具有牽動存亡的重要性。少了這些連結成海上「高速公路」的「小站」，威尼斯商船還談什麼往來活動呢！另外，進貢的形式也讓威尼斯很不能接受。雖然對於用錢就能解決的事，威尼斯向來做法乾脆。轄下的領地雖不傲人，經濟實力可不輸給當時的法國與西班牙，卻唯獨對於穆罕默德二世開出的條件實在無法接受，談判最後宣告破裂。但這次的交涉也讓威尼斯覺悟到，只要想法歧異的穆罕默德二世在世的一天，威尼斯對前途便無法樂觀。

暗殺蘇丹穆罕默德二世的計畫，在一四五六年威尼斯與土耳其尚未交戰時便已展開。從一四五六年到一四七九年的二十三年間，總共試了十四次，但除了一次之外，都是外來者「兜售」的結果。受到威尼斯經濟實力的吸引，不論希臘船員或是天主教會的教士，甚至是佛羅倫斯的貴族、克拉科（Krakow）的波蘭人、阿爾巴尼亞的外科醫生兼美髮師等，趨利之士絡驛不絕。這些「兜售」在「十人委員會」的祕密紀錄中都有記載。以教士那次為例，提案中甚至列出精算後的必要經費。但是從「十人委員會」的記錄中只有一次列出這方面的支出與預算等細節來看，威尼斯對此顯然並不積極。也許是對殺手與暗殺方式的不信任，也許是顧及失敗時的風險。然而，「十人委員會」卻唯獨對一四七一年的暗殺行動，一開始就表現出高度的意願，因為這次行動的刺客正是蘇丹的主治醫師。

雅各波．加耶達是出生在那不勒斯附近加耶達的義大利人。當時的教皇尼古拉五世認為擔任醫師或是律師的猶太人，會透過職業對基督徒造成影響，因而下令驅逐猶太人。雅各波因為父親是猶太人的關係，不得不在這時離開義大利，前往土耳其。不精於買賣或是醫術的土耳其人，對這方面的人才則是大表歡迎。雅各波後來擔任穆拉德的主治醫師，並在穆拉德死後順理成章成了穆罕默德二世的主治醫師，不管蘇丹到哪裡，必定隨行在側，例如在君士坦丁堡之役或是內格羅龐特戰爭時，雅各波就在蘇丹的帳篷裡觀戰。

穆罕默德二世非常信任這位主治醫師，尤其當穆罕默德二世過了三十歲開始肥胖，甚至胖到連騎馬都有困難的時候，這位猶太醫師在穆罕默德二世眼裡的份量便開始倍增。不知道為什麼，雅各波調配的藥對過度肥胖特別有效，這不僅使他支領高薪，甚至還獲得「帕夏」（Pasha，編按：土耳其對於高級文武官員的稱號）的尊稱。經常獨自用餐的蘇丹不僅唯獨准許雅各波與他同席共餐（雖然不是同桌），對於蘇丹嗜飲的葡萄酒，雅各波也是宮中唯一能以健康而非《可蘭經》的誡律給予蘇丹勸言的人。

雅各波跟威尼斯接觸的由來已久，單是有紀錄的部份，以一四五七年威尼斯大使贈其三十塊紅色天鵝絨布料開始，陸續就有好幾次威尼斯大使饋贈雅各波禮物的紀錄。尤其是一四六三年，威尼斯人漸漸受到土耳其宮廷的疏遠之後，與雅各波的對話便成了威尼斯與土耳其宮廷接觸的唯一管道。這位猶太醫師之所以持親威尼斯立場，並非只是著眼於昂貴的禮品，而是威尼斯是西歐諸國中唯一沒有接受教皇反猶太政策的國家。

雅各波為何會在一四七一年忽然願意暗殺蘇丹？原因不得而知。但威尼斯政府清楚，在土耳其朝中有許多重臣眼紅雅各波的成功，加上這位猶太醫師在朝中的地位完全繫於蘇丹一人，所以有可能是雅各波認為與其坐等穆罕默德二世猝死，情況改變，不如由自己的手結束蘇丹生命來得容易掌控大局。然而，他的想法卻無法傳給威尼斯政府知道，因為當時君士坦丁堡裡連一個能夠扮演中間人角色的威尼斯人也沒有。

一四七一年九月，佛羅倫斯人藍多．阿爾比齊 (Lando Albizzi) 帶著雅各波的書信造訪威尼斯。威尼斯政府覺察此事必須祕密進行，因此將藍多藏在足以信賴的曼托瓦大使家中，由「十人委員會」成員直接前往大使家中聽取計畫。藍多是佛羅倫斯阿爾比齊家族的成員，在與望族梅迪奇家族爭權失敗後，該家族的成員分散到義大利各地，而他則流亡到了君士坦丁堡。在佛羅倫斯已由梅迪奇家族掌權的情形下，想當然耳，他想回到家鄉幾乎是不可能。但也因為阿爾比齊家族的復興幾乎無望，落葉歸根更是成為他心中僅存的希望。

從雅各波的信件及藍多的一席話，「十人委員會」得知次年一四七二年三月到五月底之間，雅各波將毒殺穆罕默德二世。交換條件是威尼斯必須支付一萬達卡特，事成之後再支付兩萬五千達卡特，作為逃離君士坦丁堡時放棄全部財產的補償，這筆總計三萬五千達卡特必須在事後全部付清。這是一筆其他「毛遂自薦」的殺手所得不到的鉅額費用，之前的殺手最高也沒超過五百達卡特。

然而，「十人委員會」卻一致接受了這項條件。除了當場應允雅各波希望成為威尼斯市民的要求外，藍多所提出的事成後收取五百達卡特的酬金，也一併獲得許可。威尼斯並承諾將透過梅迪奇家族的洛倫佐．馬尼菲科（編註：此即當時佛羅倫斯的統治者洛倫佐．梅迪奇）的運作，讓藍多得以重返佛羅倫斯。

一個月後，藍多祕密離開威尼斯。不過，在搭船到克里特後便音訊全無。到底是在前往君士坦丁堡的途中遇害，還是抵達後才慘遭殺害，威尼斯政府始終沒有頭緒。翌年五月過後，穆罕默德二世依然健在，猶太醫師也依然擔任主治醫師，直到一四八一年後才斷了消息，據說是在穆罕默德二世死後的混亂中遭到殺害。就這樣，這次的暗殺行動無疾而終，幸而相關文件因為被「十人委員會」當作最高機密保存，所以消息並未走漏至其他國家。

但威尼斯已經無法坐視事態繼續發展。戰爭雖不是一直持續，敵對卻對貿易造成無可避免的傷害。威尼斯決定用一切方法打擊土耳其，迫使態度強硬的土耳其願意重開停戰協議。由於土耳其始終不願與威尼斯在海上開戰，威尼斯只好透過陸路戰爭。這方面，威尼斯已與匈牙利王聯手，與波斯共同作戰的體制也於此時正式運作，流傳至今的波斯王烏尊．哈桑 (Uzun Hasan) 所致贈給威尼斯元首的精緻翡翠與黃金器皿，就是此時波斯與威尼斯聯盟的明證。

然而，穆罕默德二世卻不吃威尼斯這一套。他沒有笨到自己去觸動西邊匈牙利、南邊威尼斯、東邊波斯的聯合陣線。只要土耳其一艘船都不駛出達達尼爾海峽，威尼斯就奈他莫何。土耳其一方面按兵不動，一方面私底下與匈牙利簽訂緊急休戰條約。

站在匈牙利的立場來說，由於國土位於西歐基督教世界陸地的最前線，與土耳其的作戰一日未歇，威尼斯與羅馬教皇的金援便一日不會停。所以除非戰事深入國境，偶爾的休兵反倒有利。當時領導匈牙利的又是賢能的君王馬提亞．科爾維諾斯 (Matthias Corvinus)，軍隊採行傭兵化，對於土耳其提出的有利於匈牙利的休戰條約，當然是馬上接受。穆罕默德二世也因此得以集中全力攻打東邊。

一四七二年十月，土耳其完成迎戰波斯的準備工作。十月五日，土耳其軍開始渡過博斯普魯斯海峽向亞洲挺進。十二日，穆罕默德二世的御用船渡過海峽。蘇丹帶著長子、次子參加此次戰役，只有十二歲的三男則留在首都君士坦丁堡。與此同時，波斯軍也從首都大布里士向西前進。土耳其的主要戰鬥成員有十萬，但如果連同非戰鬥成員也算上，人數高達十九萬。相較之下，波斯軍卻只有五萬人。這個消息是由威尼斯派遣到波斯朝廷，負責交涉同盟國事宜的特使卡德里諾所傳回的。他在締結同盟國之後並未返回威尼斯，而是直接追隨波斯王從軍。不消說，這當然是威尼斯的命令。

傳聞兩位東方君王都是依占星的結果決定作戰計畫，穆罕默德二世的占星師說了什麼無從得知，但是烏尊．哈桑這邊的吉兆卻讓君王大喜。不知是否真是吉兆所賜，戰事初期，波斯確實較占優勢，入侵的土耳其大軍不但遇上下雪的惡劣天候，由於地處荒漠，又得煩惱糧食不足的問題。這是一場沒有城牆可充當盾牌的戰爭，兩軍在庫爾德斯坦（Kordestan）廣大的荒地一邊移動一邊作戰，地勢的險峻以及冬天氣候的嚴寒，無不讓成員中有許多非戰鬥成員的土耳其感到退卻。相形之下，人數較少的波斯軍卻是以訓練有素的騎兵先行繞到土耳其陣前進行掠奪，或是到處殺害脫隊的土耳其軍等，心態上還算遊刃有餘。

然而，奇襲戰並不能決定戰爭的勝負。年逾四十的穆罕默德二世以其年少時的敏銳加上歲月的歷練，展現出超群的領導力，使土耳其大軍在歷經整個嚴冬之後，仍能保持士氣；一開始編組一支大軍的用意，也許就是考量到為日後戰力的損失所做的未雨綢繆吧。

一四七三年八月，集結在幼發拉底河兩岸的土耳其軍與波斯軍首次交鋒。從波斯軍營眺望，只見土耳其紅底白星月旗如海浪般飄揚。旗浪捲向波斯，宣告了戰爭正式開始。

戰鬥持續八個小時，土耳其大獲全勝。屈降者願意支付贖金的話還未說完，便已身首異處，活命的全是一些技工與學者，因為穆罕默德二世有意將君士坦丁堡建設成大帝國的首都，而這些技術人員正是難得的人才。波斯王烏尊．哈桑在敗相漸露時臨陣脫逃，雖然他向威尼斯大使保證將再雪恥一戰，但威尼斯卻開始與其保持距離。

在東方獲得大勝的穆罕默德二世，趁勢向西方展開攻擊。他將軍隊交由大臣兵分二路，自己則坐鎮君士坦丁堡。雖說為了遵守與匈牙利王締結的休戰條約，攻擊對象只剩下威尼斯，但土耳其仍是極力避免船隻出海，一艘船也沒駛出達達尼爾海峽。

其中一支土耳其的騎兵勁旅，經由波士尼亞和達爾馬提亞由北邊進入位於威尼斯「本土」北部的夫利烏利，極盡能事地展開掠奪與殺戮。指揮官伊斯肯德爾貝格，父親是熱那亞人，母親是希臘人，他在年輕時改信伊斯蘭，原本由基督徒指揮官率領的土耳其騎兵隊在他的指揮下，如同秋風掃落葉般，所到之處燒殺擄掠，從聖馬可教堂的鐘樓上盡覽無遺。雖說攻擊來得快去得也快，但對威尼斯可造成不小的打擊。應夫利烏利居民之請，威尼斯政府不得不破例首次在「本土」設防，以避免土耳其的再次突襲。

土耳其的另一條戰線則是捨棄騎兵隊，改以步兵為主，組成八萬大軍攻擊阿爾巴尼亞最重要的據點斯庫臺。自史肯德爾貝格死後，阿爾巴尼亞一直交由威尼斯託管，派遣代理官員、負責海上補給等等，但是土耳其卻想一次解決。不料，第一次戰役卻由威尼斯取得勝利。這全要拜穆罕默德二世任命的土耳其軍總司令史列曼．帕夏所賜，他是穆罕默德二世的同性戀伴侶，當然不是說這個性傾向有什麼問題，只是此人實在沒什麼軍事才幹。相較之下，儘管有瘧疾的橫阻，但在威尼斯官員安得烈．羅瑞丹臨機應變的指揮之下，阿爾巴尼亞人團結一致熬過了長達一個半月的圍城戰。土耳其對於敗軍之將通常是斬首一途，但獨獨史列曼．帕夏是以左遷了事。

一四七五年一月六日，威尼斯首都元首官邸大廳為了迎接那不勒斯皇弟亞拉岡家的費迪利哥，特別將國會議事廳的椅子全部搬離，開了一個大型舞會。夜半酒宴方酣之際，內閣閣員若無其事地走到元首背後，在元首的耳際竊竊私語了一番後，當時的元首——內格羅龐特陷落之後被遴選為海軍統帥，整合士氣有功的莫契尼哥，馬上若無其事地起身離座。

在另一個房間裡，蘇丹義母瑪拉的使者帶來蘇丹有意講和的消息，同時還附上土耳其的通行證。元首透過耳語相傳，迅速召集了「十人委員會」的十位委員與六位元首輔佐官。從金裝玉縷的元首到每位官員，大家雖然都身著禮服，但參與討論時卻是面色凝重。是夜並未得出結論，因為沒有人知道穆罕默德二世此時談和的用心。除了在場的人之外，沒有人知道在這個房間裡所進行的祕密會議，就連受到一致肯定的政治家亞拉岡皇弟也沒有察覺，他在向元首答謝華麗的舞會及親切的接待後，滿意地回到住處。

第二天，「十人委員會」陸續召開多次會議，但未知會元老院。情報匯整完成，新的情報也持續進來，委員們得知穆罕默德二世不僅攻擊斯庫臺失敗，似乎還有其他難題纏身。

波斯王此時再度對東方土耳其造成威脅，匈牙利王也擺出攻擊態勢，另外像是把敵人以串刺死，殘暴不下於土耳其人的斯拉夫民族巴拉基的行徑，也在土耳其人之間引起恐慌。同一時間，西歐以羅馬教會為中心，在米蘭與佛羅倫斯承諾願意各分擔十萬達卡特的情況下，開始商討組織十字軍討伐土耳其的事宜。威尼斯對西歐的話向來是姑且聽之，但不了解西歐人不團結習性的土耳其可是聽了進去。「十人委員會」最後就在穆罕默德二世因最疼愛的次男穆斯達法(Mustafa)於年前去世，導致心情鬱悶的消息傳來後，決議派遣特使傑羅拉摩·佐爾吉前往交涉停戰協議。

然而，接見特使的穆罕默德二世提出的條件卻和先前無異：「歸還」阿爾巴尼亞、伯羅奔尼撒半島及愛琴海所有島國，並繳納年貢金十五萬。特使在心灰意冷之餘，以需要與國內協議為由，提出暫時休戰的要求。穆罕默德二世欣然答應，並給予六個月的寬限期。

但是六個月還不到，土耳其竟然轉向黑海攻陷卡法與塔納。卡法與塔納分別是熱那亞、威尼斯商人在東方市場的最前線據點，雖然維持不易，但一直是義大利海洋都市國家與黑海、俄羅斯維繫細水長流的交易重地。現在基地被土耳其攻陷，貿易斷了往來，威尼斯更無拱手交出愛琴海諸島的道理。黑海的商業路線現已阻絕，君士坦丁堡又已封閉，東方市場只剩下敘利亞與埃及，換言之，克里特成了唯一僅存的通往東方市場的船隻轉運基地。要威尼斯放棄簡直奢談，威尼斯與蘇丹的對話也因此停擺。

翌年一四七六年，也是匈牙利與威尼斯南北合力對抗土耳其的一年。匈牙利在北邊驍勇善戰，南邊的威尼斯則是在面臨強烈的攻擊、領土失陷等不利的情形下，仍能以靈活的海上補給收復臨海基地，展現十足的韌性。穆罕默德二世依然待在君士坦丁堡，很少步出托普卡珀宮。據說是怕遭到刺客暗殺。

一四七七年，伊斯肯德爾貝格領軍的土耳其騎兵隊再度肆虐威尼斯「本土」北部，但是這回的斯庫臺戰役由於守衛堅強，土耳其軍最後只得放棄圍城。同時期，南方阿爾巴尼亞也有土耳其大軍進行鎮壓。就在整個西歐基督教世界彷彿靠著匈牙利和威尼斯捍衛最前線的同時，波斯王烏尊．哈桑駕崩，終究無法東山再起。

是年年終，威尼斯「十人委員會」接獲重大情報指出，那不勒斯費蘭提與女婿匈牙利王馬提亞．科爾維諾斯共謀派遣使節至君士坦丁堡與土耳其談和。一旦匈牙利脫戰，威尼斯勢將孤掌難鳴，如果再加上擁有義大利南邊的那不勒斯王都向土耳其靠攏，威尼斯在亞德里亞海出口兩側必將陷入腹背受敵的窘況。威尼斯的當務之急是要阻止匈牙利、土耳其及那不勒斯聯手孤立威尼斯。元老院決議重新展開議和談判，並告訴特使只要保住科爾夫、莫頓與科隆兩基地、克里特及愛琴海等諸島，獲得自由進行商業活動的保證後，其他條件皆可讓步，情形簡直可以用悲切兩字形容。

談判於一四七八年二月開始，期間因蘇丹率領大軍親征斯庫臺而一度中斷，過程耗時一年，前後歷任兩位使節。第一位負責這項艱鉅任務的是托瑪索．馬利皮耶羅，第二位則是克里特出身，嫻熟東方交易，但全無外交經驗的喬凡尼．德力歐。

派出德力歐是正確的抉擇。這位殖民地出身的威尼斯市民深知東方交易乃威尼斯的存續命脈，並且堅守底線，奉行不撓。當然，同時期進行的斯庫臺守軍三度擊退蘇丹親自指揮的十二萬大軍的英勇表現，也對這位年屆六十的特使暗助不少。條約在一四七九年一月二十五日簽訂，內容為：

威尼斯承認土耳其已經攻陷的內格羅龐特、伯羅奔尼撒半島內陸、包含斯庫臺在內的阿爾巴尼亞一帶為土耳其領土；相對地，土耳其必須再次承認科爾夫、伯羅奔尼撒半島的莫頓與科隆基地、克里特、愛琴海諸島為威尼斯所屬。

威尼斯每年須支付一萬達卡特給蘇丹作為在土耳其境內的通商費用，但仍保有在君士坦丁堡留駐大使，以及設置有治外法權的威尼斯居留地的權利；土耳其則以威尼斯人在土耳其境內的自由通商、通航作為保證。

威尼斯必須賠償十五萬達卡特，當作以往未對採自土耳其境內的明礬礦支付的專賣金，其中十萬可分兩年清償。

未立遺書死亡的對方國民的財產，必須交還對方國。

兩國互相宣示不侵犯對方國土，並且不得援助侵犯對方國的敵國。

威尼斯在停戰協議中捨棄了土耳其屢攻不下的斯庫臺，明礬專賣金的部份則是有支付羅馬教皇的例子在先，所以也非付給土耳其不可。以上讓步都還算好，問題出在土耳其在一般的關稅之外，另外又要求威尼斯另開新例，以通商費的名目每年多付一萬達卡特。很無奈地，這筆費用被視為實質的貢金，也是史學家們稱此為威尼斯建國以來破天荒屈辱和約的最大原因。

但姑且不論已經被土耳其攻陷的土地，威尼斯至少保住了斯庫臺以外的海外基地，成功地守住海外基地與通商自由的最後一線生機。至於所謂的「通商費」，土耳其一開始其實是要求十五萬達卡特，但是在威尼斯以明礬專賣金合併「搭售」的協商下，成功地減到只剩一萬，這對當場通過三萬五千達卡特暗殺計畫的威尼斯而言，這樣就能確保交易頻繁進行，算是很便宜了。

只是，這項威尼斯片面的價值判斷標準，對於其他不靠貿易維生的國家可行不通。跟土耳其談和的威尼斯馬上遭到基督教各國的指責，從教廷到義大利各國，全都指責威尼斯為了錢竟然可以向基督教的公敵伊斯蘭屈服，行為毫無節操可言。就連對土耳其之戰毫不關心的法國、西班牙、日耳曼神聖羅馬帝國，甚至與土耳其也進行過和談的匈牙利也都加入指責威尼斯的行列。在威尼斯與土耳其持續十六年的戰爭中，中間其實便曾經歷過六次停戰和談，但由於都是在極機密的情況下進行，其他國家並不知情（除了一次被米蘭大使察覺有異之外）。威尼斯為了保密，費盡苦心，不時令特使偽裝成商人的模樣，由於威尼斯以貿易立國，各國縱使心存懷疑，始終苦無證據。但這次簽訂的和約卻不能不公開，那些在和約公開後才知道威尼斯暗中派特使與土耳其談和的國家，當然愈發忍不住這口氣。

締結和約之後，威尼斯還有兩件事情要做。一是派遣大使駐君士坦丁堡，二是交出斯庫臺。土耳其對於即將成為土耳其領地的阿爾巴尼亞（包括熬過圍城戰役的斯庫臺）地區的居民，予以選擇去留的自由。只是，威尼斯人可以回歸家國，但阿爾巴尼亞人的去處卻是一大問題。難民們一致認為與其留在土耳其統治的土地，不如移居。嚮往與故國同樣傍山地形，無意到海上城市威尼斯生活的山地子民阿爾巴尼亞人，於是乘坐著威尼斯船來到義大利南部的普利亞與卡拉布里亞山區。今日我們在這些地區依舊可見到許多在既定地名之後加上「阿爾巴尼亞」的地名，這些都是當初厭惡土耳其的阿爾巴尼亞人聚集的村落。難民中除了阿爾巴尼亞人，還包括家園成為土耳其領土的希臘人，他們所使用的語言是一種接近希臘或阿爾巴尼亞的語言，而非義大利語。威尼斯政府對這些在斯庫臺圍城時奮戰不懈，苦撐到最後一刻的阿爾巴尼亞人，同樣給予年金的補償。據說，在土耳其圍城前，城內原有一千六百名男子，但是卻在三次攻防戰役後，銳減為四百五十人。

大體而言，持續十六年的戰爭總算結束了。往來於希臘、君士坦丁堡的定期航路恢復正常，隨之而來的是威尼斯駐君士坦丁堡大使堆積如山的工作。大使館的重建、翻譯人員的編制、倉庫與碼頭的安排等等，儘管這些事務對威尼斯人來說並不陌生，但一時要填補十六年的空白豈是易事。威尼斯有多重視這些事呢，從派遣大使一事可看出端倪。

在和談成功的快報傳到後，威尼斯政府立即任命參事官皮耶托．維托利出任簽訂合約後的首任大使。維托利當時人正在君士坦丁堡牢獄中服刑，他是在阿爾巴尼亞遠征時淪土耳其階下囚的。重獲自由後，直接就從君士坦丁堡的大牢進入大使館，履行大使的任務，連由威尼斯出發的程序都免了，直到透過正常程序選出的大使巴提斯塔．格里提從威尼斯出發，抵達君士坦丁堡接替他的位子為止。

以往因為威尼斯顧忌各國反彈，而不得不利用夜裡偷偷行動的土耳其使節，現在改於大白天上岸。這一行人的異國裝扮看在自己國家與東方土耳其關係密切、個人卻不曾與土耳其有過接觸的市井小民眼裡，想必是目眩神迷。

和約訂定後首次到訪的使節也帶來了穆罕默德二世的請求：希望威尼斯派遣一名最優秀的畫家到君士坦丁堡。威尼斯政府視此為「文化使節」，決定委託當時威尼斯評價最高的簡提列．貝里尼，由國庫支出畫家連同四名助手的費用。五十歲的貝里尼將手中自五年前便著手修復的元首官邸壁畫移交給弟弟（編註：即為文藝復興時期著名的畫家喬凡尼．貝里尼），一行人在九月三日搭乘威尼斯船前往君士坦丁堡。由穆罕默德二世的使節抵達威尼斯的時間為八月一日換算，光是整理攜帶的工具就花了一個月，多少也可看出威尼斯對這份新和約的重視程度。貝里尼於九月底抵達君士坦丁堡後，馬上受邀到新落成的托普卡珀宮住下。

一四七九年九月底至一四八一年一月底，這位威尼斯畫家到底在托普卡珀宮做了什麼，史料中並無記載。不過，如果透過當時人也在蘇丹朝廷中的另一位威尼斯人安丘愛羅（Giovan-Maria Angiolello）的紀錄，有一點至少是可以確定的，那就是當時貝里尼畫的應該不只是蘇丹或是蘇丹家族的畫像。

安丘愛羅在內格羅龐特陷落時淪為奴隸，後來成為穆罕默德二世次子穆斯達法的侍從，在穆斯達法死後長期隨侍穆罕默德二世左右，他所留下的紀錄也因此成為西歐人在受土耳其其

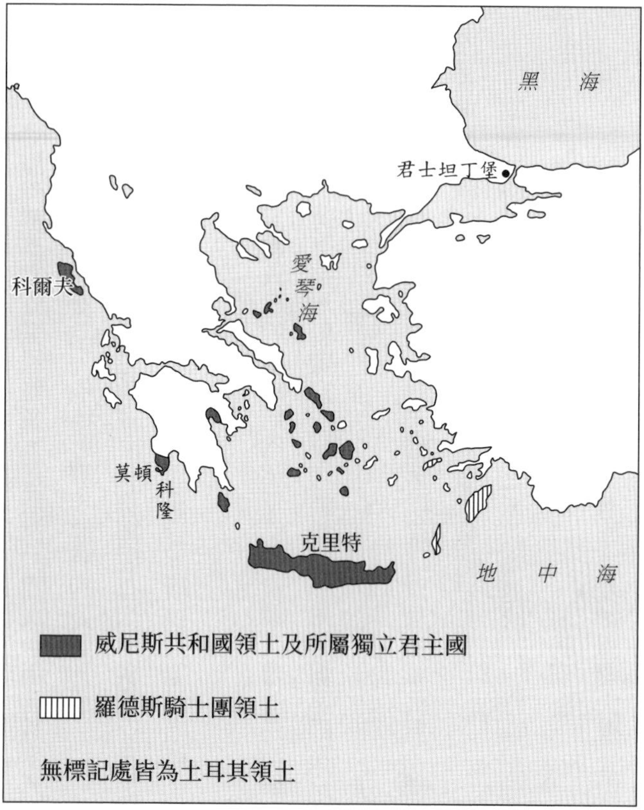

1480 年的勢力分布圖
（摘自 OSTROGORSKY, G. *Storia dell' Impero Bizantino*）

朝廷疏遠時最值得信賴的史料。根據安丘愛羅所言，貝里尼的工作除了肖像畫之外，還包括在穆罕默德二世私人寢室牆上繪製春宮圖。不過，在穆罕默德二世死後，這些圖便被繼位的巴耶茲德 (Bayezid II) 銷毀，肖像流出市場販賣，多幅畫作後來亡佚，僅存一幅最具知名度的穆罕默德二世的肖像，現由倫敦國際美術館收藏。該幅畫最早是在市場賣出，由住在君士坦丁堡的威尼斯商人買進，流入威尼斯後，經過幾次易主，最後在十九世紀末落入英國貴族手中。該貴族死後，其遺孀將畫贈予國際美術館。這幅有著畫家貝里尼署名，日期為一四八一年一月十五日的畫作，忠實呈現了當時年近半百的穆罕默德二世臉上，依稀可辨年輕時的憂鬱神韻。

穆罕默德二世對這位威尼斯畫家似乎鍾愛有加，根據安丘愛羅的記載，畫家貝里尼任何事都可直接面陳專制君主。既然受到這等禮遇，何以貝里尼僅待了一年半就返回威尼斯呢？據說促使這位畫家做此決定的最大原因是：

某次，貝里尼將自己的畫拿給穆罕默德二世看，畫的是被斬首的洗禮者聖約翰。穆罕默德二世在凝視了一陣之後，對畫家的技巧讚賞了一番，但隨即指出其中的錯誤。人類的頭在被斬之後，血管和神經會因反射作用縮進內部，但畫裡的卻延伸在外。畫家驚訝於這位君主一針見血的觀察力，一時之間無言以對。穆罕默德二世見畫家沉默，轉頭命令隨從帶來一名奴隸，馬上在貝里尼面前斬首，證明自己的說法正確。

這位威尼斯畫家就是在這次事件之後決定返國的。穆罕默德二世敕封這位畫家為土耳其帝國的騎士，並御賜黃金答謝其功勳。三個月後，蘇丹駕崩。

穆罕默德二世的死，讓基督教世界有如蒙受神恩般大肆狂歡。羅馬舉行三天的慶祝祭典，教皇邀請各國大使舉辦「基督天敵之死」的感恩彌撒。西歐之外的地區，像是在土耳其與威尼斯的和約簽訂後遭到兩次攻擊的羅德斯，或是埃及蘇丹，也都放下了心中大石。因為就在駕崩前夕，穆罕默德二世才剛率領大軍登陸亞洲，眾人盛傳此次目的地不是埃及就是敘利亞。但是隨著穆罕默德二世駕崩的消息傳出，這支軍隊與另一支在土耳其與威尼斯和約簽訂後沒多久便在義大利南部的奧特蘭托（Otranto）登陸的土耳其軍隊，也跟著解除了行動，撤回君士坦丁堡，幸而沒有釀成大難。

自始至終，威尼斯都維持中立的立場。但是當土耳其進攻奧特蘭托時，六十艘銜命一發現土耳其艦隊有北上攻擊威尼斯跡象，才可進入戰鬥狀態的威尼斯艦隊，便一直在土耳其艦隊進入亞德里亞海海域後，亦步亦趨，直到確認其目的地是奧特蘭托之後才離去。雖然土耳其曾經向《可蘭經》、先知穆罕默德及伊斯蘭聖劍立誓，但威尼斯始終覺得其人不可信賴。

穆罕默德二世的繼承人巴耶茲德向威尼斯再次確認和約，這也是常見於偉大開國帝王的繼任者的事，原因很簡單：統整前代不斷擴張的疆土令人十足耗神。威尼斯也因此享受了二十年的和平。

但是，與新興帝國土耳其的對決，也讓威尼斯醒悟到時代潮流的轉變。十五世紀後半的威尼斯人，說不定還會懷念起一個世紀前與熱那亞人的決戰吧。因為當時無論與熱那亞的交戰多麼激烈，兩國所擁有的條件至少相當，應運而生的價值觀也相同，決定勝敗的關鍵也只在於能否靈活運用既有條件，而在這方面，威尼斯優於熱那亞，最後也大獲全勝。

但土耳其就不同了。在對土耳其的戰爭中，決定勝負的關鍵不是能力而是數量，善用大砲的穆罕默德二世固然是個天才，然而能決定戰爭勝敗的，終究是土耳其大軍的數量。土耳其一聲令下就能號召的大軍人數，相當於威尼斯全國男性的總和，這也令威尼斯人不得不承認，戰爭規模確實有了一百八十度的轉變。

向來視確保海權為命脈的威尼斯，以往都是藉由在左近取得戰略據點來控制海域，但是這種作法一碰到大軍從陸路壓境便行不通。威尼斯於是將過去挖河渠引海水護城的建築法，改為將半島切開，使城塞孤立海中，利用四周環海的地勢作守防。一些地勢上容許做改變的戰略據點，像是克里特島上的史賓那隆加、科爾夫島等，全被改成了海中要塞。這個想法雖然只較面海城牆比面陸城牆單薄的劣勢向前進了一步，但從日後對抗土耳其大軍時，這些孤立在海中城塞的難攻不破，還是充份證明了其更勝山險要塞的優勢。

然而，儘管有這麼多的考量，威尼斯卻依舊無法避免土耳其的威脅。原因是陸路國家與海洋國家向來不同，前者對土地的錙銖必較，到了即使擴張僅只些微，也令他們異常滿足的程度。與這樣強而有力的對手為敵，逼使威尼斯不得不採取臨機應變。在這段自一四六三年起，其中有七十年雙方處於交戰狀態的兩百五十五年間，威尼斯就這麼頭痛醫頭，腳痛醫腳地一路走了過來。時值世界正走向都市國家時代結束，東西方即將迎接中央極權大國的前夕，威尼斯的處境只能說是一艘穿梭在時代巨浪中辛苦撐舵的小船。不過，就在與穆罕默德二世簽訂和約十年後，威尼斯又展現了其一貫的做法，不戰而成功合併塞浦勒斯，因失去內格羅龐特而出現漏洞的威尼斯海外基地網，也因此獲得了暫時的填補。

第九章

朝聖套裝之旅

有組織的旅行團事業，絕非現代的產物。

布魯丁貝爾格伯爵曾經對多明尼克宗派的教士修密特說到：

世界上有三件事情讓我覺得迷惑，不知道該不該建議人們去做。第一是結婚，第二是戰爭，最後一項則是朝聖。

時值一四八〇年，義大利米蘭公國的官吏桑多．布拉斯卡 (Santo Brasca) 終於決定前往朝聖，一償他多年的夙願。

有職在身的人，不管是五百年前還是現在，照例都得提出停職申請。由於此次停職可能長達半年，布拉斯卡除了指定職務代理人之外，又得顧慮到旅途中死亡的可能，於公得選定職務繼承人，於私則指定其兄艾拉斯摩為其財產繼承人。這位在朝聖歸來後被派駐到神聖羅馬帝國任職大使的布拉斯卡此時三十五歲，未婚，還只是名沒沒無聞的小官員。布拉斯卡以朝聖為由提出的留職申請在三月二十八日獲得了批准。

四月二十九日出發當天，布拉斯卡住處的教區神父為他舉行出發前的朝聖彌撒，隨後在兄弟及友人的一路送行下，眾人來到帕維亞。布拉斯卡的兄弟與大部份友人都是官員，不僅諳拉丁語，還懂希臘文，堪稱上流階層的知識份子。順道之便，一行人繞道帕維亞修道院 (Certosa di Pavia)，參觀了這座堪稱義大利最美的修道院，是夜並在帕維亞待了一宿。

四月三十日，一行人依舊停留帕維亞。為了順波河下行至威尼斯，一行人於當地等待船隻準備完畢，當天布拉斯卡與兄弟、友人話家常渡過一日。

五月一日近正午時分上船，布拉斯卡與兄弟、友人話別。船中的乘客大多為前往米蘭或是威尼斯洽商的商人。船駛離岸邊後，商人們拿出上等的馬爾瓦吉亞葡萄酒與食物分給布拉斯卡一同享用。他們都是慣於旅行的人，對於這些東西準備向來周全。當晚，船上一行人在河岸邊的村落住了一宿。

五月二日，布拉斯卡於克雷蒙那 (Cremona) 下船，拜訪當地友人。很有可能是他利用船隻等待商人停留該地洽商的空檔，自己所作的時間分配。當天夜裡，布拉斯卡投宿在曼托瓦侯爵領地內的卡薩兒馬焦雷 (Casalmaggiore)。

五月三日，布拉斯卡獨自在途中下了船，參觀聖班乃狄克修道院，並投宿此處。翌日清晨隨即雇小船趕上所搭的船。

五月四日，借宿費拉拉。此地為艾斯德公爵領地的首府，以擁有多座美麗宮殿聞名。布拉斯卡這回同樣利用了同船商人洽商的空檔，興沖沖地觀賞包括斯基亞渥尼宮殿在內的城市景觀。

五月六日抵達亞德里亞海的出口吉奧佳。

五月七日，順河而下的航路自此結束。一行人直到正午時分左右才等到順風，一起風便向威尼斯出發，午後三時抵達威尼斯。這是布拉斯卡首次造訪威尼斯。在六月五日預定離開威尼斯的日期來臨之前，他暫住在友人家，期間主要等待朝聖搭乘的槳帆船完成武裝準備。布拉斯卡利用這段等船的空檔參觀了威尼斯城。

布拉斯卡在遊記中這樣寫著。但是，其實他與其他朝聖者都是被威尼斯共和國巧妙的觀光政策給一路牽著走。

威尼斯是商人的國度，只要有利可圖，對什麼都感興趣。儘管朝聖有遭異教徒殺害的風險，漫長旅途又有種種不安，但朝聖之於西歐人的吸引力，長久以來可是未曾稍減。海洋國家威尼斯擁有船隻，對他們來說，將朝聖視為營利事業，未嘗不是好主意。

喜歡「行政指導」的威尼斯人，這會兒又是舉國投入了這項觀光事業。威尼斯貼出布告，抬出十二世紀末教皇頒布的特赦令：凡到訪威尼斯參加耶穌升天節，禮拜安置在該地的聖遺物者，即可獲赦完全免罪。這項教皇亞歷山大三世特別賜予威尼斯的特權，主要是感念在教皇與神聖羅馬帝國皇帝當年爭端的尾聲時，威尼斯曾經出力提供會談的場地。放眼當時，除了修道院及教堂之外，擁有這等特權的城市只有羅馬和威尼斯。「獲赦無罪」可以吸引虔誠的信徒，從中帶來的利益更是不言而喻。一四八〇年耶穌升天節為五月十一日，布拉斯卡當然也參加了聖物參拜的行列，並在日記中記下「完全免罪」。

耶穌升天日完後，祭典仍未結束。五旬節 (Pentecost)、基督聖體聖血節 (Corpus Christi) 等，大約每十天就陸續有節日登場。每次祭典中都會公開展示聖物，聖馬可廣場上慶祝祭典的遊行隊伍處處可見華麗的異國情趣。來自西歐各地的朝聖客也在等船的空檔，由威尼斯貴族陪同加入參拜的行列，這項威尼斯政府的觀光政策並且獲得了朝聖客們的一致好評。

中世紀盛行聖物信仰風潮，這對沒有供奉聖遺物的教堂、修道院來說當然不利。不過，對於聖物收藏據說質或量均為數一數二，僅次於羅馬的威尼斯而言，倒是不用發愁。

布拉斯卡在威尼斯飽覽了聖遺物。

在聖安東尼修道院裡，布拉斯卡禮拜了四位福音書作者之一的聖路加的手腕、耶穌十二位使徒之一的西門的腿骨、聖女烏蘇拉的大腿骨、耶穌荊棘冠冕裡的一根刺，以及人子被釘死的十字架木片。

聖沙華多修道院裡收藏了殉教者聖刁多祿的身體、聖西斯多的頭蓋骨、基督使徒聖安得烈與聖巴托羅繆的手腕。

其他還有聖克里斯托弗的牙齒、聖喬治的一小塊頭骨與手腕……。

這些東西的真假為何，如果真要打破砂鍋問到底，故事恐怕就說不下去了。日本之前不就曾經發生將聖撒母耳的手抑或手臂迎來國內，結果引起眾議的事件嗎？何況五百年前布拉斯卡在威尼斯參拜的聖遺物的數量，算起來可足足有上述列出的四倍之多！

滯留在威尼斯的朝聖客也不是只有宗教活動可以參加，不管是世俗的民間祭典還是民間建築的見習，威尼斯政府的態度一樣是開放的。例如，布拉斯卡的日記裡便有這樣的記載：

參觀在麗都海岸所舉辦的威尼斯與海的婚禮。這是一項元首對著大海宣稱要與大海締結婚約，而將手上戒指丟入大海的儀式，象徵威尼斯與海密不可分的關係。眾多男女身著華麗的衣服，搭乘無數艘貢多拉緊隨元首乘坐的緋紅御用座艦，景象宛如一幅完美的壁畫。造船廠也是參觀的重點。造船廠隸屬國營，兼作炸藥及大砲倉庫，各式各樣的船隻均可在此見到。五間大房內塞滿兵器，另有兩個大房間坐著許多女子正在織帆布。廠內的開銷，據說光材料和工資，每年便需二十萬達卡特。旁邊有座興建中的新工廠，迨完工後聽說可同時建造一百艘大型槳帆船，壯觀的場面只有在威尼斯才可以看到。

有空我便前往聖馬可教堂，教堂內部由下到上全是鑲嵌畫，美麗得筆墨難以形容。另外也去參觀了聖約翰暨保羅教堂和相鄰的聖馬可大會堂，並參加在聖巴托洛米奧教堂為威尼斯境內為數不少的日耳曼商人，以日耳曼語所舉行的例行彌撒，人群中亦夾雜著不少的日耳曼朝聖客。

元首官邸則是從上到下都仔細參觀過，唯完美二字足以形容。最上層是間大得驚奇的房間，元首座椅面向大海，天花板及周圍牆壁上的壁畫裝飾，精彩非凡。有畢薩內洛(Pisanello)所作的皇帝與教皇和解圖，以及由法布里亞諾的簡提列(Gentile da Fabriano)所創作、簡提列．貝里尼修復的海戰圖等，其中又以貝里尼兄弟的壁畫堪稱壓卷之作。

布拉斯卡當年所見的畫作已於一五七七年毀於祝融，今日我們見到的丁多列托、維洛內塞的壁畫，以及天花板上的壁畫等，皆為後人所作。

官員就是官員，布拉斯卡對威尼斯的政治中心——元首官邸，似乎特別感興趣。在參觀國會大議會廳時，他注意到國會是由二十五歲以上的貴族男子組成；在參觀元老廳時，則是連會議席次都不忘記下，並且提到了國外的公文就是在此宣讀等細節；不曉得他在米蘭時，是不是就經常負責謄寫米蘭公國寄給威尼斯共和國的公文信？參觀十人會議廳時，布拉斯卡對於這個掌管威尼斯最高機密的委員會的特性，也留下了正確的描寫。

元首官邸的導覽是由官邸內的官員親自負責。相較於今日，當時的官邸還是政治、行政、司法等一切政務的中心，所以不可能全天候對朝聖客開放，因此多半是利用沒有開會的日子或時段；至於牢獄等重地，當然也沒忘記懸掛上「閒人勿進」的牌子。

由官員兼任嚮導的作法亦見於國營造船廠。這倒不是擔心產業間諜，而是防堵軍事間諜的政策。沒有一個國家會笨到對外國人公開本國軍情細節，有嚮導跟在一旁，遇到不便為外人道之處時，便能巧妙而不著痕跡地將觀光客帶開。

威尼斯人十分清楚，朝聖客中不全是像布拉斯卡這類的知識份子，因此在聖馬可廣場上也為其他旅客舉辦了種種珍奇表演。當這些朝聖客在威尼斯看到以往未曾見過的大象等巨大動物，以及失去雙手的女人靈巧地用腳吃喝，處理日常瑣事的模樣像個可以使用雙手的正常人一樣時，無不目瞪口呆，也為回國後有茶餘飯後的話題可聊而高興。不少人還出於同情賞了表演者一些零錢。

至於想要眺望海上之都威尼斯的遊客，威尼斯也開放了聖馬可鐘樓供人參觀。有意搭船到慕拉諾島參觀知名玻璃工作室的人，威尼斯政府同樣準備了船隻。玻璃工作因為必須用到火，經常引起火災，為了避免火災蔓延街上，威尼斯政府從十三世紀起便將所有玻璃工業移到慕拉諾島。

但在眾多活動中，最令朝聖客（不論是知識份子或非知識份子）為之狂熱的，莫過於威尼斯雄偉的艦隊自海外歸來的壯闊景觀了。

布拉斯卡此時見到的是由去國六年的海軍統帥安得烈．羅瑞丹所率領的艦隊，他曾在斯庫臺之役擔任指揮官，面對十倍於自己戰力的土耳其軍，一步也不曾退卻。就在一年前，威尼斯與土耳其簽訂了和平條約，但十六年來的激烈交戰依舊深植人心，不論男女老少、階級高低，幾乎所有威尼斯人都湧到港口來迎接，場面壯觀非凡。

軍艦陸續進港，桅杆上以金線繡著聖馬可之獅的緋紅威尼斯國旗迎風飄揚，港口成排的大砲適時鳴放禮砲。在布拉斯卡的眼中，這一切就彷彿古羅馬的凱旋儀式再現。

個把月的等船時間，就在這麼多節目可資見聞的情形下，飛快度過。就連那些風塵僕僕趕到威尼斯，抵達後才發現得再多等上一個月而感失望的人，也一改原先的陰霾，轉而對無數祭典、聖物朝拜，以及他們眼中的威尼斯異國風情大感滿意；當然，由朝聖人潮滯留威尼斯這一個月的利基無數來看，威尼斯人的滿意程度想必也是不遑多讓。不過，真正能彰顯威尼斯精神的，還不是這些華麗的場面。

每個造訪威尼斯的遊客，不論白天或夜晚，都可在聖馬可廣場、利亞托橋附近與修弗尼河岸大道等地，見到兩人一組的巡邏員。這些被稱為「托洛瑪利歐」的巡邏員不是警官，而是威尼斯的國家公務員，隸屬專門為外國朝聖客服務的觀光單位。威尼斯雖然不缺為各國外商所設立的諮詢機構，例如日耳曼商館等，不過並不適合朝聖客利用。由於多數朝聖客不像布拉斯卡有威尼斯友人家可借住，這些觀光事務局的巡邏員們的工作，便是在看到來自外國的朝聖客時，趨前詢問是否需要幫助。巡邏員兩人一組，諳三國語言，包括日耳曼語、法語，以及英語——這三國同時也是朝聖客來源最多的國家。

巡邏員們非常清楚朝聖客們首先要解決的就是住宿問題，那個時代還沒有預訂飯店的制度。雖然從外表大概就能看出朝聖客的經濟狀況，但他們還是會先徵詢朝聖客住宿費的底限，再依朝聖客的回答決定該介紹何種等級的飯店。

希望盡量省錢的朝聖客，巡邏員會推薦只要給予些許奉獻便能住宿的修道院。朝聖客們身上都帶有家鄉教區神父寫的介紹信，所以不會有被錯認為流浪者之虞。介紹信其實也就等於護照。

手頭較寬裕的朝聖客，巡邏員是介紹他們到二、三流的旅館。威尼斯政府非常重視旅館的衛生及公共安全，所以即使是二、三流的旅館，旅客一樣可以安心住宿。各地區的衛生官員大概每週檢查一次，項目從被子到廚房，鉅細靡遺，旅館方面則必須將每天的投宿名單提報給官員知道。

至於出手闊綽的朝聖客，巡邏員推薦的當然是最高級的旅館，也就是外國國君或大臣們投宿的飯店。根據一三五五年擬定的旅館公會法，最高級的飯店共有：「英國女王館」、「法國之盾館」、「馬爾他十字館」、「白獅子館」。飯店的房間是以名字，例如「國王之屋」、「太陽之屋」、「天使之屋」等作區分，而非西歐慣用的房號，類似日式旅館的做法。旅館經營雖幾經易主，但都歷久不衰。十八世紀末造訪威尼斯的歌德，以及十九世紀初司湯達（Stendhal，編按：法國小說家），都是投宿於「英國女王館」。

所有接受介紹在威尼斯飯店度過第一晚的朝聖客，翌日清早大概都會被突如其來的訪客嚇一跳。來者是昨天帶路的一位巡邏員（當然是熟知朝聖客語言的那位），目的是協助朝聖客購買旅途中的必需品。無論你是住在最高級飯店的個人寢室，或是睡在修道院的大通鋪，巡邏員均會一視同仁提供這項服務。

由於除了狂熱的教士以外，大多數朝聖者都是第一次參與，少有識途老馬，對他們來說，不管是搭船旅行還是中近東的沙漠，全是陌生的經驗，連該帶什麼都不知道。因此如果能接受專家協助，幫忙打點長達六個月的朝聖裝備，當然是最妥當的。這些巡邏員們會帶著朝聖客到販賣旅行用品的店家，在威尼斯，這樣的專門店就有將近二十家。

首先必須購買的是一條又長又大，足以包裹全身的暖和毛織披風，以備船上及沙漠夜裡寒冷時使用。巡邏員通常會建議朝聖客不要買鑲有金色或銀色繡線的被子，以免因為太豪華而被誤認為有錢人，平白惹來遭阿拉伯人勒索的危險。毛披風決定之後，接下來就是襯衫了。巡邏員會建議愛乾淨的朝聖客多買幾件。其他像是床單、手帕、餐巾之類的東西，也是維持舒適的長途旅行不可缺的物品。

有人會告訴巡邏員想要買床，這些都是不曾搭船旅行的人。此時，任職觀光局的國家公務員會親切地告訴這些朝聖客，他只需要一條床單就夠了。事實上，如果每個人都帶一張床，船上哪裡擺得下！當然，國家公務員只會將這些話放在心裡，不會真的說出口。

「床單可以在回到威尼斯後，轉手賣出。」

在威尼斯不僅有買賣中古用品的店家，也有租借旅行用品的出租店，租金大概是一塊半達卡特。朝聖用的床單與現代西歐用的不同，比較類似日式折被。

還有一樣是不曾跟一大群人出海旅行過的人無法想像的必需品，那是一種有許多小抽屜的小櫃子。櫃子是用來放私人物品的，最上面有個蓋子可以上鎖，搬運方便，深具紀念價值，大部份的人在旅行結束後都會帶回國，所以中古店裡並沒有販賣。另一項必備品是小臉盆，雖說是用來洗臉，但用來吐的機會卻更多，不過這一點，朝聖客通常要在親身經歷後才恍然大悟。

購買食物也很重要。雖然整個朝聖費用已經包含了從船上到往聖地朝聖途中的伙食費，似乎沒有另行購買食物的需要，但個人口味以及在船上無事可做會讓人更嘴饞等因素，也得列入考量。火腿、義大利口味的香腸、醃肉、起司等因應長途旅行的醃製品應有盡有，朝聖客們可依個人的喜好加以選擇。另外像是烤得堅硬的餅乾、經過脫水處理的糖漬水果、堅果，以及英國朝聖客眼中不可缺的培根等，也都不錯。當然，飲料也是必備的。帕多瓦產的葡萄酒幫助消化最受推崇；內含果實的糖漿適用於消暑；還有預防暈船時必不能少的薑糖漿……，觀光局的人最後還會親切地補上一句「這些都請先用水稀釋後再飲用」。

對於想吃新鮮雞蛋（不管是不是用來煎培根蛋）的朝聖客來說，也可以考慮買隻活雞，船上為了供給新鮮肉類，一般都設有柵籠，買來的活雞可以就近飼養。

買齊了東西的朝聖客，並不須擔心在他們離開威尼斯前，這些東西會沒有地方囤放，因為只要通知店家離開威尼斯的日期，店老闆到時就會將貨品送到港口。這些商店都接受威尼斯政府的管制，絕不會有販賣不良商品或敲竹槓的情形。即使真有不平待遇，朝聖客也可以透過朝聖客的專屬法院提出申訴。觀光局的人員不得和飯店或商店有利益掛勾，因為根據威尼斯共和國的法律規定，國家公務員貪污或收賄為唯一死刑。

所有的民生用品都買齊後，接下來的要事就是購買船票了。

基督聖體聖血節過後，通常都會有兩艘朝聖專用的船停泊在修弗尼河岸碼頭，預定啟航，成群的船員站在下錨的船隻前吆喝、招攬朝聖客搭乘自己的船。但是，一四八〇年卻只有一艘朝聖船。這是因為威尼斯與土耳其的戰爭雖然在幾年前就已結束，但土耳其不時登陸義大利南邊的奧特蘭托、攻打羅德斯的行為，讓威尼斯政府不得不考量航行東地中海域的安全問題，所以決定該年只出一艘朝聖專用船。當然，這是指朝聖專用的船，搭乘商船出海的朝聖客則是每年都有。總而言之，布拉斯卡並不須要耗神挑選所要搭乘的船隻——由阿格斯提諾·孔塔里尼擔任船長的大型槳帆船「孔塔里尼號」。

從孔塔里尼船長的姓氏便知他是個威尼斯貴族。其兄安布羅吉歐是威尼斯駐波斯大使，兄弟中只有一人或兩人參與政治，其餘則致力經商，這在威尼斯貴族之間是個很普遍的現象。阿格斯提諾從二十幾歲第一次出海便經年往返東地中海，布拉斯卡搭乘他的船時，年近五十的阿格斯提諾已是眾人口中暱稱「西風阿格斯提諾」的航海專家，之後又持續了十六年的朝聖運輸事業。

不過，讀者最感興趣的應該還是費用吧。依據一四五八年前往朝聖的帕多瓦騎士卡波狄利斯塔的記載：

如果想要享受一趟悠閒的船旅，一個人必須準備六十達卡特，其中從威尼斯到雅法之間的船費（包括在船上的飲食費用以及出入境稅）是三十五到四十達卡特。登陸巴勒斯坦後，必須支付十五達卡特給異教徒，作為聖地與聖蹟的參拜費用。如果連二十天左右停留聖地期間的自費也算進去的話，至少需要六十達卡特。

一聽到六十達卡特，也許會有人考慮放棄朝聖計畫。但這點大家儘管放心，船費還分為二等或三等，所謂三十到四十達卡特是屬於一等船客的船費，另外還有二十五達卡特、二十達卡特，以及十五達卡特的價位供朝聖客選擇。唯一沒得議價的是付給異教徒的十五達卡特；對異教徒而言，基督教徒前往聖地朝聖的熱情跟他們無關，當然是沒有任何折扣。

有趣的是，布拉斯卡在一四八〇年前往朝聖時，比卡波狄利斯塔晚了二十二年，但費用卻完全沒有調整。

布拉斯卡知道，如果要保持紳士風範，從容地享受旅行，至少要準備一百五十達卡特。其中五十達卡特是針對生病等的不時之需，另外五十～六十達卡特則是支付船長的費用。其餘的三十～四十達卡特，看起來好像比二十二年前稍稍調漲，但究其細目，除了往返威尼斯與雅法的船費與出入境稅的慣有項目之外，一四八〇年以後，還另外列入了聖地參拜費（仍舊是付給各地主管聖地的異教徒），以及滯留在巴勒斯坦二十天的驢子費，換言之就是交通費，可以說不僅價錢沒變，反倒還便宜不少。這與威尼斯人改以團體行程企劃朝聖旅行，將從前個別支付的費用改由統一支付，壓低了價格不無關係。換句話說就是團體折扣，替朝聖客省去了許多麻煩。此外，威尼斯還特別針對想走西奈（Sinai）半島路線的朝聖客設計了「特別行程」：由耶路撒冷經西奈半島、開羅，抵亞歷山卓，然後再從亞歷山卓搭乘威尼斯船返回到威尼斯，這部份的費用須另計，共二十三達卡特。

如何將個人開銷，也就是事務性開銷減到最低，關係到觀光事業能否成功。

首先，參加朝聖團必須準備三種證明文件。第一是教區神父簽准的朝聖專用護照。二是羅馬教皇核發的朝聖許可證，若沒有這張證明，即使朝拜聖蹟獲赦無罪亦以無效論，可以說是朝聖的必備文件。第三是通行證，由於巴勒斯坦與西奈半島隸屬馬木路克王朝統治，所以必須先向這群穆斯林取得通行許可，也就是簽證才行。第三項和第二項文件，朝聖客可以交由慣於處理這些事的威尼斯人統一辦理，這對礙於國情不同及語言障礙的朝聖客而言，也的確方便不少。至於第一項護照的取得，則由朝聖客自己處理。

威尼斯企劃的朝聖事業跟其他國家不同——他們訂有「朝聖事業法」。根據法規，乘船的朝聖人數必須接受規範，以防止超載的情形。其他像是船上的飲食品質須受監督，以及要有武裝士兵、醫生隨船等，也都在規範之列，這些都是為了維持旅行中的安全與舒適所做的措施。如果朝聖客不幸於途中死亡，威尼斯通常會視情況妥善處理遺體，並依法律規定將死者遺物送還家屬，船長還必須依死亡的日期悉數退還剩餘的旅費。相較之下，法國船就不是這麼做。由於他們沒有法令的規範，旅途中如果有人死亡，死者的遺物通常是歸船長所有。旅費？更是不可能退還！

這就是威尼斯之所以能堅守朝聖這個中世紀最大的觀光事業，並立於不敗之地的理由。它的競爭對手馬賽，也因此被遠遠拋在後頭。雖然以地利來說，馬賽明顯占優勢，不論是日耳曼人、英國人，或者是法國人，若要朝聖，當然由馬賽搭船比較有利。因為同樣是走海路，從威尼斯或從馬賽出發沒有多大差別，但選擇馬賽卻可省下橫越法國，翻過阿爾卑斯山，穿越義大利北部的這段日程。何況馬賽的船費又便宜了一成不等，感覺上威尼斯似乎沒有道理一枝獨秀。但事實卻是，連不少法國人都選擇由威尼斯搭船。由此可見威尼斯商法——朝聖者回國後的口耳相傳是當時最好的宣傳——的確發揮了功效。

六月一日基督聖體聖血節結束後，朝聖船周邊頓時忙亂了起來，由於出港日期就定在當月六日，行李接二連三運到，布拉斯卡也開始經常出現在港口。「孔塔里尼號」是艘可以搭載九十名朝聖客的船，布拉斯卡留意到乘客中包含了日內瓦主教（布拉斯卡的主人米蘭公爵的伯父）、列曼主教、四位英國貴族等上流社會的人們，另外還有布魯丁貝爾格伯爵當初提到不知該不該建議人們前往朝聖的談話對象，多明尼克宗派的教士修密特。此行共有三個人留下旅行手記，分別是布拉斯卡、修道士修密特，以及一位法國無名氏。

六月六日清晨六時，港口聚集著朝聖客的友人。在這些人的歡送之下，「孔塔里尼」駛出港灣。微風輕拂，船長在三根桅杆上張滿帆，沒多久從水平線彼端便看見伊斯特利亞半島上的山影。伊斯特利亞受到波拉、帕倫佐（Parenzo）等優良海港的庇護，屬威尼斯共和國領土。午後四時左右，船速加快到九十海里，眾人都確信照這樣下去，今日應該可以抵達帕倫佐。

不料，其後卻轉為西羅科風。這股從東南吹來的強烈逆風，使得原本航行順暢的船隻頓時

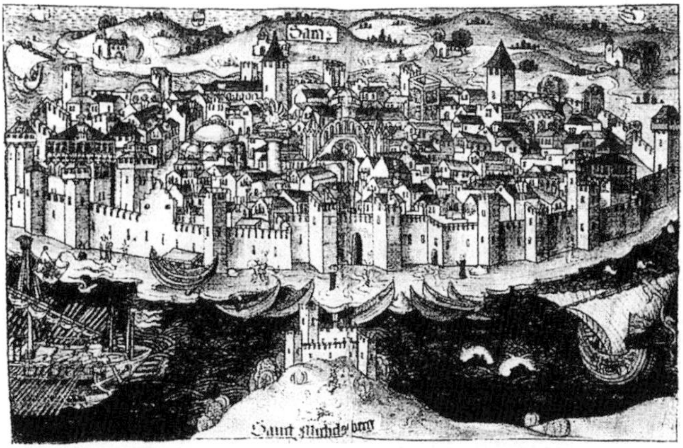

薩拉（朝聖隨行的素描師、版畫師所繪）

受阻。

六月七日，依然吹著西羅科風，船隻只能在逆風中迂迴前進。傍晚，朝聖客開始合唱聖歌，船員們也跟著唱和。

六月八日清晨五時，終於抵達帕倫佐港，船員們火速降下船帆，划槳手奮力划槳進入港灣。

船長告知將在帕倫佐停留到週六。水與生鮮品的補給據說只需一日，但因為有朝聖客對前幾日的逆風行駛感到不適，必須休養。不須休養的朝聖客恰好利用此空檔，前往禮拜守護航海的聖人聖尼古拉教堂。我，桑多．布拉斯卡亦在其中。

六月十日將近傍晚，朝聖船駛出帕倫佐港。夜裡划槳前進。翌日十一日早晨揚起船帆，風向依舊為逆風，儘管花了一晝夜的時間，不知走了有沒有四十海里？

近午時分，一名划槳手開始不適，據說其妻小皆因黑死病死於威尼斯的隔離醫院。他在出現黑死病的症狀後斷氣，眾人將他的屍體海葬後，船長及朝聖客立刻舉行彌撒，祈求上帝不要將黑死病傳染給大家。

六月十四日，抵達達爾馬提亞的薩拉(Zadar)。這是一座面海的城市，周圍以堅固的城牆圍起，著實壯觀。曾經接受匈牙利王統治，如今再度由威尼斯統轄。朝聖客無不感佩地從海上眺望這座城市，希望能夠登陸參觀。然而，薩拉的威尼斯官員卻無法消除對黑死病的恐懼，連船長也不得獲准上陸。

風向轉為順風，繼續上路。傍晚，史巴拉托城出現於左舷方，船隻繼續前行。數不清的海豚圍繞著船身，太過稀奇之故，朝聖客皆湧到船邊觀看。船員說此為幸運降臨的前兆，希望果真如此。

六月十六日日升之後，船的前後出現了較昨天更多的海豚繞著船身游泳，一下子躍出水面，一下子又沉入海中，著實可愛。在列西納五海里的地方，又轉為西羅科風，附近因有許多暗礁，礙於繼續前行會有危險，船長因此在此下錨。期間朝聖客們下船在礁石間戲水，或就近摘取香草打發時間。

六月十八日，風向改變後再度揚帆，沿著列西納附近前行。有風時必須盡量航行，因此並未停靠列西納島任何城市。日落時船停靠庫佐拉。當船進港收帆時，事故發生了。一般在收帆時，必須先慢慢將帆降下，然後再收起帆布。但船員在降下帆布的時候疏忽了，一下子就讓帆布降了下來，導致帆桁整個落下，壓在幫忙折疊帆布的一名弩弓手頭上。為防止再有不幸，船長嚴令船上人員於進港或風向改變必須揚帆、收帆之際，務必集中船尾以策安全。

六月十九日，正午前停靠列西納港灣補給水與糧食，眾人利用了空檔探訪列西納的聖宗派修道院。修道院院長精神矍鑠，不似已經古稀之齡，曾經長期旅居耶路撒冷，提供了我們一行甚多幫助。近午，院長親自駕船送朝聖客返回船上。

六月二十日，乘客全體登陸拉古沙。這是一座景色優美、守防堅固的城市，位於兩山山谷之間，兩邊是山，兩邊臨海。街道由石頭砌成，近似威尼斯。朝聖客造訪此處的大教堂，規模不大但美麗莊嚴，裡頭陳設了許多銀製、金漆的聖像，可知這座城市非常富饒。另有許多聖遺物供奉在銀製的臺上。雖然此處為共和制的獨立國家，每年卻須繳納貢金給匈牙利王、那不勒斯王、土耳其以及威尼斯，總額共兩萬五千達卡特。

六月二十一日黎明前，所有人在船上集合，此時吹拂著最適合不過的西風。離開拉古沙後，風愈來愈強，只升起中央桅杆大帆，船便像支飛箭駛過喀塔羅、布發、安提代利等威尼斯所屬的城市。連土耳其領地的斯庫臺山脈也漸行漸遠。至夜半，總計大約航行一百二十五海里。

六月二十二日夜晚繼續航行，黎明前兩小時風勢漸漸減弱。三根桅杆全部張滿帆，日升時分抵達杜拉索，此地亦為威尼斯領土，不過附近大部份已經由阿爾巴尼亞統治。杜拉索為歷史悠久的古城，古羅馬時代是橫跨希臘的伊尼茲亞大道起點，與以布林狄西為終點的阿庇亞大道銜接，當年凱撒和布魯圖斯便是由此東行。

停了一陣子的風過了正午又開始揚起。感謝上帝，是西風。船隻馬上揚起了帆，沿著土耳其領土瓦洛納右方一路南下。瓦洛納是土耳其領土最西邊的基地，在此停泊的船艦據說將近百艘。此時眾人皆在心中祈禱，希望風能夠強一點。行駛至距離拉古沙兩百海里附近，船進到奧特蘭托海峽，再往前去就是愛奧尼亞海了，身後則是有「威尼斯灣」之稱的亞德里亞海。

不料，黃昏以後風向開始轉為西南，往瓦洛納方向可見兩艘土耳其帆船逐漸駛近，船上每一個人都深感恐懼。因為儘管威尼斯與土耳其締結了和平條約，但該和平條約有項規定，當土耳其的軍船命令威尼斯船停船時，威尼斯船必須服從。與土耳其有和平關係的威尼斯人也許安全，但其他非威尼斯人卻不在和平條約的保障之內。阿格斯提諾船長雖向乘客保證安全，乘客卻依舊忐忑不安。並非對威尼斯人的話有所懷疑，而是大家都不敢肯定穆斯林的腦袋裡到底在想什麼，下一步會有什麼樣的行動。

此時，很幸運地吹起西羅科風。孔塔里尼號被吹往義大利方向，控帆技巧不如威尼斯人的土耳其船則被吹到西北，幸好不是西邊。船上眾人看著漸行漸遠的土耳其船，感謝之餘皆在胸前劃了十字。

六月二十三日，惱人的逆風依舊，船被往回吹，水平線處依稀可見義大利群山。船員努力地操控船帆，不久風勢又換成了往東吹，回到距離瓦洛納三十海里處。朝聖客所搭乘的船是稱為「格烈亞札」的大型槳帆船，船身高度跟一般帆船差不多，所以風阻也大。時值施洗者聖約翰節前夕，朝聖客全體向聖約翰祈求，願聖約翰保佑眾人避開異教徒的攻擊。

六月二十四日接近午夜，不知是否祈求應驗，風向開始轉為西南。至早晨方知已經接近科爾夫，再往前去便是希臘了。當然，最慶幸的還是船再度進入威尼斯領海，風向也轉西，為順風。

沒多久，一艘在近海警備中的威尼斯軍艦向我們駛近，依照慣例引導朝聖船進入科爾夫港灣。進港時已入夜。

此處不僅是威尼斯共和國海軍基地之一，也是負責防衛附近海域的艦隊總司令部。港灣裡整齊羅列著二十二艘軍艦。

艦隊總司令維克多・索朗佐似乎不贊成我們一行繼續前進。他慶幸我們竟能安全通過瓦洛納外海，因為前不久土耳其才派遣六十四艘船艦北上補強瓦洛納的守衛艦隊。另外他還說，土耳其自前年十二月起，便加派了由三百五十艘軍艦組成的大艦隊對羅德斯發動攻擊，戰況目前還在進行中。總司令不強迫大家中止行程，但建議最好先充份討論。

眾人回到船上商量，最後決議由個人自行決定。日內瓦及列曼兩位主教決定中途折返，另外還有二十人也決定不再往前。我因為已經習慣旅途勞頓，而且也不太暈船，加上就此折回也未必安全，旅費又已支付，事已至此，所以決心相信神的慈悲，繼續這趟行程。瓦洛納的危機既能安然渡過，也許接下來羅德斯的危險，也得以僥倖避開吧！不過還是有三分之一的朝聖客決定在此脫隊。

眾人將結果告知總司令索朗佐，司令要選擇前行者先在科爾夫等上七天，因為到時會有槳帆船從克里特來到科爾夫，等該船帶來最新消息後再出海。

來自克里特的船於六月三十日抵達。船上帶來消息，有兩艘威尼斯船因不聽從土耳其船在羅德斯下帆的要求而遭逮捕，不過隨即獲釋。阿格斯提諾・孔塔里尼船長及我等繼續朝聖的一行人，因此決定向東出發。

因突如其來的事不斷發生，使得無暇欣賞風景。科爾夫的確是一座美麗的島嶼，線杉一直茂密地長到海邊，島上花團錦簇，科木(Como)湖也令人記憶深刻，米蘭出身的我不時產生錯覺，以為此處便是故鄉。

七月一日，眾人祈求上帝庇佑，離開了科爾夫北端的港口。從海上眺望，矗立在岩地上的城塞景觀壯麗，威鎮四方，果然不愧為威尼斯的重要基地。三艘槳帆船將朝聖船從港口拖到三海里外的外海，風勢微弱，當我們通過三十海里遠的科爾夫南端時，已經入夜。

七月二日過了夜半時分，風慢慢增強。船以時速十五海里的速度前進，至清晨大概躍進了有一百海里。塞法羅尼亞島掠過眼前，此處曾經是威尼斯的領土，但於八年前成為土耳其的屬地。接著經過的桑提島也從左舷方向漸行漸遠；桑提是威尼斯領土。船行順暢，截至傍晚為止，大概航行了二百二十海里。

七月三日整日，風微弱，沿著伯羅奔尼撒半島南下，至黃昏不過航行八十海里。船上生活將近一個月，乘客們的心情也明顯隨著航速高低起伏。順風時，船如飛箭快速行駛，乘客個個心情開朗，相互之間也都親切包容，既無人抱怨飲食，大夥還會在甲板上模仿船員走路的模樣，享受船旅時光。然而，一旦轉為逆風，或風速減弱連帶影響到船行速度，再或者是吹往船腹的風變強，導致船因風阻不停在原地打轉時，乘客們的心情便會陡然如墜深淵，不是抱怨早上供應的馬爾瓦吉亞酒可能是假酒，就是不滿供應餐點的速度緩慢。尤有甚者，還有人懷疑自己帶上船的雞生的蛋減少，是被船員給偷了。

諸如此時，其實不妨以靜思、彈魯特琴或看書等方式打發時間。可惜凡事總不能如願，船上的人們在船速快的時候，彼此相親有如手足，一旦船速減緩了，轉眼間便彷彿仇敵。所幸，船上還有許多優秀的知識份子，使得人與人之間仍有溝通的可能。這些人彼此交換的經驗或熟悉的話題，如果將這些談話的內容彙集起來，相信一定會是本好書。

七月四日早晨八時，終於抵達莫頓港。莫頓港位於伯羅奔尼撒半島南端，與附近的科隆港並稱為「威尼斯共和國雙眼」，為威尼斯的重要基地。所有從威尼斯開往東地中海的船隻，中途都會在此暫停，孔塔里尼號也不例外地停泊兩日。

這座建於平地的港都莫頓，周圍有堅固的城牆環抱，不管是碼頭或是修理船隻的造船廠，設備都非常完善。港口以長堤徹底防禦來自外海的侵襲，可供一百多艘船隻避難及避風。堤防上有許多風車，用來將小麥磨成粉。城市防衛措施極為周全，因為土耳其領土就在三英里外不遠處，這也算是必然的措施。此處由威尼斯元老院遴選的官員負責治理。
七月六日天未亮，船隻以槳划出港後張帆航行。吹 Tramontana（北風），雖然算不上順風，但威尼斯船員純熟的控船技巧，使船上無人因暈船而感不適。一晝夜共行駛了一百三十海里，航線為東南方向。
七月七日接近正午時分，船通過契利哥小島，傳聞為海倫的出生地。古希臘詩人吟唱海倫在獻祭時被帕里斯擄走的地點吉契力哥島也在附近，如今似為無人島。
船繼續向東南方向航行，沒多久便看到地中海最大的島嶼克里特的西端。克里特在一二〇四年成為威尼斯共和國的領土，是葡萄酒中極品馬爾瓦吉亞酒的名產地，小麥產量豐富，人口眾多，並以島上城塞堅固聞名。其中，首都坎地亞(Candia)西邊的卡內亞、雷辛農，以及東邊的史賓納隆加等，都以屢攻不破著稱。
右舷方向出現克里特山脈。到翌晨為止，航行了有一百海里。
七月八日，運用划槳與揚帆交替使用的方式，一個晝夜又航行了一百海里。
我們一行人所搭乘的大型槳帆船，右舷及左舷皆列有長木椅，一張木椅上坐著三名划槳手，每人手中各執一支槳，俗稱三段槳帆船。風起揚帆時，划槳手便可稍事休息。由於槳是固定在木椅上，此時若從船首眺望船身，整艘船如同一隻張了翅膀的大鳥。槳是船隻進出港口的唯一工具，即使順風時也一樣。
船上使用的船帆是種叫做 Lateen 的三角帆，架在三根桅杆上。從改變帆的角度，到因應風速強弱替換大小、厚薄不同的船帆，全都是大工程。三角帆的帆桁並不固定在桅杆上，因此每逢替換時，都必須先將帆桁降下，換了帆布之後，再把帆桁架上去。如果是四角帆，就不須這樣辛苦了。因為四角帆的帆桁固定在桅杆上，只須視風的強弱調整船帆的寬度即可。

也許有人會認為，既然這樣，何不用四角帆呢？問題是四角帆有一遇逆風就無法前進的缺點。地中海風向多變，順風時間也不長，所以還是逆風時仍可迂迴搶風前進的三角帆比較有利。

其次，有槳的槳帆船也比單靠船帆前進的帆船好。畢竟風停時束手無策在海上漂流的感覺，實在不好受。

七月九日清晨，來到克里特的首都坎地亞外海四海里處。克里特的外形猶如一艘長船，坎地亞的位置就正好位於島中央。船長命人降下船帆，下錨，同時派書記乘小船進港告知港口官員，船上乘客與船員無人感染黑死病，請求申請登陸許可證。

一會兒見許多克里特人驅船駛近。據這些人所言，克里特正流行黑死病，已經死了兩萬多人，不過最近一個月的情況稍有改善，已無任何人因黑死病身亡。我們獲得登陸的許可，在此停泊四天，除補給水及糧食之外，對離開科爾夫後就沒有踏上土地的乘客及船員而言，這四天也是休養生息的好機會。大家都為登陸獲准而興奮不已。

克里特對羅德斯的戰況瞭若指掌：從海陸雙方進行攻勢的土耳其軍頻頻使用大砲，城牆據

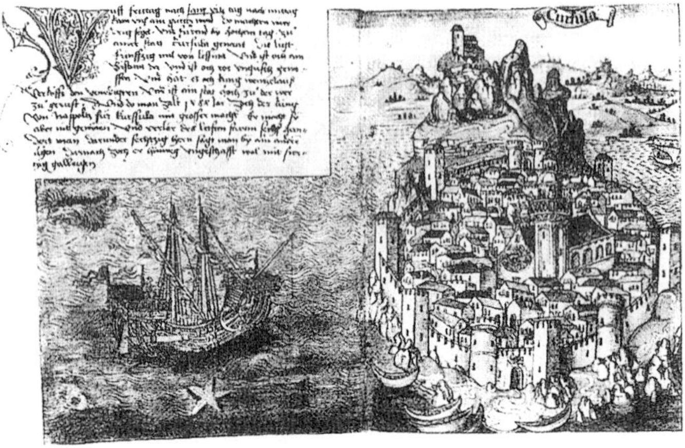

克里特島首都坎地亞（朝聖的素描畫家所繪）

說被破壞得非常嚴重，但是聖約翰騎士團的騎士及島上居民頑強抵抗，亦使得將近五千名的土耳其兵死於戰役。

坎地亞是座寬廣、美麗的城池，四周有城牆。海港入口設有城樓，城樓上正對著海上船隻船腹的位置，間隔地設了許多洞口，洞裡架有大砲，防衛來自海上的攻擊。不愧為威尼斯的重要基地。

克里特乃威尼斯的領土，政治運作方式與威尼斯相似，設有委員會輔佐總督。島上有許多從很早之前便移民過來的威尼斯人，古時便很繁盛，傳聞曾受彌諾斯（Minos，編按：希臘神話中的克里特島統治者）統治。

七月十三日，黎明時分離開坎地亞港，順風，並一點一點增強。一晝夜之間便航行了兩百五十海里，卡索及史卡爾巴諾都在瞬間被拋在船後。卡索為無人島，史卡爾巴諾為威尼斯領土。

七月十四日依然受到強風眷顧，船速飛快。羅德斯出現於左舷方向，船卻逕向東方前行，航路並維持在距離羅德斯七十海里的路線，以防被土耳其船艦發現。眾人雖都在心中祈禱不要遇上土耳其人，但當這個朝聖必經之地消失於身後時，心中仍是不免一陣酸楚。羅德斯由聖約翰騎士團統治，專門提供朝聖客宿舍及疾病纏身時的醫療服務，向來為朝聖的必訪之地，如今卻遭異教徒攻擊。船上的朝聖者莫不跪在甲板上，祈求上帝庇佑羅德斯的騎士們。

晝夜合計，這一天同樣是行進了兩百五十海里。

七月十五日，西風雖然減弱，依舊維持順風。由船的右舷看過去，隱約可見土耳其小亞細亞的山脈，猶如水平線上的縹渺煙雲。航路向東，一路朝著塞浦勒斯前進。這一天的航行距離約計一百七十海里左右。

七月十六日近正午，朝聖船朝著塞浦勒斯南端的阿斯普羅海岬駛去，途中與正在塞浦勒斯附近海域警備的威尼斯艦隊擦身而過。進入海灣，當地人以喇叭及大鼓相迎，官員甚至專程登上孔塔里尼號，詢問船長有關西歐的情形，隨後並與我們同船一起到五十海里外的利馬索港。

利馬索為塞浦勒斯南部最大的城市，但不久前遭到土耳其攻擊，雖然順利擊退了土耳其士兵，但城市卻被破壞得非常嚴重。我們決定在這裡停留到週二晚上。

七月十九日黎明前離港。順風，這一天航行將近一百七十海里。

待我如子的船長，今日給了我一個奇怪的忠告。特別是對於我在漫長海上旅行中疏於整頓的鬍子，船長囑咐我要繼續保持。他說沒有鬍子的男人會被阿拉伯人當作是同性戀的對象，因此建議我在朝聖途中不要刮鬍子。當然不只是我，船上的年輕朝聖客似乎也都收到了同樣的忠告。

七月二十日幸運遇上順風，不須降帆或改變船帆角度便已航行一百海里。眼前已隱約可見眾人的目的地雅法，朝聖客不約而同地跪在甲板上開始唱聖歌。

午後二時左右，船開進雅法港。船上每位朝聖客都希望可以馬上登陸，但船長卻叮嚀在拿到通行證之前萬萬不可，一行人只好待在船上等。異教徒心性莫測，沒有通行證的基督徒在這片異教徒統治的土地上，命運全憑異教徒的心情好壞，上帝也無法保佑基督徒的安全。船長為了讓大家可以早日拿到通行證，已經在進港後馬上就將書記送到拉瑪(Rama)，但是等書記官拿到許可證再回到船上，至少也要三天。

等待期間，許多阿拉伯人各自駕著小船到船上販賣食物，這似乎已成慣例。拜此之賜，船上沒有出現食物荒。船長一一對我們說明只有巴勒斯坦才出產的水果以及其他食物的特性。

七月二十四日早晨，眾人望穿秋水引頸等待的通行證終於到了，隨同書記一起返回的還有前往聖地朝聖時的交通工具：駱駝與驢子。

晚間九時，終於得以下船。朝聖客首先被帶到十字軍時代基督教商人用來當倉庫的洞穴，不過現在已經荒廢，而且骯髒異常。阿拉伯官員如同清點牲口般一遍又一遍地數著我們的人頭，攜帶的行李也於此時運抵。等一切都結束時，這一晚也過得差不多了，眾人當晚便睡在洞裡，這也是我們第一次體會到厚重的長毛披風的好處。

雅法據說是由建造方舟的諾亞之子所建，兩百年前被阿拉伯征服之前，還是巴勒斯坦的一處重要港都，因為聚集了許多來自西歐的船隻而喧騰一時。當時的建築物大半已成廢墟，但仍隱約可見曾有的繁榮，目前只剩港口還堪使用。對阿拉伯人而言，雅法只是個來自西歐的朝聖客在抵達、出發時派得上用場的一個港灣罷了。城裡殘留兩座塔，阿拉伯人二十四小時都派有守衛看守。

七月二十五日晚，朝拉瑪出發。拉瑪距離雅法有十二英里遠。朝聖客每人騎著一匹驢子，僅靠一條韁繩操控，所以剛開始時駕馭有些困難，所有人都吃足了苦頭。

擔任嚮導的是專門為基督徒朝聖客服務的翻譯兼導遊，稱為「葛賽拉」。他們是當地居民，據說是領受基督使徒聖多馬施洗的後代子孫。

離開雅法四英里左右，眼前出現了兩座破損的城塞，看來是十字軍時代的遺物。來到距離拉瑪僅一箭之遙時，眾人被叫下了驢子，因為依照規定，基督徒必須徒步前往。

幸運的是，附近有座基督教修道院，一行人受到了修士們的歡迎，馬上為我們舉行彌撒。眾人在此停留兩日，直到處理完稅金事務為止。晚上就席地而眠，雖說是朝聖慣例，但實在痛苦，我的一邊肩膀直發疼。

拉瑪實在很大，但是住家稀少，人民定居的狀況看來並不理想。這裡有各式各樣的果物，是傳聞中亞利馬太人約瑟誕生的地方。

七月二十七日接近正午，眾人又各自騎上驢子朝耶路撒冷出發。來到拉瑪郊外一英里時，導遊叮囑大家小心，因為附近就是異教徒的墓地，任何在墓地周圍令異教徒不悅的舉止，都會惹來嚴重的報復。我們一行人不僅繞路，通過時還被要求不准出聲。

在離開拉瑪約十五英里處，一群配槍帶弓的阿拉伯人等在那裡，打算向沒有通行證的旅人索取通行稅。不過，經由導遊出示通行證，同時跟他們不知道說了什麼之後，對方似乎曉得不能硬來，便沒有為難我們，讓我們順利地通過。

我們一行坐在驢子背上，繼續在荒涼廣大的山地行進。接近夜半時分，大家下了驢子，一邊眺望著月光照耀的山林，一邊吃飯、休息。三個小時後，眾人再次跨上驢子，一頭跟著一頭按照順序前進，此時天已微明。兩小時後，在荒涼大地的彼端，終於看到聖城耶路撒冷。聖墓教堂的圓形屋頂，正因朝日而閃著晨光。

朝聖客不約而同下了驢子，雙腿跪地，「美哉耶路撒冷……」的祈禱聲此起彼落，眾人臉上都是淚水，彼此唱和。祈禱結束後，沒有人再騎上驢子，全都拉著自己的驢子緩緩走向耶路撒冷。

來到距離耶路撒冷將近九英里處，沿途開始出現聖地、聖蹟。我們首先禮拜的是耶穌復活後與弟子共享麵包之處，禮拜此地可獲免罪七年又四十天。

附帶一提，禮拜聖蹟所獲得的免罪權，分為完全免罪及七年又四十天的免罪權。

耶路撒冷（朝聖隨行的素描師、版畫師所繪）

七月二十八日，日落後兩個小時，來到耶路撒冷城外。朝聖客決定投宿附近的聖約翰宿舍。此處異常不便，不論是吃飯、睡覺都在地上，沒有從船上帶葡萄酒來的人只好喝水。孔塔里尼邀我和幾位朝聖客一同到錫安山上的修道院投宿。這座修道院是耶穌和聖母瑪利亞住過的地方。

當天晚上，大家被告知要早早就寢，翌晨才有體力開始朝聖。

耶路撒冷是平地的一座城市，大小與帕多瓦相去不遠，美麗，而且沒有城牆圍繞，進城後也看不到基督教統治時代比薩人所建的任何城塞，唯一看得到的只有所羅門聖殿的牆壁。

住家的屋頂也和我們不同，而是用灰泥鋪成堅固的平面。當阿拉伯人祭典時，女性會跳上屋頂和著音樂載歌載舞，男人們則在一旁觀賞。男女並不一起跳舞，演奏音樂的樂器與西歐類似。

他們的市集不論看或逛都非常有趣，道路兩旁的店家櫛比鱗次，看似只用來採光的天花板，為商店遮蔽了陽光和雨水，置身其中彷彿進到長長的山洞裡。

商店街依照各店家販賣的物品作區分，有販賣絲綢的一區，也有珠寶商羅列的街道，還有從各式各樣的布料到成品都有的店家。香料的味道刺鼻。

食品店集結的區域猶如假日的米蘭市場，經過料理的各種食物依客人喜好待價而沽。阿拉伯人不在家裡做菜，只要一到午飯或晚飯時間，這裡便聚集大批人潮，可以說是盛況空前。

阿拉伯人的服裝和風俗，男女均與我們大大不同。男人戴著各種不同顏色的頭巾，全是用麻編成，又長又寬，攤開來幾乎可當作鋪巾，非常耗布料。衣服是白色及腳的長袍，只在脖子或腰部的地方繫上繩帶。因為不穿襪子，所以腳上穿的是布製軟鞋。

女人則是用白布從頭包到腳，就像套著一塊四方巾，只在脖子和腰部綁上帶子。臉上以黑紗完全覆蓋，連眼睛在哪都不知道，膚色也無從得知。除了髒黑的指甲外，什麼也看不到。

這在我們看來實在是奇怪的生活規範。他們不喝葡萄酒，不過只限於人前，私底下他們是喝的，而且喝的量好像比基督徒還多。傍晚時會有人爬上稱為「米納烈多」的塔上，大聲告訴人們祈禱的時候到了，然後開始祈禱。路上行人就地跪下，先是向天張開雙手，接著朝地面叩頭一百次，看起來真有點像乞丐在乞討。

他們總是穿著壓扁的鞋子。一來是習慣在進家門前先脫鞋，二來是進入清真寺禮拜時，也必須脫鞋拎著鞋子才能進入。連吃飯時，也是盤腿坐在地毯上。

最有趣的是他們孵蛋的方法。在我們是交給母雞去孵，他們卻是將五、六千個蛋放到甕裡，在周邊以火煨，等到烘得差不多時，再把蛋從甕裡拿出，放了一會兒，雞蛋便會孵出小雞來。這裡的女孩似乎沒有多大用處，因為這種事都是男人在做。

阿拉伯人的信仰和同為穆斯林的土耳其人相似，也非常敬重耶穌基督，只不過和我們後來出現分歧。

他們稱呼耶穌為聖者，是個正義的人，但只承認耶穌是上帝的預言者，而非上帝的子嗣。我也親眼目睹穆斯林脫鞋進入耶穌誕生的洞穴朝拜的例子。

然而，只要一提起聖墓的由來，談到耶穌曾在各各他山丘被釘上十字架的事，這群異教徒便笑說不相信。在他們認為，耶穌基督只是預言者，怎麼可能自尋這等苦事！

七月二十九日，所有人，包括投宿修道院及宿舍者，都在日升的同時，起身準備，隨即在修道士及嚮導的引領下，出發前往聖地朝聖。首站是聖司提反殉教的城門。

一行人循著耶穌被迫揹上十字架後前往髑髏地的路線走，沒多久便來到導遊口中古利奈人西門替耶穌揹十字架之處。又過了一會兒，來到聖母瑪利亞因看到士兵鞭打揹負十字架的耶穌而悲嘆的地方，此處原本有座教堂，在異教徒統治後遭受破壞，如今只剩廢墟。

隨後參觀了彼拉多官邸。這裡有一塊白色大理石，據說彼拉多便是坐在這塊石頭上，無理地宣判耶穌死刑。附近有一間矮屋，即聖蹟「瑪利亞學校」，是聖母少女時期習字的地方。順著房屋對面的道路走去便可看見希律王宅邸，不過現在住了阿拉伯人，無法進入。另外也參觀了彼拉多的房子，耶穌就是被強行帶至此遭受鞭刑，戴荊棘冠冕，穿上白衣。眾人在此祈禱，獲赦免罪七年又四十天。

緊接著至猶太教聖地及大衛目睹天使之處禮拜。猶太教寶物在羅馬皇帝維斯帕先(Vespasian)和提圖斯(Titus)將聖城化為灰燼時被送到羅馬，目前聽說收藏於聖喬凡尼．拉德拉諾教堂。不遠處可見聖殿遺蹟，當然，已非所羅門時期的那一座。據《猶太戰記》作者約瑟夫斯(Flavius Josephus)所言，所羅門聖殿五度重建，五度遭受破壞。目前所存為青年耶穌驅逐污衊聖殿的人們時的建築物。

禮拜聖母的出生地、聖安娜墓地。聖母的母親聖安娜遺體已由君士坦丁大帝的母親海蓮娜移往君士坦丁堡，目前不在此。獲赦完全免罪。

在橄欖山麓參拜供奉聖母瑪利亞的教堂，其遺體亦長眠於此。獲赦完全免罪。

教堂附近有個大洞穴，是主耶穌向天父請求：「阿爸，父親，在你凡事都可能，求你將這杯撤去吧」之處。下了橄欖山，有片田地名為客西馬尼，是猶大出賣耶穌的地方，四周全是橄欖田。在猶大吻耶穌的地點，有座朝聖客用帶來的石頭堆成的小山丘。獲免罪七年又四十天。

由左手邊再向前行，禮拜聖母瑪利亞升天處。獲免罪七年又四十天。

在耶穌升天的山上所找到的印有耶穌腳印的黑硬石頭，被供奉在圓形的小禮拜堂中。獲赦完全免罪。山上耶穌傳道之處仍留有當時的大理石臺。隨後又依序禮拜了為數不少的聖蹟及耶穌顯神蹟之地，許多地方在異教徒的統治下既無維護也無整修，只見貓的蹤影。

在耶穌和弟子共享最後晚餐的屋子裡，放置著一張大長木桌，修道院的修士在此擺設晚餐招待我們一行人。眾人皆爭相坐耶穌坐的位子，獲赦完全免罪。

同船的朝聖客預定在聖地停留二十天，這幾天大家白天一起行動，由嚮導兼翻譯率領眾人禮拜聖蹟，晚上則睡於指定的宿舍。早上到午餐之間安排禮拜行程，下午到傍晚為自由活動，有人選擇待在聖地祈禱，有人則到城裡走馬看花，參觀市集。

在這二十天當中，有三天下午回來後必須待在宿舍休息，不得自由行動，等到吃過晚餐後，眾人再一起進城參加深夜在聖墓教堂舉行的祝禱。

進入聖墓教堂前，阿拉伯的監視官又一次如數家畜般地命令我們成列排開，再三確認人數好統計收費。聖墓教堂被視為聖地最重要的聖蹟，這點異教徒當然也清楚，所以收取的禮拜費最高，進入教堂的人數也設限。

聖墓教堂就蓋在亞利馬太人約瑟領來釘在十字架上的耶穌遺體後，所埋葬的洞穴原址，如今連教堂前的廣場都已鋪設完全。朝聖客進到教堂後，門會由外面上鎖，直到第二天清晨才打開。

教堂內呈長方形，正中央為銅製圓頂廳堂，布局像極了羅馬的聖瑪利亞．羅頓塔教堂（萬神殿）。天花板中央有一圓形開口，用來採光，本地雨水稀少，所以此法可行。我透過圓形天窗仰望繁星閃爍的夜空。

朝聖客各自就定位後，錫安山修道院的修道士便開始為眾人舉行彌撒。彌撒使用的語言有拉丁語、義大利語、法語，以及日耳曼語，但祈禱時用的是不分國別均能唱和的拉丁語。結束了彌撒後，朝聖客各自手持點火的蠟燭，隨著司祭唱誦祈禱詩，排成一列依序禮拜聖墓教堂內的所有聖地。朝聖客中許多人感動地落淚。當然，禮拜聖墓教堂者得獲完全免罪。

聖蹟中曾為洞穴的部份，裡外都覆上了一層白色大理石，而不是裸露的岩石，以防朝聖者切下作為紀念。君士坦丁大帝的母親海蓮娜在四世紀所發現的基督受死時的十字架，同樣也為了提防朝聖客藉著親吻十字架時趁機咬走，在左右兩旁各站了一位修士嚴密監視。參拜聖蹟遺物時，必須脫鞋赤腳膜拜。所有膜拜結束後，朝聖客仍滯留教堂內不斷祈禱，直到天明。儀式在停留聖地的二十天之間共舉行三次，第二次更由朝聖客中選出七人，組成守護聖墓教堂的騎士團，我很榮幸地獲選為其中一員。任命儀式是由神聖羅馬帝國皇帝的代理人以劍行使，儀式莊嚴而虔敬。

耶路撒冷的聖蹟是由四個教派的基督教教士管理，分別為天主教、希臘正教、亞美尼亞，以及衣索比亞四個教派。其中，西歐天主教管理聖墓教堂，希臘正教教徒管理卡爾微利亞山（編按：即各各他山丘；卡爾微利亞——Calvaria為Golgotha的拉丁名稱）。

結束耶路撒冷及周邊的朝聖後，一行人轉往伯利恆。耶路撒冷距離伯利恆有七英里之遙，朝聖團騎驢子列隊前往。途中遇一口井，是三位博士拜訪聖子時，天使現身之處。再往前去則是《舊約》預言者耶利亞的誕生地，如今已經成為穆斯林的清真寺。伯利恆雖是座小城，卻是基督誕生的地方。聖誕洞穴的遺址有座聖方濟各會管理的修道院，內部設有美麗的教堂。聖蹟內以白色大理石覆蓋牆面，應是防止朝聖客盜挖的措施。教堂牆壁上的鑲嵌壁畫美麗奪目，令人憶及威尼斯聖馬可教堂。以金色跟藍色交錯而成的天花板上的鑲嵌畫，美得令人想起沙漠夜空，下方並且擺設了牛羊、被牧羊者圍繞的幼兒耶穌、聖母瑪利亞、聖約瑟，以及前來的三名博士與其三頭駱駝等人物模型，真實呈現基督聖誕的情景。禮拜此處者，得獲完全免罪。朝聖客在主耶穌誕生的這座教堂中，向三名帶來祝禮的博士看齊，或多或少給予教堂奉獻。有人奉獻一達卡特，有人奉獻四達卡特，各依自己的經濟能力。實在拿不出錢來的，也獻上了自己做的木製十字架代替。一行人並且參觀了修道院中的聖希耶羅尼姆斯（編按：《聖經》學者及教父，於伯利恆任職修道院指導；Eusebius Hieronymus）洞穴。禮拜聖母為幼年時的耶穌哺乳之地。其中有一處據說會顯神蹟，若有母親缺乏奶水，只要將盛了水的杯子放在上面，馬上就會漲乳、奶水充足。緊接著禮拜天使開示瑪利亞帶著幼兒前往埃及，逃過希律王迫害之處。離開伯利恆，再度跨上驢子，在難耐盛夏的暑氣中前往希伯崙。附近有許多《舊約》聖蹟，上帝創造亞當之處也在行經的路上。希伯崙是亞當、亞伯拉罕、以撒、雅各，與其各自的妻子夏娃、撒拉、利百加、拉結的墓地所在。

騎著驢子行走猶太山區，異常艱苦。此處多石礫，土地荒涼連求樹影蔽蔭都有困難，施洗者約翰與聖撒迦利亞當初便是在這塊土地上傳教。

回到耶路撒冷，一行人接著前往約旦河。由於錫安山的修士、孔塔里尼船長與導遊殷殷告誡：前往約旦河的道路險阻，一路上山地荒涼，暑氣難耐，還有遭到阿拉伯人攻擊的危險，因為據說阿拉伯人成群埋伏在耶利哥山谷附近。許多人聞言色變，決定留在耶路撒冷，原本四十八人的團員也因此減少大半。但我決定一切交由上帝，所以備妥了夜營用具及糧食，帶著導遊、修士及搬運行李的阿拉伯人，繼續前行。

為了避開暑氣，一行人至黃昏才啟程。每隔約兩小時便下驢休息，道路狹隘多石礫，一次只能一人通行。地面呈紅色。

次日抵達耶利哥平原，經過此地再走兩英里處有座山，為耶穌修行四十日之地。山上隨處可見洞穴鑿成的修道用小教堂，不過現在皆已無人看管。

在荒地中繼續前進，見遠方有座供奉施洗者約翰的教堂，現已荒廢，教堂正前方便是約旦河。該教堂為施洗者約翰為基督洗禮之處。獲完全免罪。

抵達約旦河邊時，朝聖客紛紛褪去衣物，只著內衣跳進河裡。經過連續的炎熱旅程後，這實在是舒暢不過！朝聖客跳進河裡，全身浸泡水中只露出一個頭，一時間無人上岸，眾人飲用河水、洗手、盥洗全身，也有人帶著小瓶子裝取河水。但在修士及導遊擔心阿拉伯人攻擊的呼喚之下，眾人只好上岸穿衣，離開這裡。

約旦河實在不是一條大河，不僅河流緩慢，水質也十分混濁。河床泥土及膝，自北流向死海。死海上蒸發的水氣，觀之如雲霧飄渺，因含鹽量高而略帶苦味。或許是水質的關係吧，附近找不到生長的植物，所謂不毛之地，指的應該就是這種地方！

在返回耶路撒冷的途中，我們又繞到伯大尼，這裡是末大拉人瑪利亞跪在耶穌腳邊祈求赦免的城市，距離耶路撒冷有三英里遠。耶穌一度使其復活的拉撒路的墓與馬大家就在附近。不過，相對於拉撒路房舍遺蹟的完整，馬大的房舍卻是荒廢殆盡。附近盛產果物，品質優良，耶路撒冷市場販賣的水果據說大多便出自伯大尼。不知耶穌是否也曾在這裡落腳，每日由此出發到耶路撒冷？

回到耶路撒冷之後，第三度也是最後一次進入聖墓教堂祈禱，直至天明。我為無法達成朝聖願望的雙親、兄弟及親友祈禱。感覺耶路撒冷的十二天轉眼即過，明日終將告別此處，踏上返回義大利的歸途。

八月八日，黎明前，眾人各自打理行李離開耶路撒冷。團中兩名英國人打算走「特別航線」由耶路撒冷繞過西奈半島，途經開羅，然後再從亞歷山卓搭威尼斯船回鄉，因此就此先行話別。路上無人病倒，全團除這兩人之外，皆在船長、導遊及修士的引領下，騎上驢子，循著來時路通過拉瑪，並於次日日暮時分抵達雅法。

八月十日，孔塔里尼號船員駕著小船來到雅法迎接我們，喇叭、大鼓、琵琶齊鳴，海面上盡是旗子，猶如慶祝我們脫離惡魔險境一般。不過仔細想想，此行何嘗不是歷劫歸來呢，所幸得上帝恩典得以平安歸國。

八月十一日黃昏，船離開雅法港，吹西風，只靠著風帆航行。十五日抵塞浦勒斯。適逢船長兄長安布羅吉歐．孔塔里尼先生任職塞浦勒斯王室顧問官三年期滿，預定同船歸國。朝聖客們決定在先生準備完成前，利用空檔參觀塞浦勒斯。眾人騎驢前往首都尼古西亞(Nicosia)。

朝聖伙伴之一在尼古西亞介紹我認識他的好友。該友人與我同為米蘭出生，為一富商，在塞浦勒斯經商已久，我們滯留尼古西亞時便是投宿此人家中。此人曾蒙女王接見。女王卡特琳娜出生威尼斯，因此嚴格說起來，塞浦勒斯事實上是威尼斯的領土。

不知是否緣此之故，塞浦勒斯城中許多美麗建築皆為威尼斯風格。除水果種類繁多之外，當地也以最優質的葡萄酒、鹽及棉花聞名各地，各方面均得天獨厚，堪為人間天堂。唯獨暑氣令人難耐，人們著短衫，外面再罩件長衣。由於去程只經過島嶼南端，為了利用機會好好參觀，大家都不畏盛暑四處走馬看花。

傳聞塞浦勒斯是維納斯誕生之處，如今成了一座城傾半邊的古城，僅留「愛之城」美名給後人，不知其古代愛的習俗如今是否尚存？參觀鹽田，設備果然完善，經營者為威尼斯人。西歐用的鹽，岩鹽除外，據說大多產自此地，及至親眼目睹鹽田之廣，終於理解。

返回港口，得知槳帆船上發生嚴重事故。三名朝聖客身亡，死因為塞浦勒斯特有的高溫。順利上船的朝聖客亦大多感染熱病，其中一名叫做奇吉斯蒙多的日耳曼騎士，因不耐高熱而發瘋，以配帶的短劍砍殺身上三處，導致出血過多而亡。另一名日耳曼騎士的情況亦同，但因船員及時趕到，慘劇不致重演。船員將其雙手綁起，試圖使其安睡，翌日卻發現騎士已呈死狀。另有一名船員因不耐高熱而起意跳海，幸得同伴阻止保住了一命。

我自己也不例外。返回船上後便發高燒，足足痛苦了六天。那幾日沒有任何風，船隻移動緩慢，連儲存的水都開始腐臭，想要喝杯水，不料才把水拿到嘴邊，竟發覺杯底有蟲。腐爛的水，腐爛的大氣。船雖然已經離港，卻遲遲無法向前推進。同行的法國朝聖客說，由馬賽出發的朝聖船礙於塞浦勒斯是維納斯誕生的島嶼而不停泊，但威尼斯船卻無視這項禁忌停靠了塞浦勒斯的港灣，上天才會因此懲罰連異教女神都尊敬的威尼斯人。

屋漏偏逢連夜雨，去程時在庫佐拉發生的不幸事件再次重演。進行船帆替換作業時，因疏忽導致帆桁掉落，又打死了一名船員。這名船員不僅控船技巧高明，為人也相當和善，對待朝聖客總是照顧有加。他的死讓同船船員及朝聖客都深感哀慟。眾人為這名船員與先前過世的兩位日耳曼騎士舉辦了莊嚴的海葬儀式，隨後將三人的遺體一同深深地沉入海中。至於另外三名早先在停靠塞浦勒斯港時死於當地的朝聖客，則已就地埋於島上。此趟旅行的死者，加上去程時疑似死於黑死病的船員，與因帆桁掉落致死的兩名士兵也一併算上，共有七人，讓眾人不禁深深體會孔塔里尼船長之前曾經說過「航海絕非兒戲」這句話的真諦。

離開塞浦勒斯後便不曾有風。雖然可划槳前進，但在酷暑煎熬之下，對於划槳手未免過於辛苦，船一路停停走走地向西行進。由於在停留塞浦勒斯期間得知羅德斯仍受土耳其軍包圍，因此決定不停靠羅德斯。

然而就在決定避開羅德斯往西行時，遇到了由羅德斯出發，帶著最新情報航向塞浦勒斯的威尼斯軍艦。艦上人員在確認我方船上飄揚著威尼斯朝聖船的專用旗幟之後，隨即張帆划槳快速駛近。指揮官隨後乘小舟登上朝聖船，告知最新情報，同時建議我們停靠羅德斯。

據聞，土耳其軍終於放棄攻擊，撤除包圍，從羅德斯撤退。七月二十七日發動最後總攻擊失敗的土耳其軍，於八月六日開始撤退，八月七日撤退完畢。也就是當我們還停留在塞浦勒斯時，七萬土耳其大軍便已逐漸撤離。死守羅德斯的騎士人數只有六百，其中兩百人戰死，但土耳其方面的死者卻相對超過一萬兩千人。

然而，能夠停靠羅德斯對我們來說還是一大激勵，此意謂著至少有數日可以站在不動的地面，並在涼爽的樹影下休息。朝聖船隨即將航路轉北。附近沉石頗多，是著名的海難發生地，在如此險惡之地，如果始終任由風左右方向，任憑經驗再豐富的船員亦難消受。據說，君士坦丁大帝之母海蓮娜結束了朝聖之旅，由耶路撒冷返國行船至此時，也曾因風向不定而吃盡苦頭。當時皇母是把將耶穌釘在十字架時所用的釘子丟進波濤洶湧的海中，才使大海變得平靜。但眼前我們所處的海面根本無波，反倒太過平靜，海面靜止的狀態已持續十六天，連一絲微風都沒有。阿格斯提諾．孔塔里尼船長說海水不動乃因船上載有約旦河聖水，因此要眾人仿效一千兩百年前的海蓮娜皇母，將朝聖客裝在瓶中妥善保存的約旦河河水投進海裡。一行人在酷暑中忍受驢子顛簸，好不容易才辛苦得來的約旦河聖水，如今要倒入海中，實在可惜，但在完全無風的海上漂流的折磨下，帶著約旦河聖水的朝聖客也只好拿出儲存的約旦河聖水，從船尾一起倒入海中。在船員們發出玩撲克牌遊戲時的齊聲大喊中，聖水散入海面。我們後來才得知，原來水手們相信約旦河河水會給船帶來不幸。不

羅德斯港口（朝聖隨行的素描師、版畫師所繪）

過，不知是否是將約旦河水投入海裡起了效用，不多時南風便起，朝聖船順利抵達羅德斯，時值九月九日。

羅德斯不愧是歷史悠久，自古便以美麗聞名的島嶼，凱撒大帝及提比留大帝皆曾在此定居。島上現由聖約翰騎士團統治，該團以團員皆為西歐貴族子弟出身知名。我們預計在島上停留三天，並趁此期間參觀島上。

禮拜聖約翰騎士團團長安置於城中的聖物。有項極貴重的聖物是一根基督荊棘冠冕上的刺，置於銀臺上的水晶箱中。令人驚嘆的是，這根刺每逢聖禮拜五正午至下午三時之間會開花，據傳是因為這根荊棘曾經刺進耶穌的額頭肉裡，所以成了唯一會開花的荊棘。

禮拜完聖蹟遺物後，信步走到街上閒逛。街道不大但井然有序，歷經三個月的攻防戰，距離戰爭結束還不到一個月，街景被破壞的慘狀仍歷歷在目，曾遭土耳其大砲轟擊的城牆更是破損不堪，但為了預防敵人出其不意來襲，島上居民已在騎士的指導下開始修復作業。

港口寬廣而優良，堤防猶如張開雙臂，上頭是成排的風車，光是眺望便令人心曠神怡。米蘭出生的騎士引導大家參觀全島，這位騎士同其他聖約翰騎士團的騎士一樣，不僅能手執武器與異教徒作戰，還擅長醫術，是位穩重慎言的年輕紳士，轉述起攻防戰的狀況，口吻淡然，彷彿事不關己。島上居民除女孩及老人至內陸避難外，其他人皆與騎士們齊心抵禦。街道上四處散亂著土耳其軍發射的石彈、因炸藥爆破而傾頹的城牆，讓我們這群不曾親歷戰爭的人，都感受到這場戰役的激烈。

九月十三日原定離開羅德斯，全體登船完畢，但在張滿帆之後，風向突然轉為西北西，一行人只得在船上渡過一夜。翌日傍晚終於順利出港，但風勢極微，抵達克里特的坎地亞港時已是九月二十一日。

會在克里特停留三天是為了載運馬爾瓦吉亞葡萄酒。威尼斯政府規定威尼斯朝聖船去程不得以商業理由靠港、停泊，但回程則無此限制。載完葡萄酒後，船駛離克里特，於九月最後一天抵達伯羅奔尼撒半島南端的威尼斯基地。

離開莫頓一路北上，十月八日抵達科爾夫。和克里特及莫頓一樣，義大利南部普利亞區的港都奧特蘭托於今年八月遭土耳其襲擊的傳聞，也在科爾夫甚囂塵上。傳聞奧特蘭托的城主與大主教都死於土耳其兵的半月刀下，不僅許多居民慘遭殺害，並有八千多人成為土耳其人的奴隸。在我返回米蘭之後兩個月，即翌年一四八一年一月時，土耳其軍才從奧特蘭托撤退，所幸並未釀成大禍。不過當我們還在距奧特蘭托僅咫尺之遙的科爾夫時，聽起居民轉述土耳其軍暴行時的恐懼神情，以及向來冷靜、與土耳其簽有和約的威尼斯人也殺氣騰騰地鞏固戰備等徵兆看來，肅殺之氣可知一二。科爾夫的要塞中，據說儲藏了三個月份的彈藥、武器及軍糧。

船駛離了戰爭一觸即發狀態下的科爾夫向北行，不久即遇上猛烈巨風。在大浪的翻弄下，船首彷彿倒插進水中，海水不斷滲入，船上每樣東西都泡了水。

船員們忙著渡過這場風暴，船客們則努力抓住固定的東西。有人開始嘔吐，但誰也無暇伸出援手。

不過，對於第一次在暴風雨中目睹船帆更換作業，我倒是印象深刻。由科爾夫出發時，風還不是很大，船員們換下稱為「雅提蒙內」的大型三角帆，改升起較小型的「德爾左歐魯」三角帆。但是隨著風勢漸強，附近又無可供避難的港灣，船員只好再降下德爾左歐魯船帆，換上更小型的「帕帕費可」小三角船帆與「可基納」小型四角帆，然後將這兩個船帆綁在三根桅杆中的其中兩根。這場暴風雨必須撐過！因此只要桅杆沒有被強風吹斷的危險，船員們仍然希望以帆前進，不願隨波逐流。只是，暴風雨實在太過猛烈，最後還是終於將船帆全部降下。雖然因此暫解桅杆被暴風折斷的危險，但在大浪裡划槳前進實在令人膽戰心驚。船長提議，如果順利熬過這場暴風雨，就前往聖瑪利亞・卡左波里朝聖，所有人均贊成且決定捐獻。

聖瑪利亞・卡左波里教堂位於科爾夫以北約二十海里，在亞德里亞海東岸，向來以船員信仰虔誠而知名。我們在暴風雨過後最先映入眼簾的海港放下船錨，前往教堂禮拜，僅留代表在船中等眾人禮拜歸來。

禮拜聖瑪利亞・卡左波里教堂，捐出表達感謝之意的奉獻。之後繼續向北航行。某天夜裡，船尾處出現一道燭臺狀的清白色火焰，這個不可思議的現象持續了四個小時後消失。船員們說，這是聖母瑪利亞降臨的徵兆，她要大家相信幸運總會到來。

兩天後，同樣的奇蹟再度發生，這回出現的地點是船尾桅杆及瞭望臺兩處，同樣是燭臺狀的清白色火焰。船員們告訴我們，這是聖母瑪利亞、聖尼古拉，與聖愛爾摩的火焰。

十月十四日，終於停靠列西納港，漫長的旅途到此只剩下亞德里亞海一半的行程。在此停泊兩日，等待海面恢復平靜。期間借宿聖方濟各會所屬的修道院。此行朝聖，修道院之親切，尤以巴勒斯坦等東方的修道院最是熱情款待，縱使是不富裕的修道院，也樂於開放個人寢室供客人住宿，修士自己則睡於餐桌上。而且只要是基督徒，即使目的不是朝聖，修士同樣不論貧富地給予親切招待。

十月十七日，抵達伊斯特利亞半島的帕倫佐。如果幸運得風相助，此地至威尼斯僅需一晝夜。漫長的旅行在抵達此地時，彷彿有種結束的感覺。所有朝聖客決定同船長、船員及划槳手在供奉船員的守護聖者聖古拉教堂，舉辦遠航平安歸來的感恩彌撒。威尼斯船員們在結束航行，返回威尼斯港前，照例都會安排這個行程。

然而，不知是否聖古拉外出，未聽到我們回國的願望。西羅科風不停吹拂，船長並研判風向近日不會有變。由於從帕倫佐到威尼斯的路程，正好和眼前吹拂的西南風反方向，船長決定既已到此，不如在帕倫佐等西羅科風停止後再行，無須急於一時，急著趕路的朝聖客可另搭小船沿海岸回威尼斯，但須繞點路。我跟其他幾人決定搭小船，這也是一項經驗。

十月二十二日抵達威尼斯。在海上乍見此城，那美麗與寬慰人心實非筆墨足以形容。因過於安心之故，加上最後數日搭乘小船的不便所引起的疲勞，歸來後竟如死去般昏睡了三日。

布拉斯卡在十一月五日回到米蘭。三十五歲的他在抵達威尼斯之後，據說連睡了三天恢復精神。雖然按理說在長途旅行勞頓以後，應該不會再有觀光的興致，但布拉斯卡卻在帕多瓦、維琴察（Vicenza）、維洛納等歸途上的城市又作了參觀。在維洛納，布拉斯卡甚至登上古羅馬時代的遺蹟圓形劇場。最後，布拉斯卡是在米蘭近郊與前來迎接的朋友及兄弟幸運安返家園。相較之下，跟布拉斯卡一同參加朝聖的日耳曼修道士修密特就不同了，他在回到烏爾姆（Ulm）時，看到的是親友正在為遭到土耳其人殺害的自己舉行彌撒，使得他大吃一驚。可見，當時日耳曼不僅消息傳遞的速度非常慢，誤差還相當大，跟義大利簡直不能比。

不過，不管是布拉斯卡或是修密特，這趟朝聖之旅光是去程就花了四十五天。從登陸雅法前往朝聖到回到雅法，中間又花了二十二天，回程的海上更是耗費七十二天，實在是一次漫長的旅行。如果再加上各自從故鄉到威尼斯往返的天數、滯留威尼斯的天數，便不難了解為何在出發朝聖前必須指定職務代理人了。從威尼斯出發的朝聖客中，布拉斯卡算是最方便的，但從他於四月二十九日由距離威尼斯最近的米蘭出發，到返回鄉里時已經是十一月五日來看，其他人，像是來自日耳曼的修密特，或是法國的朝聖客等，恐怕還得多花上兩個月。至於在耶路撒冷脫隊，繞道西奈半島從亞歷山卓出發，選擇特別行程的兩位英國朝聖客，更可能得拉長到一年。當然，如果幸運得風相助，時間還是有可能縮短的，例如有項紀錄就是往來威尼斯與雅法之間只花了三十四天。但受風眷顧的情形畢竟少之又少，而不發生意外的旅行又幾希，所以當時的人才會估計一趟朝聖旅行至少要六個月吧。

布拉斯卡在一四八一年二月出版了朝聖手記，出版地為米蘭，距離他朝聖歸來只花了三個月，不難想像再次恢復官員身份的布拉斯卡必定是晝夜不休、專注校正。第二版於一四九七年出版，第三版是一五一九年。布拉斯卡並非唯一留下朝聖手記的人，因為光是一四五八年到一四五九年之間，就有三個英國人、四個法國人、七個日耳曼人，以及十一個義大利人各自以不同觀點寫下他們的旅行日記。他們留下記錄的動機，第一可能是希望將自己的經驗以某種形式留下。第二則是想要作為後來朝聖者的參考資料；事實上，有很多朝聖者也的確是帶著前人寫的書登船的。第三則是為那些想去朝聖，但基於某些理由無法成行的人們而寫，讓這些人也能透過書本實現朝聖的夢想。像這類朝聖日記，包括布拉斯卡的手記在內，之所以在當時成為暢銷書，基本上都不外乎是這三項理由。

這些旅行日記一般都會附上簡單的素描，像布拉斯卡的手記就有幾張畫得不是很好的素描。當時有兩位日耳曼人的作品，堪稱是這類附插圖的旅行日記中的壓軸之作。這兩位日耳曼貴族在不同時間從威尼斯出發，當時尚無攝影器材，一人帶了畫師，一人帶了版畫師前往聖地朝聖。透過他們的畫，無論是十五世紀末期威尼斯的城市景觀、朝聖專用船孔塔里尼號的模樣，或是帕倫佐、薩拉、拉古沙、科爾夫、莫頓、克里特的坎地亞、羅德斯、塞浦勒斯，以及威尼斯朝聖專用船停靠的各站港口，還有登陸港雅法、耶路撒冷的街道、聖墓教堂等等，彷彿歷歷在目。二十世紀攝影產業的發達說不定就是日耳曼人的這種性格促成的吧?!——雖然這麼說似乎有點天真。

在此必須先提出聲明，前面關於布拉斯卡旅行手記的忠實摘錄，其實並不全然忠實。許多對十五世紀末的基督徒極為平常的事，對二十世紀的日本人而言卻十分陌生。關於這部份和某些航海等事項，有不少其實是我參照其他朝聖紀錄及航海記，然後再模仿布拉斯卡的筆觸改寫的。

其中，關於原文中隨處可見的祈禱文，除了我簡單介紹的兩處之外，其餘全部刪除。雖然說，即使這些旅行日記如今已不再作為朝聖客的導遊書，但也許仍有信徒對於在哪些聖地該朗誦些什麼樣的祈禱文感興趣，然而，考慮到大部份的日本人畢竟不是基督徒，最後仍是決定刪除。

提起一四八〇年，正是文藝復興以花都佛羅倫斯為中心大鳴大放的時代。這個潮流的精神與經濟上的中心人物，也就是梅迪奇家族中被喻為「高貴的」洛倫佐，時年三十一歲，正值壯年。佛羅倫斯共和國也在這個實質君主的領導下，迎接史上最優雅也最幸福的時期。

波提切利 (Sandro Botticelli)，三十五歲，在這一年創作了不算他最好的作品，但堪稱是十五世紀末最傑出的畫作——「春天」及「維納斯的誕生」兩幅畫。

達文西 (Leonardo da Vinci)，二十八歲，同樣是在佛羅倫斯著手進行「博士來拜」圖。而在距離佛羅倫斯不遠的卡普列賽鄉村，五歲的米開朗基羅大概正混在鄉村的孩童裡天真地玩耍吧。

同年，比卡普列賽距離佛羅倫斯更近的基安第地區的某個村莊裡，日後開創政治學文藝復興期的馬基維利正值十一歲，此時還是個往來於附近神父家學習拉丁語與算數、經常偷懶玩耍的少年。

於此同時，威尼斯——另一個與佛羅倫斯並稱文藝復興代表的都市國家，則有貝里尼家族為威尼斯繪畫史開創新頁。其中，簡提列・貝里尼還曾奉政府之命，應土耳其蘇丹的邀請，以文化使節的身份出使君士坦丁堡的托普卡珀宮作畫。威尼斯畫派第一人提香，當年還只是個三歲小孩。

生辰雖未趕上一四八〇年，但提到文藝復興就不能不提到的拉斐爾 (Raffaello Sanzio)，在這三年後才誕生。

綜合觀之，一四八〇年似乎是一個充滿異教華麗色彩、讓人憚於提起朝聖的時代，這種現世主義在日後不僅沒有減弱，反而愈來愈強。為何選在這樣的時代特意以朝聖為題，目的是想證明人們在非宗教時代仍舊保有忠誠的信仰嗎？不是的。朝聖，簡單說是個始於基督在十字架上受死，不因穆斯林屢次阻撓而有中斷的一個現象。不過，這個宗教現象一到了威尼斯人手中，便不再只是單純的朝聖，而是搖身一變成了經過巧妙企劃，以營利為目的的旅遊事業。而我只是想證明——有組織的旅行團事業，絕非現代的產物。

當然，介紹布拉斯卡的旅行日記本身也挺有趣的，不然也不知道朝聖竟可累積如此多的免罪權。布拉斯卡再度回到職場，一路平步青雲，甚至當上了大使。他一生保持單身，熱衷慈善事業，沒做壞事，最後於一五二二年壽終正寢，享年七十七歲。我想他一定是在朝聖中所累積的免罪權應該大部份都沒用到，而且是在確信天堂裡有自己的頭等席之後，才安心地死去的吧。

第十章

大航海時代的挑戰

1499 年 7 月，消息傳來葡萄牙船隊……
橫渡印度洋抵達加爾各達，威尼斯共和國經濟中心利亞托橋一帶因此為之一陣騷動。

距離十六世紀還有五個月，一四九九年七月，消息傳來葡萄牙船隊繞過非洲南端，橫渡印度洋抵達加爾各達 (Calcutta)，威尼斯共和國經濟中心利亞托橋一帶因此為之一陣騷動。

發現印度新航線！這個爆炸性的「新聞」漫天亂飛，開羅傳來的第一手報導甚至將葡萄牙船長誤傳為哥倫布，直到幾天後才有了較正確的情報。亞歷山卓傳來葡萄牙船隊離開加爾各達的消息確定屬實，里斯本 (Lisbon) 傳來的也是達伽馬率領的船隊已於七月十日返國。

利亞托橋一帶受打擊不是沒有原因的。過去三百年來，威尼斯靠著善用地中海航線，主力商品香料幾乎獨占了所有市場。商人們此時手持每天早晨發行、刊載前一日最終批發價的《利亞托日報》，議論著這件事可能造成的影響，直到交易終了人群仍遲遲不肯散去。

如果《利亞托日報》刊載的不只是前一日的批發價，而是如同《金融時報》或《華爾街日報》，那麼一四九九年七月到八月之間的頭版標題必定如下：

「葡萄牙發現印度新航路！」

「葡萄牙艦隊考慮封鎖紅海？」

「胡椒危機打擊威尼斯經濟！」

「政府緊急召集元老院」

「政府考慮暫時封閉利亞托市場！」

編年史作者，同時也是經常在利亞托橋走動的銀行家傑洛拉摩·普利烏利 (Girolamo

Priuli)，甚至為此寫了一本名為「失乳之嬰」的書。

但是，隨著達伽馬壯舉的明朗化，利亞托橋的氛圍也分成樂觀和悲觀兩派。樂觀派主張：「繞過好望角的新航路往返便需兩年。雖然可以透過頻繁的來往縮短時間，不過路途畢竟太遙遠。尤其出海的十三艘船之中只有六艘得以平安回返，風險不可謂不大，葡萄牙最終可能還是必須放棄這條航路。這麼一來，對威尼斯的東地中海貿易就不致構成太大影響。」

不過普利烏利無法認同這個論調。與他同樣持反對意見的悲觀派反駁說：「葡萄牙人應該會繼續善用新航線，以葡萄牙人的航海技術，遲早能將時間縮短為一半，並將損失降到最低。其中最重要的是，相對於威尼斯的買賣中間轉手多次，重複支付高額關稅，葡萄牙人今後直接跟印度人交易，因為不須透過仲介商，可以用較便宜的價錢賣出。威尼斯一直以來主導的地中海貿易，前景可說一片黯淡。」

然而，普利烏利等悲觀派的觀點只對了一半。葡萄牙雖然沒有放棄新航路，但威尼斯經濟也沒有因此被擊垮——威尼斯以它一貫的方式接受了挑戰。

對歷史稍有認識的人都知道，哥倫布發現新大陸，不，發現西印度群島的一四九二年為中世紀與近代的分歧點。的確，這個掀起大航海時代序幕的新發現，大大改變了西歐與外界的關係。以前由於是以地中海為主，威尼斯一直居於活動的核心，但是在這之後，舞臺轉換到了大西洋，威尼斯也不得不放棄長期以來享有的主導權。只是，若就此將威尼斯的衰退簡單地以一句「跟不上大航海時代」帶過，則顯然對事實的認識過於單純。

正如達文西不是突然出現，熱那亞人哥倫布的豐功偉業亦非偶然。基礎，早自兩百年前便開始建構。讓雞蛋直立豎起，只須跳脫歷來的思考模式，但探索未知世界的航海事業，卻需要有堅強的意志及幸運之神的眷顧。哥倫布、達伽馬，以及麥哲倫便都是幸運的男人。

愈是接近未知世界的航行，就愈需要正確的地圖與航海圖。近代史最早的地圖是一三〇〇年前葉由威尼斯修士、貴族，以及一名出生於熱那亞、定居威尼斯的製圖工匠共同完成的，這份載明中近東地區與地中海周邊地理位置的地圖，即使以現代的眼光看來還是十分正確。雖然當初三人製圖的用意旨在提供基督教世界進攻伊斯蘭世界時的輔助，但卻無心插柳地為近代地圖、航海圖的歷史樹立了新的里程碑。

一四〇〇年代，熱那亞人在這方面的領導地位依舊穩若泰山。不過，擅長繪製地圖但共同體意識薄弱的熱那亞人，壓根兒卻沒想過將地圖複製保存，這點和活躍於同一世紀後半的葡萄牙船員非常相像，流傳至今的葡萄牙製地圖不是在威尼斯擬稿，就是由威尼斯人複製。

十五世紀的航海圖有個特色：內容不再侷限地中海世界，眼界拓寬不少。其中，威尼斯慕拉諾的修士馬洛 (Fra Mauro) 以新知識修正過去的世界地圖，重新賦與古來中斷的世界地圖新的生命，最值得一提。修士馬洛研究古代地圖，詳細審閱馬可波羅的敘述，並幸運得到一位航海經驗豐富的威尼斯人協助。

認識馬洛之前，安烈·比安可 (Andrea Bianco) 已有兩次製作航海圖的經驗。比安可是位海軍軍官，在威尼斯商船服役，對於黑海沿岸的塔納、貝魯特、亞歷山卓、希臘各島嶼，甚至連北非沿岸的海相，他都瞭若指掌。光是越過直布羅陀海峽北上大西洋，稱之為法蘭德斯航路的威尼斯定期航線，比安可便曾七度來回。他並曾在一份繪製於倫敦的航海圖中以「巨大且確實存在的島嶼」為題，發揮高度想像力畫出美國的形狀。對於這些他從未親臨的大西洋島嶼的認識，可能是來自大西洋航線的葡萄牙領航員在從里斯本坐船到南安普頓的路上所提供。

不過，要想驅動冒險心，光有航海地圖並不夠，必要的還是記錄。遊記也好，親眼見聞也行，都能在未經驗者心裡點燃一把火。在這方面，威尼斯一直保持先進國家的地位，西歐第一套遊記全集便是威尼斯於一五五〇年出版。

這類新世界論述的作品從一四〇〇年代中葉開始出現，首先問世的是威尼斯貴族阿爾維澤·莫斯特的手稿，他的案例也可以說是許多威尼斯航海人因緣際會踏上未知世界的典型。

一四五四年，阿爾維澤因經商搭上法蘭德斯航路的定期商船隊，在通過直布羅陀海峽往里斯本途中，為了等待順風而停靠港灣時，與葡萄牙王子（日後人稱「亨利航海王」）的臣子有過交流。這類友好國之間的禮貌性訪問在當時極為平常，而且內容以商業為主。二十二歲的阿爾維澤對這位葡萄牙人的談話極感興趣，未知世界不斷刺激著阿爾維澤。不過，那一年，阿爾維澤仍是依照預定行程登陸南安普頓，結束倫敦的買賣後便返回威尼斯。

翌年，阿爾維澤備妥可能在非洲暢銷的商品，再次搭上法蘭德斯航路的定期船。但是這次他選在里斯本下船，改搭葡萄牙船沿著非洲南下，抵達塞內加爾。當地酋長非常友善，一匹馬可以換到九到十四個原住民。黑人奴隸在里斯本的行情極佳，但也不全然是經濟利益，阿爾維澤的好奇心也在此時充份獲得滿足。

次年，阿爾維澤慫恿葡萄牙船再往南行，原定目的地是甘比亞，不料在南下的途中被風吹著走，偶然發現了維德角（Cape Verde）群島。

阿爾維澤在葡萄牙住了十年之久，主要是將威尼斯人運來里斯本的商品，連同在葡萄牙買進的物資賣到非洲，回程再將非洲的物產帶回里斯本販賣。期間除了記下自己的親身經歷外，也不忘記錄葡萄牙船員們的經歷。

結束十年的海外生活後，阿爾維澤回到祖國善盡貴族的義務，在政治、軍事上盡忠職守，參加對土耳其的抗戰、獲選為元老院議員、任艦隊指揮官、榮任海外基地的要塞司令官等等。工作閒暇之餘，他並且整理過去的資料，關於非洲赤道地帶最早的記錄就是他所留下的。

北美方面的先驅則是一三〇〇年代末期發現格陵蘭（Greenland）的尼可羅，這位威尼斯與熱那亞戰爭的英雄卡羅．詹諾的胞弟，曾在一三八五年出任定期商船隊的指揮官，往來於法蘭德斯航線。但自從在莫頓．科隆總督任內因恐嚇罪受起訴後，便不曾出任公職。尼可羅受到結識於法蘭德斯航線的英國船員的刺激，一心嚮往西行，這個願望在國家褫奪職務時終於達成。從他的旅行紀錄中，關於愛斯基摩人的房子等細節描寫都相當正確來看，應該是親眼所見無誤。紀錄中另外也提及基督教修道院以暖泉取暖，並以暖泉作菜，這塊土地日後亦經證實為格陵蘭。

只是，目前尚無確證格陵蘭是否由尼可羅單獨發現，因為他的記錄是在一百五十年後賴麥錫企劃出版遊記全集時，才在詹諾家中書庫的角落被找出來，很難斷定後人是否曾經加以修正或加註。尼可羅自北大西洋之旅歸來後不久，死於一四〇〇年，未來得及公開遊記。

還有一人也發現北美。此君並非純威尼斯人，但擁有威尼斯人的名字：喬凡尼・卡波多(Giovanni Caboto)。卡波多生於熱那亞，年少時就在威尼斯定居，成年後與威尼斯女性結婚、生子，在定居十五年後的一四七二年終於取得市民權。卡波多經手香料買賣，經常往來於伊斯蘭世界各地，在他的書中還提到自己曾經到過麥加。一四九三年，卡波多遇見哥倫布。當時哥倫布停留瓦連薩(Valenza)，正要返國向西班牙國王及女王報告發現西印度群島。哥倫布告訴卡波多他發現了往返印度最近且最好的航線，但卡波多憑著閱讀馬可波羅遊記的印象，以及自己在東方與印度商人接觸的經驗，無法贊同他的說法。此時的卡波多早已看出哥倫布手中的印度製品，甚至是隨行的印度原住民，皆非出自印度。而且他也不認為前往當時被稱為「卡塔伊」的中國，往西航行只需那麼短的時間。

只不過，與哥倫布的相遇還是刺激了卡波多。和哥倫布一樣，卡波多當然也不曾想像過新大陸的存在，他只是認為哥倫布的路線並非通往亞洲的捷徑。由地球是圓的來看，最有效率的路線應該是越過航海最高緯度的大西洋，再從大西洋順著陸地南下日本，往南前進到盛產香料的群島。

為了證實自己的想法，卡波多選擇了英國。他之前在南安普頓時，便曾耳聞英國西部自百年前就在愛爾蘭近海打漁的漁夫對北海航道十分熟稔，因此決定在布利斯托(Bristol)募集水手並調度資金。卡波多倣效哥倫布向國王請求資助，當時的英國國王為亨利七世，也許是薔薇戰爭結束，國家對增強國力的投資行有餘力，熱衷振興商業的亨利七世對卡波多的提議毫不考慮答應了。

卡波多將家人由威尼斯接到布利斯托，準備正式出海。英國國王答應卡波多若在大西洋對岸發現土地，且當地居民又未受基督教教化的話，國王將賜予卡波多該地特權。

在國王的引介下，資金由布利斯托的商人合資。然而，英國人生性謹慎，一四九七年出發的卡波多探險隊只有一艘船，船員加上兩位布利斯托商人代表總共不過十八人。但不知是否探險隊陽春到連上帝都不忍，航海過程竟然非常順利，三十五天後順利發現紐芬蘭島。卡波多在島上插上英國國旗、教廷旗，以及威尼斯共和國的國旗，沿著陸地繼續南下大約兩千公里，隨

在熱那亞獄中得故事作家魯斯迪克洛之助，正在整理「遊記」的馬可波羅。

著愈來愈接近佛羅里達半島，卡波多也愈來愈確信他發現了一塊豐饒的新大陸，只可惜帶去的裝備無法應付繼續航行所需，一行人只好暫時返回布利斯托。

回到布利斯托港後，所有人，包括卡波多、迎接卡波多凱旋歸來的布利斯托商人，以及獲知探險成功的亨利七世都相信，卡波多所發現的新大陸就是亞洲某地。眾人決定積極資助卡波多繼續航向中國，途中在日本稍作停留，然後前往出產香料的各小島。翌年，離開布利斯托由卡波多指揮的船隊增加為五艘。只不過，這次並沒有任何船隻及船員順利歸來。

不久，英國再也沒人想過到海洋另一邊的大陸。當然，亨利七世的繼承人亨利八世對振興商業的興趣缺缺也是原因之一。卡波多留在布利斯托的兒子賽巴斯提亞諾，手中雖握有父親遺留下來橫渡大西洋的航海資料，但因眼見情勢束手無策，只好黯然前往西班牙。

賽巴斯提亞諾在西班牙擔任總領航員，一待就是三十年。這是一項非常重要的工作，負責綜合歷年來的航海紀錄，配合天象觀測為挑戰大西洋的西班牙船隻訂出航線。一五八〇年代的賽巴斯提亞諾究竟是師承何處，而學到這項十六世紀中期才蔚為主流的天象觀測航海術，史料無從考察，但如果說是從他的父親那裡學來的，那麼喬凡尼·卡波多的航海技術比起哥倫布在內的當代航海者，水準想必高出不少。

也許是擔任西班牙總領航員一職不能滿足他，期間，賽巴斯提亞諾曾向威尼斯政府提出自行組隊探險的計畫，並多方舉證絕對有可能發現前往中國最具效率的新航線。但因欠缺資金，擁有威尼斯市民權的賽巴斯提亞諾於是向威尼斯共和國請求資金援助。

威尼斯政府命令賴麥錫檢討這項提案。當時賴麥錫正著手企劃編輯遊記全集，並與賽巴斯提亞諾有書信往來。威尼斯政府以賴麥錫的質詢為基礎，由委員會做出最後決定。沒多久，遠在西班牙的卡波多得到了否定的回覆，理由是不合實際需要。

威尼斯原本就不是重視個人事蹟的國家，這點和對手熱那亞完全相反，不管是開拓新市場或發現新航路，熱那亞經常都比威尼斯早一步。然而，只要威尼斯判定可有作為，即使是外國人開拓的市場，威尼斯照樣舉國投入，致力開發實用價值。威尼斯人重視共同體利益，舉凡政治、外交、軍事全都為這個目的服務，因此時常陷被排除在外的外國商人於不利的處境，亦即威尼斯人開發新產品的腳步儘管緩慢，企業化的能力卻不容小覷。

其實，威尼斯對大西洋航線的態度消極既非國力衰退，也不是國民不起勁，只是他們認為就算西渡大西洋，對胡椒買賣未必有實際效益。從達伽馬回國時引發擔心威尼斯經濟可能瓦解的恐慌，哥倫布回國的消息卻未在利亞托橋一帶引起騷動來看，關鍵就在達伽馬的葡萄牙船上滿載的是香料，而「聖馬利亞號」雖帶回了印地安人，卻連一粒胡椒也沒有。

除此之外，威尼斯人對殖民帝國思想毫無興趣也是原因之一。相較於西班牙、葡萄牙的遊記，威尼斯人的遊記就沒有前者所展現的對占有新土地的強烈興趣。然而，時代卻正進入西歐藉由建立殖民地而非通商擴張勢力的時期；一五四二年發現的群島名為菲律賓，便是取自當時西班牙王菲利浦二世之名。

威尼斯倒並不是對所有無利可圖的事都不關心。或許是通商國家收集情報成性使然吧，一五五〇年出版的遊記全集《航海旅行》就甚至記錄了當時對威尼斯幾乎毫無利益的日本相關事項。

遊記全集的編者喬凡尼·巴提斯塔·賴麥錫，在大名鼎鼎的威尼斯政府重大事項的決策機構「十人委員會」裡擔任書記官。編輯手法面面俱到，縝細公正，絲毫沒有官樣文章的感覺。綜觀全集中所收錄的遊記，我們得以一窺當時威尼斯人關心的範圍。全集共計六卷，以今日的印刷，每卷可能都超過一千頁。

第一卷

*李奧涅·阿菲利加諾（本名哈桑·阿爾·瓦贊，生於西班牙的阿拉伯人）的非洲記聞。

*阿爾維澤·莫斯特、裴洛·辛多拉、迦太基（Carthage）的海軍司令安諾涅，以及一名姓氏不詳的葡萄牙領航員等人的非洲西岸記述。

*瓦斯可·達伽馬、裴多洛·阿爾瓦列斯·卡布拉、艾爾弗佐·阿爾布克愛爾克等人關於印度航海的記述。

*亞美利哥·維斯普奇自行送交佛羅倫斯共和國統領的報告，內容為其兩度航行新世界（大西洋沿岸）的紀錄。

*魯多維科·瓦爾德瑪寄自阿拉伯、印度、東南亞等地的遊記。

*希臘人楊波洛的印度洋航海記。

第二卷

*安德列亞·可爾薩利寄自印度的兩封信。
*法蘭西斯科·阿爾瓦列斯的衣索比亞遊記。
*賴麥錫與傑洛拉摩·法拉卡斯托關於尼羅河洪水的對談。
*亞歷山大大帝的海軍司令尼阿爾可斯的波斯灣航海記。
*威尼斯船長旅行印度孟買、波斯灣、紅海的記述。
*亞歷山卓無名氏商人所著的紅海至西印度的航海記。
*奧杜阿爾多·巴爾柏薩關於東印度的記載。
*多梅·畢列斯記述關於紅海至中國一帶所有王國、都城及居民的要旨。
*尼可羅·肯迪、傑羅拉庫·桑多·史帝芬諾的東南亞遊記。
*麥哲倫繞行世界一周的報告。
*賴麥錫關於胡椒貿易的考察。
*路易·洛裴茲·維拉洛柏斯的太平洋航海記。
*法蘭西斯科·薩維耶爾等耶穌會傳教士寄自日本的五封信。
*璜·巴洛斯五篇關於亞細亞的記載。

第三卷

*馬可波羅的亞細亞遊記。

*赫頓．阿爾梅諾述說波斯歷史的著作。

*喬凡瑪利亞．安秋耶洛、無名氏商人、霍薩瓦．巴巴洛、安布洛吉歐．康塔里尼的波斯旅行記。

*阿爾貝魯多．肯裴賽與巴奧洛．裘維奧關於莫斯科的著述。

*席吉斯孟多．弗恩．赫爾貝爾修泰關於莫斯科及俄羅斯的報告。

第四卷

*亞里阿諾的黑海環航記。

*修爾丘．印特力阿諾關於高加索人的生活報告。

*希波克拉底有關希多族的記載。

*皮耶特格．克里尼、克利斯多佛洛．費奧拉凡迪、尼可羅．米凱等人的挪威航海與海難記。

*卡波多父子的大西洋航海記。

*卡德力諾．詹諾的波斯遊記。

*尼可羅與安東尼奧．詹諾的格陵蘭發現記。

＊喬凡尼・比安・德爾・卡爾米涅與席莫內・桑・昆迪尼諾兩人的蒙古人居住地遊記。
＊奧多里哥・波爾迪諾內的中國遊記兩篇。
＊亞歷桑多洛・格阿尼諾與馬德歐・米克奧波的東歐報告。

第五卷
＊皮耶特洛・瑪爾迪列・丹奇耶拉所著的新世界十章概要。
＊貢薩洛・斐南德斯・奧維耶度所著的西印度群島史概要。

第六卷
＊弗南多・寇爾提斯關於墨西哥的三篇報告。
＊裴多洛・阿爾瓦拉多、迪耶哥・格多伊關於瓜地馬拉的報告。
＊西班牙無名氏的墨西哥人觀察報告。
＊邦弗格・維爾瓦耶茲等人的墨西哥歷險記。
＊法蘭西斯科・烏蘿拉的加利福尼亞灣探險記。
＊科羅納多・安東尼奧・門多薩與修道士馬可・費南多・亞拉岡等人的北美（現今美國）探險報告。
＊不具名的西班牙騎兵與法蘭西斯科・克塞列斯、裴洛・桑邱等人關於法蘭西斯科・比

薩洛（Francisco Pizarro，編按：西班牙探險家，印加帝國的殲滅者）征服祕魯的始末報告。

＊亞馬遜河流域探險記。

＊法國人所著的北美（今加拿大）探險記。

＊喬凡尼·維拉茲亞諾等人的北美東岸探險記。

＊伽薩列·費德立吉的北美遊記。

＊荷蘭人的北海三度航海記。

以十六世紀中葉的水準，編纂的內容可說相當完整，除了絕對應收卻未收的哥倫布航海遊記是個遺珠之憾以外。儘管賴麥錫當時四處都找遍了，但怎麼找就是找不到。一來是西班牙因顧忌與葡萄牙的政治情勢，忌諱公開；二來也與原稿亡佚，僅剩封面及兩頁內容的實情有關。即使是複製本（更精確的說法應該是忠於原文的概要）出版時，也是一八二五年的事了。賴麥錫編輯遊記全集時，哥倫布早在半個世紀前撒手西歸，從家屬隨便就將遊記易手他人，毫不關心來看，自然不可能像賴麥錫與卡波多後人的交流，可以書信往返詢問相關事宜了。

不過，威尼斯政府對哥倫布的事蹟倒不是一無所知。駐西班牙的威尼斯大使書記官薩尼便曾將哥倫布航海記的複本概要，以極機密文件送回威尼斯。身兼元老院議員及武官的斷代史作者馬利皮耶洛（Domenico Malipiero），更進一步將複本概略分為兩頁，寫入自己的著作《年代記》(*Annali*) 中。

連一粒胡椒都沒有帶回來的哥倫布，威尼斯都派了間諜接近，滿載胡椒歸來的達伽馬的航海情況，威尼斯當然不可能盡信葡萄牙王公開的官方報告。沒錯！威尼斯的確是火速派遣間諜喬裝成商人前往探聽。

間諜帕斯奎諾入境葡萄牙之後，不久便遭佛羅倫斯人密告被捕，後來透過威尼斯大使背後的運作獲得開釋，出獄後繼續以買賣掩人耳目，不斷收集情報送回威尼斯。帕斯奎諾將達伽馬船隊離開及返回里斯本的正確日期、船隊的船隻種類與船員人數、航線及風向、船隻損失的實際情況、抵達加爾各達時印度的反應、於印度購買香料的真相，以及去程耗時十二個月，回程費時四個月的航程，但葡萄牙方面以後可能將往返時間縮短為八到十個月的訊息，連同運回的香料種類、數量明細等，一起詳實回報。不知帕斯奎諾間諜身份予以接見的葡萄牙王，甚至告訴帕斯奎諾，就算埃及蘇丹不肯賣香料，威尼斯也無須擔心，大可到里斯本購買，不必在意異教徒，因為葡萄牙不僅打算每年送出四十艘船到印度，甚至考慮征服印度。

達伽馬航海的細節之所以為後世所知，其實不是留下航海日記，而是根據船隊在返回里斯本港時，經商滯留當地的佛羅倫斯人所送回國的報告。當然，早在賴麥錫將沉睡在書庫中已久的報告收在遊記全集，世人透過印刷始廣為閱讀的半個世紀前，威尼斯便已掌握了一切正確的細節。

只是，威尼斯既然在資訊上完全掌握了大航海時代，為何不組成船隊呢？從威尼斯對征服殖民地不具任何野心這點來看，對大西洋航線消極的態度，的確是其來有自，但卻不足以解釋何以威尼斯對非洲航路同樣消極。畢竟，相較於葡萄牙送往印度新航線的船隊規模，威尼斯其實更具備了優越的海事能力，若真有心較勁，憑其完整的組織，葡萄牙將無任何立足點。然而，威尼斯卻連試都沒試。

從後世觀點輕率論斷歷史的人說，此時威尼斯人採取的態度與他們的保守個性有關。不過，若東地中海市場果真無望，威尼斯理應無暇多慮自己在大洋航海上技術不足的問題，而是全力投入開發非洲航線，畢竟胡椒之於威尼斯的經濟，猶如新生兒亟需哺乳般迫切。所以，情形顯然並非如此。事實上，地中海貿易非但沒有陷入絕境，前景反倒一片光明。別的不談，至少葡萄牙人積極開拓亞洲航路就不是因為西歐香料短缺。

在大航海時代之前，威尼斯的通商路線若以三百年來主要的商品——香料來說，有下面四個路徑：

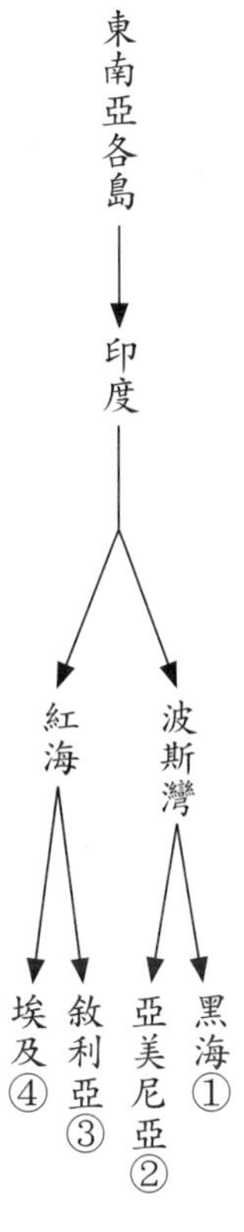

但是隨著蒙古帝國瓦解，①跟②兩條通商路線山賊開始出沒，成本風險大增，商品價格也跟著水漲船高。儘管威尼斯商人並沒有就此撤離黑海沿岸的塔納及特拉比松，但在這些城市交易的物品，卻只剩下毛皮及奴隸等，遠從波斯運來的物品幾乎消失無蹤。

相形之下，③跟④的敘利亞及埃及路線則因地處馬木路克王朝統治，較前述兩條路線安全。到了一四〇〇年代之後，不僅東南亞各島及印度的香料，連中國的產物都改由這兩條路徑進行買賣。

只不過，以埃及為根據地的馬木路克王朝雖然統治了埃及、敘利亞及大半的阿拉伯，唯獨對於現今伊拉克所在的美索不達米亞卻是鞭長莫及。換句話說，這條經由巴格達的商業道路，不論是循幼發拉底河上溯至大馬士革、阿勒波（Aleppo），或是從波斯灣入口處的奧木茲（Ormuz）海峽登陸，經大布里士通往黑海，都不能說是絕對安全，最好還是避開波斯統治的底格里斯及幼發拉底一帶。不過，總體而言，經由紅海③跟④通商路線所運送的商品，不論在數量或品質上，都遠遠超過①和②這兩條通商路線。尤其，紅海通商路線還兼具前往麥加朝聖的功能，對伊斯蘭商人來說也十分便利。

來自印度的商品在吉達卸貨，伊斯蘭商人結束朝聖後便在士兵的護衛下由沙漠北上，人數之多，單是通過麥加城門便需兩天兩夜。當商隊來到蘇伊士附近時，會分成北跟西兩個方向，北邊是往大馬士革的商隊，西邊則是經開羅前往亞歷山卓的沙漠商旅。

對威尼斯商人來說，敘利亞這條接待穿越沙漠而來的阿拉伯商人的通商路線，不僅是一處香料集散地，也是出口威尼斯特產的管道。尤其是帖木兒將帝國首都設在撒馬爾罕(Samarkand)，強制大馬士革許多工匠移居撒馬爾罕之後，敘利亞仰賴威尼斯的程度便大幅增加，若說威尼斯此時萌芽的工業是為了應付敘利亞的需求，我想亦不為過。敘利亞通商路線在地中海的出口是貝魯特及的黎波里。

基於上述理由，紅海通商路線的安全，很自然成為威尼斯的大事，畢竟這條商路只是「較」安全，而非絕對安全。大型沙漠商隊雖有士兵護衛，但仍不時遭到騎著阿拉伯駿馬的貝都因人突襲；再加上埃及蘇丹善變的心性也令人不能放心，以及紅海沿岸對埃及蘇丹並非絕對順從的豪族任意課徵關稅的行為，這些都成了威尼斯商人要求商品成本穩定的障礙。

不過，一四二四年以後，情況有了好轉。威尼斯以武器支援蘇丹，成功協助埃及將紅海地區全面納入統治範圍，不僅降低了航行紅海的危險性，還因為將踞於紅海入口處的亞丁(Aden)納入蘇丹的轄區，使得過去亞丁強迫船隻進港繳納高額關稅的情形不再，船隻從此可以直接駛向吉達，不須再在亞丁港耽擱。

埃及蘇丹權力範圍的擴大，也同時有效牽制了沙漠裡的貝都因人。可以說，一連串的情勢變化，每項都促成商品成本降低，威尼斯這時將通商重鎮集中於埃及與敘利亞，自然有其道理。而這也是威尼斯在一四五三年土耳其攻陷君士坦丁堡時，不致於遭受致命打擊的原因。

在十四、十五、十六世紀時，埃及亞歷山卓之於當時的威尼斯人，情形就好比今日紐約或倫敦之於日本人一樣。經手大宗貿易的商人或銀行必須在亞歷山卓設置辦事處，即使是沒有餘力派駐人員的中型商人，至少也得委託約僱人員代辦商務或蒐集情報，否則根本做不成生意。可以說，與開羅的大使館相比，亞歷山卓的領事館不但活動頻繁，支出的費用也較高。

威尼斯在亞歷山卓擁有兩座大型商館，雖說是以實用為目的，但威尼斯人敏銳的美感倒是發揮得淋漓盡致，這兩座商館甚至被喻為亞歷山卓最美的建築。只有一座大型商館的對手熱那亞，以及只有小型商館的加泰隆尼亞人，和早已進出地中海作貿易的法國人，根本無法匹敵。這些建於異教徒土地上的威尼斯商館，四周皆以高牆圍起，牆上裝飾著威尼斯人稱為蕾絲編法的阿拉伯獨特裝飾（這些裝飾對威尼斯建築影響甚鉅，時至今日仍可以在威尼斯元首官邸等建築物上看到）。

商館以中庭為中心，有草木、噴水造園（這也是阿拉伯建築中常見的設計）。拱門相連的迴廊上堆積的商品進出不絕，各房間不是被充當倉庫，就是作為商談場所。樓上是短期居留的商人宿舍（長期居住的商人大多在商館附近自行自立門戶），廚房或烘焙麵包的地方都在商館上層，主要是為了防範火災發生。商館裡還設有理髮院，所有生活所需一應俱全。

商館內也設有教堂。雖說商館享有治外法權，但那只有在蘇丹心情愉快時才受到保護，住在商館內的人夜間一律禁止外出。其他禁止外出的日子還有：穆斯林休息日（星期五），以及伊斯蘭節日，用意都是在保護基督徒不受狂熱宗教份子的暴力侵犯。這類商館不只是威尼斯人在亞歷山卓的通商據點，也是對各伊斯蘭世界的通商據點。

交易，顧名思義，乃是以物易物的行為。片面進口的貿易，結構既不健全，亦不久長。如同敘利亞需要威尼斯商人，埃及與威尼斯之間亦存在著相濡以沫的關係。威尼斯出口到埃及的商品中，有德國商人拿到威尼斯販賣的鐵、黃銅、銅、銀製品，以及義大利紡織品，當然也包含了威尼斯特產的玻璃製品。另外，攜帶方便的小型羅盤也是出口清單上經常出現的項目。對阿拉伯人來說，羅盤與其說是用於航海，不如說是他們往來沙漠時的必備品。

不過，這類商品的交易並非威尼斯商人獨占，熱那亞人、加泰隆尼亞人，以及馬賽商人也都經手同類的商品到東方，只是種類比重不同而已。由此可知，威尼斯在面臨這些對手的挑戰時，之所以能屹立不搖，並非經手的出口商品具有獨特性，而是威尼斯將通商徹底組織化後的結果。當然，這也是威尼斯人最獨到的手腕。

開往亞歷山卓或貝魯特的威尼斯定期航線，維持每年初冬返回威尼斯港的行程，以十艘商船組成船隊，由軍用槳帆船組成艦隊護衛——安全、有規範的交易行為，正是威尼斯對商業事業的座右銘。

為了堅守原則，威尼斯政府將每艘船的貨物、每個商人都列入規範。安置在各商業基地的大使、領事的主要工作，便是與當地統治者保持密切聯繫，保護並監督在當地從事商業的本國商人。

不過，「行政指導」若過於徹底，是會壓抑私人活動的。共和國政府也想到了這一點。例如，根據威尼斯海上法的規定，以胡椒為主的香料只能經由定期航線船運回，但如果數量太過龐大，定期商船船隊無法負擔，或是有突發事件，定期船隊無法運送時，則可以由帆船從亞歷山卓或貝魯特先運送到克里特或塞浦勒斯，再由槳帆船組成的定期商船運回威尼斯。

如此預防動脈硬化於未然的措施，也使得威尼斯商人成為伊斯蘭世界最信賴的商業夥伴。擔心對方來或不來，與確知對方一定出現，相信任何人都會選擇與後者合作，威尼斯能夠獨占地中海貿易總數三分之二到四分之三，便全是拜這種純經濟考量所賜。

然而，在任何時代都是一樣，沒有人可以只和對交易有共識的民族合作。不管是敘利亞或是埃及的通商路線，掌控通過紅海這條商業路線的是馬木路克王朝的蘇丹——一名穆斯林、「專制」君主。當蘇丹理性時，當然可以理解跟基督徒威尼斯人共存共榮的道理，怕的是當蘇丹翻臉不認帳時，商場上可是講究現實的。當蘇丹爆發「伊斯蘭的怒吼」，即使住在有治外法權的威尼斯商館中的威尼斯人，也將難逃吃牢飯、商品遭沒收等無妄之災。與穆斯林交易近百年的威尼斯深知，即使要求穆斯林給予人民商業自由與身家安全，一如阿拉伯商人在威尼斯境內所受到的待遇，但穆斯林還是會以國情不同加以打發。有鑑於此，威尼斯對穆斯林總是小心翼翼，不論多麼枝微末節的事情，都盡量讓穆斯林找不到師出有名的藉口。

例子之一是一四四二年，威尼斯政府明快處理經商市民皮耶洛．馬切洛引發的事件。馬切洛在阿克雷與敘利亞人做買賣，但交易成立後，對方卻遲遲不肯付款，馬切洛因此憤而將該名敘利亞人押上船，揚帆出海。船為雙方共有。在停泊貝魯特港期間，馬切洛不僅不讓敘利亞人下船，還佯裝商談又騙了十個穆斯林上船，然後直接將船駛向羅德斯，在當地把這些人當成奴隸賣了。

威尼斯政府得知此事後，立即判處馬切洛絞刑，並懸賞獎金四千達卡特活捉馬切洛，交出屍體者則可獲得賞金兩千達卡特。另一方面也火速派特使前往開羅，要求為此事盛怒的蘇丹釋放所有因此入獄的威尼斯商人，恢復威尼斯商界於當地的特權。

第二個例子則發生在北非沿岸。一艘航行於該地的威尼斯船，受到聖約翰騎士團襲擊，不但船被拖到其根據地羅德斯，同船的十名阿拉伯乘客還被賣為奴隸。威尼斯認為保護乘客的安全是船長的義務，因此命令駐克里特的艦隊火速出動，軍艦的大砲在羅德斯港入口處一字排開，砲口對準港口城塞，要騎士團選擇釋放阿拉伯人或是開戰。不用說，威尼斯船與乘客因此平安歸來。

然而，不幸的是，世間事不是合情合理就能獲得正面的評價。威尼斯的作法受到了基督教世界的撻伐，各國紛紛指責威尼斯勾結利字當頭、毫無操守的異教徒。從高舉消滅異教徒大幟的聖約翰騎士團到法國、西班牙的海盜船，全都有了襲擊威尼斯商船的正當藉口。這使得護衛威尼斯定期商船隊的軍用槳帆船，此後除了要對付自古以來的海盜阿爾及利亞人的突襲之外，對於同為基督徒的船隻在不確定是商船以前，亦不輕易准許其停靠進行禮貌性訪問。

其實，威尼斯並不是什麼事都巴結伊斯蘭國家。只要態度強硬可取，威尼斯照樣犧牲短期的利益。像是面對掌控紅海通商路線的埃及蘇丹，每每起意提高該路線運往地中海的香料價格以獲取暴利，甚至語出要脅非一定價格不肯脫手時，威尼斯就從來都是以價錢不合理而不為所動。

首先，威尼斯政府下令國民將埃及、敘利亞的財產與投資撤回，轉移到克里特或是莫頓，除了外交官以外，所有商人及其家族也一律撤到克里特。直到確定蘇丹無法沒收威尼斯人的財產、商品，或是將威尼斯人押解為人質後，威尼斯政府才開放交易。不過，仍然限定威尼斯商船不能太快卸貨，而且必須在船上進行所有交易。

結果是，一四三〇年出海的商船隊雖然只帶回極少的香料，但是第二年，一四三一年出發的船隊卻滿載而歸。

然而，專制君主的欲望畢竟有如無底洞。伊斯蘭最高領袖埃及蘇丹亟欲掌控香料市場的行為不斷重複，每次發生狀況，威尼斯總是軟硬兼施，即使最後不得不妥協，能多爭取一分利益是一分，因為蘇丹與威尼斯大使的談判不在於面子，威尼斯的庫存量才是關鍵。威尼斯依照蘇丹提出的價錢，簽訂收購兩百一十單位的胡椒，條件是蘇丹必須准許威尼斯商人可以在亞歷山卓的市集自由買賣其餘的胡椒。兩百一十單位的胡椒，大概相當於威尼斯商人在亞歷山卓買進數量的十分之一，威尼斯政府將蘇丹提出的價錢與市集買賣產生的差額，向在亞歷山卓從商的威尼斯商人課徵特別稅金，才使得妥協後的威尼斯胡椒價差不致波動太大。

這一連串降低成本與維護紅海航行安全的努力，成功地使一四二〇年到一四四〇年間威尼斯市場的胡椒批發價，較以往降低了百分之五十，每單位的市價穩定維持在四十到五十達卡特，直到十五世紀末都沒有太大變動。威尼斯每年就是以這樣的價格，運送兩萬到四萬噸的香料到西歐。附帶一提，由於胡椒為香料市場的大宗交易，市價波動因此多以胡椒為指標。

這就是十五世紀末葡萄牙投資達伽馬，西班牙投資哥倫布，前者往南，後者往北，皆為求取香料而向未知世界探索的時空背景。西歐並不欠缺香料，豈止不缺，不僅價格低廉，量也十分充足。當時葡萄牙及西班牙所求的，毋寧是要瓦解威尼斯在地中海貿易中屹立不搖的獨占體制，而最有效的手段當然就是讓地中海環境失利。

無法自給自足、人口少、唯一資源只有人民的大腦與意志——這樣的威尼斯共和國，其歷史就像是一部因應所有試煉的方法史。我之所以省略部份，除了一一敘述太過繁複外，更是擔心讀者還沒讀到，自己的腦筋倒先麻痺了。常言道：歷史愈複雜愈有深意。然而，要讓讀者品嚐到其中深意之前，整理的工夫畢竟不可少。

看著這些整理出來的「試煉」，我常想，若是換作日本人，想必會為之騷動吧？不過，在看過當時的紀錄，得知威尼斯人在面對挑戰同樣是手足無措時，這才鬆了一口氣。保持沉著冷靜在任何時代，看來都是件困難的事。

只是，不知道接下來這一點，日本人是否也相同？威尼斯人總在騷動之後不久，便能漸入佳境。人類無法預知前景，唯有等待幸運降臨。然而，等待也得有實力才「能」等，像威尼斯之所以能承受西班牙與葡萄牙的挑戰，就是拜其「多元化經營」之賜。

一四九九年對威尼斯來說是個難熬的凶年，兩項厄運接踵而至。

達伽馬從印度載回來的胡椒，只有不到威尼斯一年交易量的五十分之一，一時雖然眾議紛紛，仍不至於左右利亞托的市場價格，不像同年與土耳其的戰爭很快就在次年威脅到利亞托一帶。

破壞二十年和平者，不是逢戰便蒙受損失的威尼斯，而是陸地國家土耳其。以完全統治希臘為目的的土耳其帝國，無法忍受伯羅奔尼撒半島前端一塊極小的區域依舊為威尼斯所有。土耳其的攻擊目標是威尼斯位於莫頓與科隆的海軍基地。莫頓與科隆並稱為威尼斯共和國雙眼，座落於威尼斯的東方定期航線上，是威尼斯海上高速道路的重要驛站（商船出亞德里亞海後，依序停泊於科爾夫、莫頓、克里特等）。正如科爾夫和克里特是定期商船的必靠站，停靠莫頓以及科隆港也是威尼斯所有船隻的義務，因此當這兩個地方遭受攻擊之後，威尼斯雖自知戰爭對自己不利，卻也只有挺身接受。

威尼斯原本就沒有常設海軍備戰的習慣，所以缺乏在戰爭發生時迅速動員大量軍艦的體制。他們的常備海軍，指的是駐守在科爾夫、莫頓、克里特，以及塞浦勒斯各個海軍基地負責巡守的艦隊。一有狀況發生，當然不可能指望國內新編制的艦隊迅速抵達，通常是動員國內或是各基地中準備出港，抑或正在附近海域的商船的護衛艦，組成臨時編組。是年，聯合艦隊總司令安東尼奧．格利馬尼下令動員的正是所有的護衛艦。

只是，如此一來，原本規定必須有艦隊護航才能出航的定期航路商船也被迫泊港，動彈不得。雖然其他航線的船隻及帆船並不受影響，仍然照常行駛，但由於胡椒向來限定由定期商船隊載運，威尼斯的進貨量可說幾乎降到了零。相較於前年一四九八年一單位賣到五十六達卡特，一五〇〇年的價格上揚到一百達卡特，威尼斯以往八十年來主宰香料市場的利器——將胡椒價格維持在四十到五十達卡特的策略受到挑戰。胡椒不比民生必需品，不買不至於活不下去，突如其來的價格高漲使得大家對於購買退避三舍，威尼斯為此遭受嚴重打擊。

元老院連日白熱化地討論解除動員令的適當時期，並考慮短期內如果無法解除，是否准許商船隊在沒有護衛的情況下出港。依據斷代史作者薩努德的記載，在元老院擁有庫存的商人與沒有庫存的商人形成對立，利亞托橋一帶甚至謠傳總司令格利馬尼家族趁此次動亂淨賺四萬達卡特。

次年一五〇一年二月，胡椒，即利亞托市場主力商品，批發價竟高達一百三十達卡特，終於迫使元老院作出准許商船隊在沒有護衛的情況下出海的決議。一個月後，胡椒的價格回降到六十二達卡特。

但葡萄牙的挑戰此時已經明顯威脅到利亞托市場。一五〇〇年，葡萄牙王派遣卡布拉爾(Pedro Álvares Cabral)率領大艦隊前往印度洋，攻擊非邦交國卡里卡特，並且還擊沉印度洋上滿載香料的阿拉伯船。這次事件的影響在次年一五〇一年秋天出現，威尼斯的胡椒價格再次上漲到九十五達卡特。

印度洋航向紅海的航線安全性逐年降低，使得紅海通商路線載運的香料數量銳減，威尼斯的胡椒價格高漲到一百達卡特，持續幾年居高不下。尤其更糟的是，埃及蘇丹又因數量減少，打算一舉撈回損失，因而提高了亞歷山卓城裡的售價，但威尼斯認為價錢不符合經濟效益，該年決定停止定期商船船隊航向亞歷山卓。

不過，在不得不對抗葡萄牙挑戰的利害關係上，埃及與威尼斯倒是一致。因此儘管在胡椒價錢上有所爭執，威尼斯還是派了特使前往開羅，而蘇丹也認真地與特使商量對策。

首先，抱持盡人事主義的威尼斯，要求蘇丹轉告長久有往來的印度王不要與葡萄牙交易。然而，印度王因為懼怕葡萄牙，無法答應長期貿易夥伴的要求。除此之外，威尼斯又要埃及蘇丹威脅羅馬教皇，若葡萄牙不撤出印度洋，將破壞聖地耶路撒冷，讓自西歐出發的朝聖旅行無法成行。但由於葡萄牙王早已先一步派遣特使告知教皇，印度洋事業的利益無窮，蘇丹不可能唱反調，使得努力最後功敗垂成。將朝聖旅行企業化，長期從中獲利的威尼斯，對於朝聖事業有多少利益應該比誰都清楚。看來，也許就連威尼斯人此時或多或少也慌了手腳吧。

更棘手的是，蘇丹此時向威尼斯所提出的武器及技術援助的請求。因為如果要將葡萄牙船逐出印度洋及紅海，阿拉伯就必須改變船隻結構。阿拉伯船隻雖然堅固巨大，但卻不敵載有大砲的葡萄牙船。在大砲的製造技術上，埃及比起另一個伊斯蘭國家土耳其，要來得落後許多。

不過，威尼斯並沒有輕易接受這項請求。葡萄牙開拓的香料貿易市場打著不透過異教徒阿拉伯人仲介的旗幟，因而得到基督教世界的歡迎。如果威尼斯動用異教徒的勢力與葡萄牙對抗，只會讓身處基督教世界的威尼斯陷入政治僵局。因此，儘管內心希望獲勝的是埃及而不是葡萄牙，威尼斯政府仍然正式拒絕了蘇丹的請求，但暗中倒是建議蘇丹向土耳其購買大砲、在希臘募集船員等。當然，這些動作都是透過威尼斯商人以私人的立場進行。

就這樣，現代化的埃及艦隊由紅海航向印度洋。埃及贏得第一場的海戰勝利，但卻輸了第二場，而且為了重組艦隊而從土耳其送來的大砲及建材，又在南下地中海途中遭到羅德斯騎士團的船隻襲擊，所有建材被掠奪一空，葡萄牙船隻在印度洋及紅海因此如入無人之境，情形對威尼斯不啻雪上加霜。

一五〇三年，威尼斯與土耳其和解成功，不管是亞歷山卓還是貝魯特，威尼斯的定期船隊都得以堂堂進港，但是卻沒有任何來自紅海的貨源。隔年前往亞歷山卓的商船隊，更是在沒有載回任何胡椒的情況下返國。這也使得威尼斯政府開始討論航行蘇伊士運河的可能性。

蘇伊士運河的構想自古便有人提出，古書中亦有波斯王大流士熱衷開鑿的記載。威尼斯人此刻也想到了借助古人的設計，計畫打通的地點和今日相同，只要能夠連接地中海跟紅海，一切便能迎刃而解。甚至，以威尼斯的海軍戰力，不僅對抗葡萄牙綽綽有餘，還有可能替阿拉伯人奪回印度洋及紅海的領海權。威尼斯計畫負擔開通運河的一切費用，而且當時的義大利也不缺乏頂尖的技工。

然而，這項原本不須經勒塞普（Ferdinand de Lesseps，編按：今日蘇伊士運河的設計者）

之手便能提早實現的浩大工程，卻因埃及蘇丹的執意不肯而作罷。蘇丹是因為擔心，運河完成之後，威尼斯會略過阿拉伯直接與印度通商。

就在尋方設法之際，以里斯本為根據地，在安特衛普(Antwerp)設置分支的葡萄牙，開始慢慢滲透香料市場的交易。相形之下，一五〇五、〇六年胡椒進貨受阻的威尼斯市場，卻是形同封閉。雖然不至於一顆未進（因為以完全封鎖紅海為目標的葡萄牙，始終無法攻下踞於紅海出口的亞丁，換言之，無法完全封鎖紅海，香料因此仍有少數得以進入威尼斯市場），只是微不足道的量並不能活絡威尼斯的市場。

一五〇六年，長年以來一直是威尼斯老主顧的日耳曼商人，決定將採購胡椒的市場由威尼斯轉為安特衛普。在此之前已經有英國、法國、法蘭德斯相繼轉向。威尼斯為了起碼保住跟日耳曼的交易，甚至開始討論在里斯本購買，然後在威尼斯賣出的可能性。但是這麼做將會面臨到兩個障礙。第一，葡萄牙的香料價格太高；第二，東地中海市場對威尼斯而言，不僅是香料市場，同時也是威尼斯輸出物產的重要市場。

在這種情況下，威尼斯政府以元老院附屬機構的形式，成立了「通商五人委員會」，負責威尼斯的經濟結構重組。

委員們首先研判，威尼斯猶如新生兒失乳的處境，實已漸在斷奶中，因此決議以提振國內產業來替代「乳汁」。以威尼斯的環境來說，其實也已有了某種程度的基礎。

除此之外，委員會還針對許多新的議案進行討論，甚至考慮開發由莫斯科經裏海，避開韃鞑人居住地抵達印度的新航線；威尼斯很早之前就在莫斯科設立商業基地。只不過新航路卻有個大障礙——從北邊進入印度的道路險阻。於是有人建議不如帶著胡椒的新苗，移植到地中海的某個島嶼自行栽培，但是這項建議也因為氣候不同，在某人舉出東南亞各島的紀錄予以反駁後，便無疾而終。早在一世紀前，威尼斯人便已透過陸路到過蘇門達臘、爪哇，以及斯里蘭卡。

所謂屋漏偏逢連夜雨，與商業技術同被列為威尼斯人僅有資源而受到高度評價的外交工作，也因為前後各一次的大錯，使得威尼斯陷入與全歐洲為敵的戰局。威尼斯在這場一五〇八年的康布雷 (Cambrai) 之戰所面對的，光是大國就有日耳曼的神聖羅馬帝國皇帝、法國國王、西班牙國王，以及教皇，可說是以分化敵人知名的威尼斯在外交上所犯的無可赦免的錯誤。

同時代的馬基維利曾經下了這麼一段評語：

現實主義者所犯的錯，通常是認定對方與自己的價值觀相同，所以一定不會做傻事。就在這次戰爭中，威尼斯一戰毀掉了他們八百年來累積的所有成就。

康布雷同盟國的宣戰布告上所列的正式理由是：威尼斯乃侵略主義，坐視其發展將會引來危機。事實上，威尼斯的海外領土確實是當時最大，以都市國家而言，無人能出其右。只不過，其中威尼斯真正直轄的只占極小部份，絕大多數仍是交由當地自治，這是由於威尼斯的著眼點並非攻占領土，而是確保通商路線的安全。然而，對於以義大利半島為目標，並成功擴張勢力至南邊那不勒斯、西邊米蘭的日耳曼與法國、西班牙各國而言，眼前唯一的實質獨立國威尼斯根本就是個眼中釘。除此之外，與威尼斯在義大利中部長期有利害衝突的教廷，也在此時加入了同盟國。

按理說，教廷和威尼斯在義大利獨立問題的利害是一致的。然而一次外交上的閃失，卻使得威尼斯親手將教廷逼到敵方陣營。教廷的軍事力量雖不足取，卻能夠賦予握有軍力的敵國「師出有名」的正當性，不能不小心應付。記錄中曾有這麼一段插曲：

某日，教皇尤利烏斯二世 (Pope Julius II) 會見駐羅馬威尼斯大使比薩諾，兩人談的依舊是歸還羅馬尼亞地區兩座城市的事宜。由於比薩諾不肯答應，教皇為之大怒，厲聲斥責：

「既然如此，我將不惜借用任何人的力量將威尼斯化為過去的漁村。」

威尼斯大使在聽了之後，以平靜的口吻回道：

「陛下，如果陛下不明事理，我們也只好待陛下如一介鄉下神父」。

原本仍猶豫不決的教皇，就是在這時決定參加康布雷同盟的。而這次的事件也給人們一個教訓：外交上必須謹守分際，有些話放在心中就好，千萬不要隨便說出口。因為這位命令米開朗基羅創作偉大藝術而意氣風發的尤利烏斯二世本人，在神職界的起步就是一名鄉下神父。

戰爭一開始對威尼斯有利，但是在阿那涅洛一戰卻是慘敗。在香料進貨跌到谷底時也少見波動的威尼斯政府國債，竟在這年降到半價以下。看來，認定威尼斯一舉失去八百年所累積成就的人，顯然不只馬基維利一個。

不過，就在兩年後，不管是在軍事或外交上，威尼斯的反擊都有了成果。首先是讓教皇脫離同盟陣營，其次又成功地分化了法國與日耳曼。不僅如此，威尼斯甚至還與日耳曼、教廷、西班牙聯手對抗法國。在領土上與威尼斯有最直接利害關係的法國國王，不僅沒有占領義大利，反而被驅逐出義大利。威尼斯一點一點地收復大部份被掠奪的土地，國債也在不久後回歸到正常價格。在長久的黑暗歲月後，地中海貿易終於逐漸迎接黎明。

世間事什麼會助你一臂之力，真是讓人說不準。例如，對威尼斯振興地中海貿易出力最大的，竟然是威尼斯的宿敵土耳其及當時的勁敵葡萄牙。

葡萄牙當初將威尼斯逐出香料市場所憑藉的，並非贏了商業競爭，而是靠著軍事力量阻斷威尼斯的進口路徑。

事實上，運到里斯本並在安特衛普販賣的香料價格，正如威尼斯所言已經超越商業交易的常軌。對於商業的認知，葡萄牙王與埃及蘇丹有著同一套邏輯，而且也都落實在商業行為上。兩者都認為，獨占通商路線後，價格哄抬得愈高便愈能賺取利益。然而，這種想法在沒有對手時或許還行得通，像日耳曼、法國，或英國的商人就是因為求購無門，只好委曲求全以高價收購，但購買的數量並不如葡萄牙預期。不，應該說，就算他們提高了購買的數量，葡萄牙也沒有能力滿足這些需求。原因是以國營企業型態經營香料貿易的葡萄牙，利益愈多便獲益愈多的，始終只有國王一人，其他人都是國家公務員。換言之，一提到資金的有效運用時，所有國營企業的缺陷便都一一浮現。

相反地，威尼斯則是非有必要否則不為、極度討厭企業國營化的民族。雖然對於商業路線的取得，他們是透過海軍及外交等國家機構進行，但商品的買賣卻是由商人各自進行。同樣地，航行定期航線的商船隊的船屬於國有，不過每次航海都採投標制，提供私人租借。就連國家銀行也是直到十六世紀末才設立，總裁甚至不是國家公務員，而是每三年一聘的經理人制度。在威尼斯，個人之間的競爭極為激烈，但在國家層級上，卻是全民團結一致對抗外侮。

若用一句話作解釋，大概是雙方對通商的看法不同吧。威尼斯以經濟上合理的價格謀求穩定，然後期待市場永續經營與不斷擴張。這種方式極需國家的一貫方針，以及商人間的自由競爭。相對地，葡萄牙就只想到擠掉對手，從中獲取暴利。香料的貿易利潤向來很大，就算航海的路途再遙遠，但葡萄牙經手的胡椒少了層層仲介，絕對占有優勢，價格卻仍有如天價，可見當年威尼斯商人所言的暴利之說絕非虛假。在這種情形下，葡萄牙人之所以能獨占香料市場，除了憑藉著軍事力量封鎖紅海外，不作他想。

身為銀行家兼斷代史作者的普利烏利等悲觀派，曾經在達伽馬發現新航路時，預言威尼斯的經濟將在葡萄牙的挑戰下崩潰。這個說法有個前提：葡萄牙將會採取如同威尼斯站在葡萄牙立場時會有的作為。按照威尼斯人原本的預測，葡萄牙人會在封鎖紅海阻絕威尼斯的進口路線之後，有系統地降低非洲航路的成本。如此一來，由於不須支付仲介費，物品可以更低的價格賣出，就算威尼斯真能振興地中海貿易，葡萄牙單在價格上便勝過威尼斯。雖然最後經證實，這似乎又是犯了現實主義者的老毛病，總認為對方與自己有同樣的想法與做法。不過，對威尼斯來說，這次應該是個開心的錯誤。

一言以蔽之，葡萄牙是否能獨占香料市場，取決於他們封鎖紅海的軍事力量。任何對這方面的挑戰，都等同對葡萄牙獨占體系的挑戰。土耳其在一五一六年征服敘利亞，一五一七年確立埃及統治，對葡萄牙來說，這意味著他們必須面對比過去馬木路克王朝更強勁的對手。至於威尼斯呢，雖然宿敵土耳其擴大勢力範圍並不可喜，但卻是地中海貿易東山再起的開端，而他們也從中獲利。

征服麥加，對土耳其來說，無異是頂著伊斯蘭世界宗主的頭銜，接下來的敘利亞與埃及的收復，只是這個思維下的合理行動，最終目的當然是要全面統治紅海地區。土耳其甚至在亞丁常駐精衛兵。不用說，葡萄牙原本對紅海就不算完備的封鎖因此瓦解，紅海通商路線順勢獲得重新開啟。

為了與土耳其爭奪印度洋的領海權，葡萄牙這時找上了土耳其的敵國波斯什葉派結盟，以換取波斯灣的控制權。但交換條件中有一項是，葡萄牙必須將運自印度香料中不算少的份量，由原先的非洲航線改為經由奧木茲海峽在波斯卸貨。

經由波斯灣的商品的集散地是巴格達，香料到了這裡，十之八九一定是往需求最大的地中海地區送。葡萄牙大老遠辛苦運來的香料，就這麼大量被送往阿勒波及大馬士革，而等在那裡的便是威尼斯商人——彼此的政府儘管敵對，但商人的共識卻是四海皆準。獲知波斯通商路線再次開放的威尼斯政府，立刻就在阿勒波設置了與亞歷山卓不相上下的商館。

但葡萄牙對威尼斯的幫助還不只這些，公務員的走私行為也從中助力不少。葡萄牙船的船長及船員，長久以來便經常感嘆薪水遲發，之後更由於土耳其的活躍、航海的危險，以及必須對抗土耳其等風險，加重了遲發薪水的壓力。於是，船員們將貨物的一部份走私到阿拉伯，而這些由阿拉伯人經手的貨品最後則是越過紅海，又落到威尼斯人的手裡。

成功重返地中海貿易的威尼斯人，立刻就調降香料價格。先前將國產品帶到安特衛普換取香料的商人，也重新回到威尼斯市場。儘管葡萄牙此時急忙試圖調降價格，但以他們的商業體制來看，情況並不樂觀。

地中海貿易還有個特徵是仲介商多。換言之，仲介者彼此間隔的距離短，風險也低。然而，這種複雜的通路一旦遇上中央統治力無法貫徹，地方豪族割據，各自違法課徵關稅時，零售價格將會嚴重受到挑戰。反之，一旦中央的指令能夠下達，由於省下了大部份關稅，局面便相對變得有利。由於土耳其的中央集權遠非馬木路克王朝能及，再加上葡萄牙船在長程航海旅途中的損失也不小，葡萄牙因此始終無法大幅降價。

一五一七年起步，一五三〇年完全步上軌道的威尼斯地中海貿易，發展至一五五〇年左右，半個世紀前恍若不見前景的惡夢一掃而空。前往麥加的商隊，由二十萬商人及三十萬頭駱駝組成，光是紅海通商路線便為市場帶回了三到四萬噸的香料，完全恢復了達伽馬以前的數量，抵達里斯本的數量也有了明顯增加。胡椒的交易如此活絡，其他產物當然也隨之蓬勃，此刻威尼斯已大致可以自給自足。但反觀葡萄牙，卻不僅未發展工業，連國家獨立都出現危機——一五八〇年，西班牙統治葡萄牙。

不過，葡萄牙獨占香料市場的時間雖不長，但威尼斯也無法享有過去獨占時期的風光。十六世紀中，波斯、紅海、非洲三條通商路線是並存的，其中威尼斯之所以刻意保留非洲航線，以購買香料來維持該通商路線的運轉，主要就是顧慮到土耳其與威尼斯一旦開戰，波斯、紅海路線將會動彈不得。在地中海貿易尚未全面復興之前，威尼斯曾在一五一九年制定地中海貿易保護政策，規定來自里斯本的香料必須較購自東方的香料多課徵百分之三的關稅。這條法令在一五七〇年廢除，是年也是土耳其攻占塞浦勒斯，並接著發動雷龐多海戰的同一年。

一五八〇年併吞葡萄牙的菲利浦二世，將西班牙的勢力範圍擴大到史無前例的地步，從稱為新西班牙的墨西哥，以及南美、非洲沿岸、以菲利浦為名的菲律賓群島附近的南亞一帶；歐洲部份則有奧地利的哈布斯堡(Habsburg)家族，以及義大利半島南、北部，當地並且各設了王儲代理統治。此時的西班牙帝國被稱為日不落國，不論是陸軍或海軍都達到了顛峰，只有土耳其蘇丹堪可和菲利浦二世相提並論。此兩大勢力的對峙無處不在，從愛爾蘭開始，到東歐、多瑙河、地中海、波斯灣，甚至蘇門達臘，全都成為角力的戰場。

一五三〇年，土耳其開始著手開鑿蘇伊士運河（他們和歐洲人同樣萌生有往亞洲發展的野心）。不同於威尼斯訂定蘇伊士運河計畫時的主客觀環境，土耳其人此時已完全掌控了埃及。換句話說，成敗只在土耳其有多強的意志貫徹而已。威尼斯對蘇伊士運河的開鑿計畫非常關心，甚至派了間諜追蹤整個開鑿流程。雖然一為軍事國家，一為商業國家，但是在活用地中海連接印度洋的迫切性上，威尼斯與土耳其的利害是一致的。不過，這年的工程中途停止，據說是為了調度與波斯爭戰的費用。

一五八六年，開鑿工程再度展開，這一年的進度頗快，然而再度因波斯的爭戰而中斷。就在這時，西班牙國王菲利浦二世向威尼斯政府提出了一項提案。菲利浦二世正為了調度建設殖民帝國的費用，打算透過非洲航線來振興香料貿易。地中海貿易因威尼斯的商業手法重新恢復生機，但卻使得非洲航線處於劣勢。

這份一五八四年西班牙國王正式公開的提案，條文如下（當然，威尼斯早在五年前便已經察知國王的意向）：

抵達里斯本所有的香料都由威尼斯獨占販賣。

菲利浦二世保證經由非洲航路運輸的香料總數不低於三萬噸。

給予威尼斯較其他國家低的關稅優惠。

從里斯本到威尼斯的運輸船，將由西班牙的艦隊護衛至西西里島。

威尼斯只須先付三分之一的現金，其餘三分之二可分六個月清償。

菲利浦二世的建議實在令人難以抗拒，但貿然接受卻又有風險。威尼斯政府委託「通商五人委員會」嚴密討論，元老院在得到結論後，又反覆商討了好幾次。

優惠中最有利的一項是：西班牙艦隊護衛威尼斯船隊到西西里島。威尼斯在東地中海的基地網原本就不如西地中海，若可因此省去威尼斯艦隊的護衛，自是求之不得。

其次則是關稅的減輕。當時土耳其所課徵的關稅對威尼斯與土耳其的同盟國法國來說，前者毋寧是受到差別待遇的。

然而，不安的因素畢竟太多。

首先，如此龐大數量的香料，光靠非洲航線是否真能不出問題？關於這點，西班牙國王告訴威尼斯大使，如果加上威尼斯雄厚的財力，以及將造船與航海技術引進西班牙，不是沒有可能。如果威尼斯願意，當然也可以在西班牙的軍力庇祐下，將市場擴大到亞洲，甚至新大陸。不過，這簡直是兩刃刀，直直將威尼斯獨立的主權逼到尷尬的角落。

許多史學家認為，這件事正是說明萬事起頭難的好例子。也有人說，早期威尼斯的發展是受到拜占庭帝國的庇蔭；甚至還有人將威尼斯衰退的主因歸結到十六世紀的威尼斯人較十二世紀的威尼斯人欠缺進取精神。

然而，互惠關係要能產生良效，必須要從提供對方絕對需要的東西開始。相對於當年拜占庭帝國給予威尼斯無關稅待遇，威尼斯以海軍軍力回報，這回威尼斯所提供給西班牙的，不論是財力、商業、造船，甚至是航海技術，卻沒有一項是西班牙不可或缺的。在西班牙來說，有則方便不少，但只要專制君主想換人，在這方面隨時都有威尼斯的對手熱那亞可以替代。

甚至，就算一切進行順利，與西班牙之間如此大規模的通商關係一旦確立，威尼斯勢必得放棄東地中海的市場，否則如果再加上以往購自東地中海市場的數量，胡椒的價格必將產生暴跌，對香料市場產生影響。葡萄牙失敗的殷鑑未遠，誰也不敢保證能夠阻斷通過紅海或是波斯灣進口的香料。如此一來，就算威尼斯真的獨占里斯本市場的買賣，原先威尼斯在東地中海市場的地位也會馬上被取代。

地中海市場對於威尼斯的重要性，不只是購買香料，同時也是販賣日耳曼、義大利，甚至威尼斯本國產物的重要市場。威尼斯已經在東方奠定了經濟基礎，單單住在大馬士革、阿勒波、亞歷山卓、開羅四個城市的威尼斯家族就多達四千戶。雖然說威尼斯是在一二〇四年第四次十字軍時，以舉國投資大大獲利，但即使當時威尼斯失敗，損失其實也有限。尤其別忘了，審議菲利浦二世提案的這時，正值連接地中海與紅海的運河計畫可能實現的時期。

威尼斯政府拒絕了西班牙國王的提議。這是純粹就經濟上判斷，同時也是正確的作法。

菲利浦二世遭到威尼斯拒絕之後，又陸續向米蘭、佛羅倫斯，以及熱那亞商人提出相同的提案，不過都遭到了拒絕，直到一五八五年才終於有人首肯。這個集團是由富格爾（Fugger，編按：日耳曼富商，十五~十六世紀歐洲最大的實業家族）家族出任代表，加上日耳曼、西班牙、葡萄牙與義大利人共同合資創立的國際公司，最大的股份持有者為富格爾，分公司設於安特衛普、盧比克(Lübeck)、密特伯克、漢堡(Hamburg)，以及威尼斯等地。首批香料於一五九一年順利送抵盧比克以及威尼斯，但營運不久便出現遲滯。原因是一五八八年，即三年前西班牙無敵艦隊敗給英國，氣焰高張的英國海盜四處橫行，不僅大西洋航線，連非洲航線的安全都受到威脅。里斯本賣出的胡椒價格因此高出威尼斯市場許多，連投資者都認為在威尼斯買比較有利，原本應該是在利亞托市場行商的賣方，這會兒反倒成了買家。爾後更是隨著英國與荷蘭在一六〇〇年代初期的抬頭，西班牙國王與日耳曼商人的野心終於證明只是一場幻夢。

這就是威尼斯拒絕後的發展，我想當時應該沒有人責備威尼斯當初的決定是錯誤的吧。

威尼斯的香料市場一六〇〇年後遭到重創。整件事是起因於該世紀前半，荷蘭將盛產香料的摩鹿加群島納入殖民地等一連串措施。荷蘭並沒有重蹈葡萄牙的覆轍，企圖阻斷通商路線，而是改用直接控制產地的方式——威尼斯並非不能敵大航海時代而衰退，無法因應殖民帝國的崛起，才是他們踏出衰亡的第一步。

在面對大航海時代的挑戰時，香料貿易依然能占據市場達一世紀以上，但是有些商品卻是無法力敵便敗下陣來。

首當其衝的便是砂糖。中世紀砂糖最主要來源，原本是在塞浦勒斯經營廣大農園的威尼斯人，但是隨著一四七〇年葡萄牙發現馬德拉 (Madeira) 群島，以大量奴隸與燃料進行栽培之後，馬德拉產的砂糖開始打進西歐市場。一四九〇年，也就是達伽馬發現新航線的十年前，威尼斯與安特衛普市場的砂糖批發價降到只剩下以往價格的三分之一。然後在馬德拉群島無法維持生產成本時，接著又有了巴西出現。

對於在一四八九年和平合併塞浦勒斯，原本欲振興塞浦勒斯糖業的威尼斯而言，巴西的出現確實是項重大打擊。不過，威尼斯很快就在塞浦勒斯改種棉花。而原本就產棉花的塞浦勒斯，在產業振興的重點轉移後，馬上增產了三倍。當時正值日耳曼棉工業逐漸發展的時期，所以不愁沒有銷路。即使是一五七一年，塞浦勒斯落入不擅長經營的土耳其人之手後，整個十六世紀中，塞浦勒斯的棉花仍是由威尼斯人經手利亞托市場的交易，新大陸的棉花開始進出西歐市場，則是在這之後很久的事。

染料是威尼斯另一項因為只仲介不生產，連可替換的產業都沒有，而節節敗退的商品。這與纖維業發展密不可分的染料，在西歐的需求與日俱增，其中尤以紅色的需求量最大。這種取自希臘橡樹或是山毛櫸上面寄生蟲的染料，幾百年來都是由威尼斯從希臘或克里特進口，再轉口賣給西歐各地。從其中一種樹木的原文音近「布拉吉爾」來看，這類紅色樹木的產地應該是南美洲，尤其是巴西的特產（巴西的國名亦源於此）。十六世紀後半，巴西產的染料開始獨占西歐市場。

銀與黃銅也是日漸退出市場的商品。這兩樣盛產於日耳曼及匈牙利的商品，自古都是以威尼斯為集散地。威尼斯商人將一部份運到突尼西亞等北非地區與撒哈拉沙漠彼岸的黃金交換，其餘大部份則經由埃及運抵印度，以換取香料，這種交易方式直到葡萄牙將非洲的金子帶進歐洲之後，仍持續了好一陣子。換言之，只要來自北方的銀持續以威尼斯為集散地，威尼斯便能藉由將這些銀往南或往東邊送，繼續賺取利益。然而，隨著美洲大陸的發現，新大陸的銀跟日耳曼銀的比例有了變化。雖然短期內還是由日耳曼取得優勢，但是以一五八〇年為分界點，大量在市場上流通的美洲銀開始驅逐日耳曼銀，一直到一五九〇年至一六〇〇年間美洲銀的進口量達到最高點，威尼斯不再獨霸銀的市場，銀市重鎮也轉移到了安特衛普。

大量出產的美洲銀不僅將威尼斯擠出銀市場，也為西歐帶來猛烈的通貨膨脹。一三五〇年到一五二〇年左右，金銀的價格幾乎沒有變動，金幣的含金量也固定，直接用於交易的銀幣純度雖有些微減少的跡象，但仍大致維持穩定。不過，十六世紀末，情勢卻有了大轉變，變動前後的國家財政數字落差之大，簡直無從比較。當時統計這些數字的只有威尼斯，只是如果其他國家也做過類似的統計，相信結果應該大同小異。

一四五五年　一達卡特金幣＝一百二十四索爾都銀幣
一五一五年　一達卡特金幣＝一百二十四索爾都
一五九三年　一達卡特金幣＝兩百索爾都（銀含量銳減近三分之二）

威尼斯國庫的收入在一五〇〇年時是一百一十五萬達卡特，但一五七〇年之後卻大幅超過兩百萬，不僅說明威尼斯的經濟在十六世紀不衰反盛的事實，也讓世人見證到進口美洲銀所帶來的通貨膨脹之強烈，足以擾亂近三百年的安定經濟。

不過，有失必有得。威尼斯雖然失去一部份的舊商品市場，卻也開闢了新市場，而且還不只限於取代砂糖的棉花而已。

在史學家眼中，大航海時代的到來與土耳其帝國的強大，向來是威尼斯衰退的兩大主因。然而，就像香料市場的推移軌跡一樣，這兩項主因對威尼斯的經濟，未必只有負面影響。

首先，新航路、新大陸的相繼發現，讓威尼斯長久以來的對手熱那亞人（熱那亞已經喪失獨立國家的地位，因此以個人視之），以及逐漸成為新對手的葡萄牙、西班牙，將目光由地中海轉向大西洋、印度洋或太平洋。拜此之賜，原本在地中海貿易風光一時的威尼斯，也較以往占盡更多優勢。而西歐此時產業發展所帶動的交易量大幅增加，更是提供了大洋交易與地中海交易雙方一個共存共榮的空間。

土耳其帝國的興盛亦然。不僅未對威尼斯造成負面影響，相反地還幫助了威尼斯收復失去的香料市場。一四五三年拜占庭帝國瓦解時只剩下十萬的君士坦丁堡人口，到一五八〇年土耳其帝國的鼎盛時期已增加到七十萬，帶動了財富的累積。隨著土耳其人生活的漸次優渥，對於自己無法生產的各種商品，諸如威尼斯產物，或是威尼斯不生產，但經由威尼斯仲介的各種商品的需求也增加了。

這種傾向不僅限於土耳其，連因發展產業而生活逐漸優渥的西歐也是如此，對於民生必需品以外的商品需求大幅提高。

東西方各因不同的原因在需求上有所增加，供給面倒也不分東西方均獲得保證。東方是強大的專制君主國，流通程序簡單，供應穩定；西方則有產業發達足堪應付。換言之，交易的勝負只取決於如何掌握市場動向，以及迅速且有彈性地因應市場需求。而這兩項，威尼斯並沒有給對手絲毫迎頭趕上的機會。

比以往需求大增的產品之中，有一項是絲綢。大量的絲線從波斯聚集到阿勒波，經威尼斯商人流入日耳曼絲產業中心的法蘭克福 (Frankfurt) 及科隆製好成品後，再循著來時路反向流通，只是終點站這回換成了君士坦丁堡。威尼斯的絲產業也很蓬勃，這點稍後會提到，差別只在於威尼斯用的原料不是東方出產，而是產於義大利北部的一種質量更輕柔的絲線，不過成品同樣都流通於東方及西方。

十六世紀需求量與絲、棉同樣急速增加的，還有葡萄酒及葡萄乾。當時的馬爾瓦吉亞酒地位相當於今日的香檳，產地主要為同名的伯羅奔尼撒半島上的馬爾瓦吉亞，以及威尼斯移植葡萄成功的克里特、塞浦勒斯。這種酒原為英國人喜好，因屬於高級酒種，市場向來有限，但隨著航海風險降低及生產合理化，威尼斯在十五世紀末成功地將南安普頓的批發價降至先前的一半，需求量因此跟著水漲船高。

葡萄乾也是一樣，比起最早威尼斯商人到產地希臘各地採買，稍後威尼斯有計畫開闢伯羅奔尼撒半島西邊的桑提 (Zante) 島為產地後，產量大增，價格跟著降低不少。葡萄乾的主要市場為英國，只不過究竟是英國人嗜食的雞蛋牛奶布丁或奶油蛋糕裡面一定要放葡萄乾，還是因為威尼斯增加生產，價格降低而引起需求量大增，抑或威尼斯商人運送的葡萄乾便宜，大家因此都開始在雞蛋牛奶布丁或奶油蛋糕裡放葡萄乾，這點我倒是沒有詳細調查。

總之，十六世紀的威尼斯不僅沒有被急速變化的時代巨浪淹沒，總體的經濟表現，反倒要比經濟飛躍性發展的十四、十五世紀來得優越。這其中靠的不是多方經營，而是拜威尼斯整體經濟上的多元化所賜。例如，十六世紀當威尼斯無法獨占交易市場時，便是藉由致力振興手工業，將能力作最有效運用。

十五世紀前，威尼斯的統治階級一直相信貴族的事業在於交易，甚至對同時期的佛羅倫斯貴族積極投入絲綢、毛織品工業的行為感到不屑。此時的威尼斯貴族雖然也將錢投資在本國的手工業上，但對經營的熱情仍遠不及親自率船赴遠方行商。從十五世紀前威尼斯貴族對手工業的消極，到十六世紀時的只要有必要，可以輕易遺忘當初堅持貴族的事業當在交易，態度上的轉變之大，多少也點出威尼斯人的個性。一五〇六年威尼斯為因應香料貿易危機時所成立的「通商五人委員會」，提出了交易與手工業同時並進的建議案。依據這項建議，共和國政府保證將降低原料運費、關稅，並且開拓新興原料市場、保障工人權益等，致力振興威尼斯的手工業。

努力的結果，整個十六世紀中最蓬勃發展的工業，大概要屬毛織品工業了。威尼斯原先就有以米蘭為中心的倫巴底 (Lombardy) 地區，以及佛羅倫斯為中心的托斯卡那地區為兩大產地，遠方也有印度等產地，因此多半是以提供原料給這些國家或地區，再回流販賣成品來替代國內的生產。情況在十六世紀後有了躍進，不僅威尼斯本國的產量增加，威尼斯甚至成為歐洲毛織品工業的一處中心。這主要是拜當時義大利政情變化之賜。

十六世紀初的義大利情勢到底如何呢？看看此時出了一位撰寫政治學傑作的馬基維利便知一二。當時的義大利正淪為日耳曼、西班牙、法國的覬覦對象，成為歐洲的戰場。威尼斯雖然同樣捲入了康布雷同盟戰，但幸好立國所在的海上威尼斯城並未受到戰火洗禮，比起其他國家算是幸運的了。

戰火破壞了工廠，阻絕原料及成品的流通，也掠奪了工人們的職場。米蘭及佛羅倫斯的毛織品產量銳減，不安的政權不僅令投資者卻步，工人們也失去了勞動欲。屬於統治階級的投資者因為種種利害關係，無法移居國外，但工人可沒這層顧慮，大批的工人因此從倫巴底及托斯卡那地區移居到威尼斯。在他們的認知裡，在威尼斯工作有下列幾項優點：第一，威尼斯沒有成為戰場之虞；第二，政局安定無內亂顧慮；第三，原料的確保與成品的流通最有利；第四，政府熱心。威尼斯也因此不費吹灰之力便成功獲得技術轉移，促成本國毛織品工業的蓬勃發展。

一五一六年兩千匹左右的生產量，在五十年後一五六五年增加了十倍，達到兩萬匹。四年後，一五六九年更以兩萬六千匹的最高量節節上升。到了一五九八年，年成長率已經以百分之九點六的速率持續增產，相當於高度成長期的日本。同時期西班牙羊毛產量超越英國，使得原料的運送成本出現降幅空間，或多或少助長了威尼斯毛織品工業的發展。

緊接著毛織品工業在十六世紀興盛的是絲織品工業。該領域的職工人數較以往增加了三倍，十六世紀末從事絲織品相關工作的工人，據稱已經超過造船工人中木工與油漆工的人數；工人人數增加的原因和毛織品工業的情形相同。

第三項威尼斯在本世紀蓬勃發展的是製造肥皂的手工業。中世紀文藝復興的人們因為肥皂工業的興起，變得比較愛乾淨（單是想到這點就令人心曠神怡）。由於粉狀的肥皂溶於水後，潑灑在前來攻擊的敵人身上可使其行動遲鈍，在當時不失為一項便利的武器；不難想像在對示威群眾潑灑的水當中，大概也混合了肥皂吧。威尼斯槳帆船上經常載著許多肥皂粉，目的就是作武器用而非讓船員洗澡。

還有一項不能不提的工業是玻璃工業。玻璃工業與造船業向來並列威尼斯的傳統工業，產量在十六世紀達到巔峰。慕拉諾島上的產品琳瑯滿目，玻璃跟吊燈就不用提了，沙漏時鐘更是受到各地歡迎；當初傳教士送給日本戰國時代武將的沙漏鐘，說不定就是威尼斯的產物呢。另外，隨著以水晶製造鏡子的技術開發，威尼斯產的鏡子也供不應求，後來還因為太過蓬勃，一五六四年技工自玻璃行會獨立，另外成立了鏡子行會。

眼鏡的普及也是這個世紀的特色。據說，鏡片早在十三世紀就由慕拉諾島研發完成，只是直到十四世紀才獲得核發製造許可。現存最早戴眼鏡的人物肖像是一三五二年時，威尼斯附近一名修道院樞機主教的畫像。從眼鏡花了兩百年才得以普及來看，可能是在鏡片的製造技術上花了一些時間。不過自十六世紀之後，戴眼鏡或是手拿眼鏡的肖像已經不再稀奇。遠視眼鏡則是直到這個世紀末才研發完成。

玻璃窗的普及也大大改變了人們的家居生活。在此之前，教會是用磨得很薄的大理石作窗戶。一般家庭則更簡陋，只貼了一塊布應付。雖然這時還只是用瓶底排列的窗玻璃，但有能力購買的仍僅限政府建築物與極富有的人家。據說十六世紀時的威尼斯，每區都有一間玻璃豪宅，想必屋內的生活一定比以往舒適。

既然提到玻璃工業的重鎮慕拉諾，當然就不能不提到地名相似的蕾絲產業重鎮——布拉諾島。十六世紀的繪畫除了裸體畫之外，很難看到畫裡不畫到蕾絲的。蕾絲產業全盛時期的布拉諾人口，甚至比慕拉諾還多。

但並不是所有十六世紀的威尼斯人都想著重建地中海貿易或振興手工業。像是提香、丁多列托，以及維洛內塞便都是生於此世紀的威尼斯人。文藝復興繪畫中，最能夠帶給觀者感官快意的威尼斯畫派，也因為這些人的出現而迎接全盛時期。

另一項文化事業，同時也是威尼斯傲視歐洲、具有全歐最高水準的，大概要屬出版業了。與藝術不同，出版業屬於企業，作為一項同樣在十六世紀達到顛峰、對威尼斯經濟多元化有貢獻的產業之一，的確有必要一提。

眾所皆知，活版印刷是十五世紀半由古騰堡（Gutenberg）所發明。這項技術在發明後二十年後傳到威尼斯，威尼斯最早的印刷書籍是西塞羅文集，費時四個月印刷近一百本書。但是再版時，同樣的工時，數目則增加到了六百本，以這樣的效率，印刷比手工謄寫還經濟的特點也更顯而易見。

與毛織品或絲織品工業一樣，威尼斯的出版業之所以有飛躍性進步，最初都是借助其他國家優秀技術者的技術移轉。這些出版方面的人材，當初選擇威尼斯的理由，大致和其他產業相同，不過出版業還是有其獨特的需求。以威尼斯最初的印刷書籍西塞羅的作品為例，當時讀者需求的主流是希臘羅馬的古典書籍，為了滿足讀者，出版業者必須在容易取得手抄原本的環境裡發展。當時威尼斯有一所圖書館，是拜占庭帝國瓦解前逃到義大利的貝薩里樞機主教的專門藏書之處。但單是容易取得原本還是不夠，如果少了有能力訂正原本錯誤的知識份子，古典書籍的出版業者照樣無法生存。威尼斯在這方面完全符合條件，而佛羅倫斯與羅馬的出版業同樣非常蓬勃，也是因為具備了這兩個條件。

然而，帶動出版業蓬勃發展，最重要的還是言論自由的保障。當時的言論自由等同宗教自由，這一點威尼斯當然比佛羅倫斯、米蘭或是巴黎更為自由。為了確保國家的獨立體制而極力排除教廷權力滲透，向來是威尼斯共和國的傳統，只要不是跟威尼斯共和國的政治體制唱反調，就算是教廷的禁書，威尼斯一樣給予出版的自由。路德、馬基維利，甚至是被天主教會處以火刑的喬丹諾．布魯諾（Giordano Bruno，編按：十六世紀天文學家，主張無限宇宙及多種世界學說）、伽利略等人的著作，在威尼斯都可買得到。色情書籍也不在禁書之列，相關書籍因此在威尼斯大放異彩，大眾文學勃興的起步可以說正是從威尼斯開始。政府不僅保障言論的自由，甚至賦予版權，著作權的承認則是在這之後的事。

一四九五年到九七年之間，全歐洲共出版了一千八百二十一本新書，其中四百四十七本由威尼斯出版，位居第二的巴黎只出了一百八十一本。十六世紀後半，威尼斯迎接出版業界的全盛時期，一百一十三家威尼斯出版社在五十年間，一共出版了四千四百一十六本新書，數量傲視群倫，為歐洲第一。

不過，要維持企業的營運並不是靠出版大量的新書，企業重視的是再版書籍。威尼斯的出版界在這方面依舊是出類拔萃，五十多家出版社擁有再版二十版以上的書籍，十家以上的出版社擁有數本再版四十版的書籍，有的出版社手中甚至握有再版高達一百三十二版的「資產」。當然，在初版後便無疾而終的出版社也不少。

既然提到威尼斯的出版業，便不能不提到一個人——阿爾多斯．馬努蒂烏斯 (Aldus Manutius)。他可是奠定威尼斯出版業基礎的功臣。

印刷本在十五世紀後半開始增加，但是在初期，外觀上仍不脫手抄本的影響，以大型精美的書籍居多。當然，這與其中大部份都是在傳統生產手抄本的修道院中印刷多少有關。這些初期的印刷書都非常昂貴，但修道院出版的書向來有基本的讀者群，再加上也不是擔任神職的學者自掏腰包購買，所以即使再貴都沒有影響。

但阿爾多斯出版社是間私人企業，可沒有上述的有利條件。以技術員身份移居威尼斯的本土居民阿爾多斯，預測到印刷本的未來存繫於開拓新的讀者群，這群新的讀者指的就是當時不附屬於任何出版機構下的大學生。為了讓讀者對出版社有深刻的印象，阿爾多斯首先決定出版社的社徽，標誌為海豚與錨的組合，海豚代表出版速度的快速，錨則表示內容的正確。

接下來他便開始著手發行小型本。以往的大型書不但搬運不便，價錢又太貴，但如果製成小型書，不僅攜帶方便，售價上也便宜不少。只是，這時卻面臨到一個問題：在大型書閱讀無礙的哥德體，縮小後卻不便閱讀。有鑑於此，阿爾多斯發明了今日我們稱為斜體(Italic)的字體，用於小型書的印刷，解決了閱讀上的困難。以這個方式最先出版的書籍是味吉爾的著作，由於輕巧且價格只有從來書籍的八分之一，馬上成為學生之間的暢銷書。

小型版的書與現代的口袋書不同，書皮由硬紙板做成，軟紙封面反而比較貴。這是因為不少藏書家喜歡光欣賞封面，多有依照自己喜好訂做封面，統一藏書的風格的習慣。出版社當然了解這些人的習性，甚至還販賣沒有分頁的書籍，以方便工匠使用皮或是豪華的布料，有時甚至是銀製的浮雕封面，裝飾後再成冊裁切。只不過，這麼一來，對那些不想在封面上花大錢，寧可拿同樣的錢去買其他書的人卻造成了困擾。因為當時所採用的軟紙封面非常軟，根本無法達到保護圖書的目的，買書的人即使想用平凡的牛皮紙作封面，還得自己另外找人裝訂。個人委託，費用當然也高，阿爾多斯出版社於是將廉價版本的封面改為硬紙，省去了讀者的困擾。

阿爾多斯將小型版書籍結合斜體字與硬紙封面後，向威尼斯政府提出申請，並且取得專利權，但還是馬上遭其他出版社模仿。不過，這對於擴大讀者層的貢獻卻是無以計數。

阿爾多斯卓越的商業手法還不僅止於此。令人佩服的是，他的企劃還包括了出版全集——

一項堪稱前所未聞的創意。一四八〇年，阿爾多斯已經出版了亞里斯多德全集，然後是賀拉斯（Horace，編按：羅馬帝國時期的抒情詩人）、索佛克里斯（Sophocles，編按：古希臘三大悲劇詩人之一），以及尤里皮底斯（Euripides，編按：古希臘三大悲劇詩人之一）的全集相繼問世。文法書就不用提了，阿爾多斯甚至出版了拉丁文的對譯本，廣泛受到知識份子的好評。當然，他也沒忘記但丁、佩脫拉克。除了該閱讀的書幾乎全收齊之外，還進一步提供讀者出版目錄，上面除了自家出版社的書目，還收錄了其他出版社所出版過同一作者的其他作品。

如果有某家出版社出版的書籍有如正字標記，而且又有暢銷的保證，對於寫書的人來說，大概很難不感興趣的吧。伊拉斯謨斯（Erasmus，編按：《新約》希臘文本編訂者，為西歐的基督教人文學者）就在一五〇七年與阿爾多斯出版社接洽。他在七年前曾經在巴黎出版過《格言集》，該書經由阿爾多斯出版社在翌年一五〇八年再版後，結果非常暢銷，截至十六世紀末已是再版達一百三十二版的暢銷書。

在伊拉斯謨斯也曾參與校正的阿爾多斯出版社的大門，貼了一張招募工作人員的海報。這張徵才海報以卓越的拉丁文書寫，對當時亦貴為一流知識份子的阿爾多斯而言，或許就相當於對員工的入社考試吧。海報上寫著：

> 不管您是誰，阿爾多斯期待您簡短說明來意並速速歸去。但歡迎您如海克力士伸出援手幫助疲憊的阿特拉斯般給予我們幫助。在這裡有許多工作適合這樣的您。

一五一五年，阿爾多斯逝世時，裝飾周圍的不是鮮花，而是生前經手過的書籍。在阿爾多斯奠定的基礎下，威尼斯出版王國的聲譽在此之後又維持了將近百年。

威尼斯在當時各產業締造了耀眼成績，現代人當然好奇，當代究竟是如何處理勞資問題的呢？這個問題，也許得從威尼斯是否真有近代資本主義社會的勞方與資方開始談起。

不僅是十六世紀，威尼斯自古就是由一群以資本的有效運用為最高宗旨的男子們統治，從這個角度來看，威尼斯應該算是資本主義型的社會。舉凡政治、外交、軍事，無一不是為此目的服務。然而，若問到資本家是否插手經營事業，是否有明確的勞資關係時，答案便很難一概而論，因為各業界間存在著極大差異。若再問到中世紀典型的基爾特（guild，編按：一種協會組織，類似今日的公／工會）是否居於主宰地位時，答案同樣不是簡單的是或否能夠作答的，尤其其中還摻雜了威尼斯特有的國情。唯一可以肯定的是，自從威尼斯有產階級在十六世紀將經濟重心轉到工業後，政府的確是給予正面的獎勵，但相較於法律支持商業層面的資本主義化發展，工業層面的資本化還是普遍受到限制。原因？也許是威尼斯政府認為，引進他國優秀技術人員所獲得的技術移轉，乃國家經濟多元化不可欠缺的要素，因而對保護、栽培技術人員特別用心的緣故吧。

絲織品工業便是最好的例子。威尼斯法律規定，想要擁有絲織品除了要擁有足夠的資金之外，還必須是會操作紡織機的人。這項規定也使得紡織品產業的從業者被二分為：提供原料訂購織品的商人與實際在職場工作的紡織工人。

但試圖向近代資本主義轉型的聲音不是沒有，訂購的商人便向工人以每個月保證支付多少的方式來控制產量，不過馬上就被絲織品行會向政府提起申訴。理由是，如果工人變成了純粹支領薪水的勞工，不但優秀的紡織人材將不願再從其他國家來到威尼斯，原本已經在威尼斯定居的紡織工人也會喪失工作意願，進而導致威尼斯的絲織品工業衰退。結果工人勝訴，紡織品行會決定今後薪資的多寡由總產量決定。

第二項嘗試則是由工人發起。紡織工人中，有些人利用手頭富裕後多餘的錢投資購買紡織機，有些人甚至擁有三十架紡織機。若藉此僱用其他工人，當然可以增加產量，進而降低工資。於是，這些原本為工人出身的企業家，便向下單訂購的商人提出更廉價的方案，將原本一布拉裘的絲織品三十～三十二索爾都的工資，降至十六～二十索爾都。商人當然樂於接受這樣的提議，但是卻遭其他工人向政府提出控訴。威尼斯原本就有法律規定織布工人個人最多只能擁有六架織布機，但由於該法律是在紡織工業蓬勃發展之前便已制定，大部份的人因此都給忘了。不過，法律就是法律。在威尼斯，只要認定沒有修法的必要，法律的效力通常不容質疑。元老院在重新確認了法律之後，商人們的第二次嘗試還是失敗了。

威尼斯絲織品工業的紡織工人，拜此之賜，人數不斷增加，從一四九三年的五百人，到一五五四年超過一千兩百人，人數並且持續成長，與義大利其他地區衰退的現象明顯呈對比。

然而，急遽增加的工人人數，卻也使得商人無法保證相對的需求量，法律因此改為由工人自行承擔工作來源，但是仍然規定個人不能擁有兩部以上的紡織機。

毛織品工業則要比絲織品工業來得更資本化。這可能與毛織品從生毛到成品的過程比較複雜，同時也需要更多的工人有關。行會的成員是由持有資本的商人組成，工人們獨立組成的行會則要等到一五三九年才成立；製造毛線為家庭手工，工人以女性為主，這些人都是沒有組織的工人。除此之外，毛線完工之後，含染色在內的五個分工，也都各有獨立的組織，工作的場所也各不相同，除了染色工人接受其他訂購者的工作以外，其餘都只向同一個資本家負責，也就是只接同一個資本家的工作。

有鑑於此，商人控制產量遠比絲織品工業容易。只不過，罷工也因此變得難以避免；一五五六年便曾經發生過剪毛工人的罷工工潮。

剪毛工人早在兩年前便向政府相關委員會提出加薪的訴求，檯面上的理由是包括產業的必要材料在內，所有物價均迭迭上漲，其實卻是工人們對於商人遲發工資，但卻要求更多的產量所產生的反感。然而，對於工人們提出的訴求，委員會竟官僚式地互踢皮球，遲遲未予答覆，等不及的工人只好以罷工闡明訴求。

這次的罷工究竟是由誰領導，最後雖沒有留下姓名。不過，我個人倒是對於這次罷工的時機、流程的安排，以及其中所展現的一絲不苟的團結，深感佩服。

罷工發生的時期是威尼斯毛織品增產再增產，與敘利亞達成大筆生意往來，威尼斯港外停泊著的許多船隻，只等成品一完成便運出海外。由於織好的毛織品必須再經過剪毛的程序才算正式完成，但是商人們此時卻拿著未成品無計可施。因為，就算將只差最後一個關卡便可完成的產品拿給剪毛工人，但工人們的回答不是必須視其他同伴的反應，就是趁機要求加薪，有的乾脆回答工作太多，沒有時間做。情況令經營者不得不擔心這場罷工是否會影響到其他業種的工人。

無可奈何之餘，負責經營的商人們以罷工將導致威尼斯毛織品工業瓦解為由，向政府提出申訴。從該案是交由負責國家重要事項的「十人委員會」，而非「通商五人委員會」處理來看，威尼斯政府似乎對商人的申訴頗有同感。

「十人委員會」命令罷工工人全部回到工作崗位，但沒有絲毫效果。由於工人們並沒有以破壞機器，或是銷毀在港口等待的商船作為訴求手段，政府也無法以法律強制工人回到工作崗位。就在僵持不下時，商人們為了不再蒙受更多損失，向「十人委員會」提出了從其他國家徵聘工人的許可。不過就在「十人委員會」審理這個申請的同時，勞資雙方已經達成和解。「十人委員會」讓兩邊各退一步，工人們必須接受更多的加工數量，但商人們也必須提高工資額度，並同意在日後調整工資時，由勞資雙方各選出四名代表組成八人委員會，由委員會作出最後決議——這不就是勞工參與營運嗎！

經濟學者主張中世紀的基爾特，即工商業者協會，有三項理由阻礙了近代工業的發展：對新技術的引進保守、限制公（工）會人數，以及不遵從供需法則。然而，這些指責卻不適用於十六世紀的威尼斯行會。

首先，威尼斯政府對於引進新技術以促使生產合理化，態度上十分積極。自一四七四年起，便有針對新構思給予十年專利的法律制定，專利制度的確立也是出自威尼斯。十六世紀曾經發生過一件小插曲：某個製造羅紗的工廠想要購買能使毛料更輕盈的刷毛機器，但工人們擔心會因此喪失工作機會，因此向政府提出反對購買機器的訴求。政府的判決是准許買機器，但必須註明是機器生產的產品還是手工製品，以示區別。由這件事我們得知，在威尼斯，無論是政府或行會都沒有反對產業合理化；另一個蠟燭工廠的例子更是率先由行會自行發起產業合理化。不過，在此我必須強調一點，威尼斯產業合理化的重點在於改良商品的品質，而非大量生產。

的確，十六世紀不論東西方，需求量都有大幅成長，只是這跟日後大眾化時代的規模畢竟不同。威尼斯各項產業之所以能在十六世紀的競爭中拔得頭籌，主要是以品質取勝。而工人們的素質，便是十六世紀想在品質上取勝的關鍵。幸運的是，當時威尼斯擁有大量具自信及長才的技術人員。

第二項指責「限制公（工）會人數」，那就更不符合事實了。威尼斯上下從政府到行會，不但不曾給予過限制，反而致力於增加會員人數。只是這倒不是因為威尼斯政府對於保護工人有著過人的熱情，也非組成行會的工人對同業的心胸寬大，而是增加行會的成員或行會數量對每個人其實都有利。

對威尼斯政府而言，保持海軍主力軍用槳帆船的划槳手人數，向來是不變的課題。然而由於各區經濟狀況不同，過去透過分區徵兵維持划槳手人數的制度，此時開始無以為繼。原制度是要求每個區域提供一定人數，在經濟比較富饒的地區，倒還可以花錢調度到大量的人，但貧窮地區卻不僅可能在自己的土地上調不到人，更可能面臨連僅存的人都被其他地區以金錢拉走的窘境。有鑑於此，政府解除了這項制度，改以行會經濟力制定配額，取代過去的分區徵兵制度。當時威尼斯共和國裡的成年男子幾乎都隸屬於某個行會，所以制度還算公平。不隸屬於行會，或是隸屬行會但有意願服役者，也可以透過有別於行會的一種慈善團體——六個大會堂(*Scuola*)。

換言之，站在威尼斯政府的立場，向各行會招募水手的分配制度，效果其實等同當時尚未普及的直接稅徵收制度。威尼斯政府對於行會的設立，以及行會成員的增加大開方便之門，真正的理由也在此。而對於行會來說，同樣的理由也讓他們體認到限制人員有百害而無一利，威尼斯的基爾特也因此全無任何封閉的傾向。

至於第三項不遵從供需法則的指責，則是毫無說明的必要。因為如果不遵循供需準則，又如何能在將近百年之間維持一年近百分之十的成長率呢?!

總而言之，威尼斯的行會對於安定中產階級與穩定國內情勢，有著非常大的貢獻。這跟佛羅倫斯共和國持續拒絕毛織品工人組成行會，從而造成政情屢屢不安的情勢，形成了強烈對比。縱使有所失，不過只要滿足人民自治的需求，社會的演進就不致太激烈。上冊第五章〈政治的技術〉中便曾經提到，威尼斯的中產階級雖然被排除在國政之外，但在行會組織內卻是自己當家。行會會長選舉制度與共和國元首的選舉方法如出一轍，擔任國政的貴族雖然可以參加行會，但卻禁止出任行會的主管，類似政治鬥爭的例子也因此從來不曾在威尼斯的行會中發生過。

義大利文有 *peccato mortale* 一字，意思是非常重大的罪，例如犯了之後，死後就得下地獄之類。有時也被用為千萬做不得，或是實在無法違反本性做的意思。

在這裡，我不斷思考的是，就威尼斯人而言，資本的非有效運用，是否就是他們的 *peccato mortale*？因為就如二十世紀中世紀經濟史學者耶魯大學的羅培茲教授所言，威尼斯乃是一個以私人企業精神「經營」國政的民族。

十三、十四、十五世紀的威尼斯人，之所以將活動重心放在海外，經濟上仰賴貿易，是因為威尼斯人認為這是資本運用最有效的方式。同理，十六世紀振興國內產業，經濟多元化，同樣也是這種做法符合了他們心中對於資金有效運用的期許。追求更多的利潤，乃是商業的原理，輕率斷言十六世紀的威尼斯人墮落了海洋民族精神，未免就像滿腦子浪漫懷想的少女被心儀的男性拋棄後的抱怨了！

當然，出海的男人們的確很帥，連海盜看來都很酷，只是從前的威尼斯人卻不見得是因為熱愛海洋而出海，而是出海在當時比較有利罷了。

比起他們的祖先，十六世紀的威尼斯人屬於海洋民族的成份可能式微了，但這和威尼斯共和國的衰退卻沒有直接關係。因為由他們已從這個世紀初猶如嬰兒被強迫斷奶般的無助站了起來，我們知道此時的威尼斯人仍然保有充份的進取精神。真正使威尼斯共和國衰退的是——威尼斯必須以一介都市國家的立場，去面對君主專制大國的抬頭。

曾經因為領導文藝復興，而活躍一時的都市國家威尼斯，就這樣在時代的劇變中，慢慢走下歷史舞臺。然而，相較之下，佛羅倫斯共和國——這個亡於一五三〇年，曾與威尼斯不相上下的國家，卻是連十六世紀的模樣都未見到。阿馬爾菲、比薩、熱那亞和威尼斯這四個海洋都市國家中，威尼斯共和國成了唯一的存活者，也是義大利都市國家中支撐到最後的一個。

第十一章

夾處兩大帝國之間

「所謂強國，為有能力以其所好控制戰爭或和平的國家。
而我威尼斯共和國，恐怕必須面對已經喪失主控能力的事實。」

所謂強國，為有能力以其所好控制戰爭或和平的國家。而我威尼斯共和國，恐怕必須面對已經喪失主控能力的事實。

十六世紀威尼斯的外交官法蘭契斯科．索朗佐在歸國後的報告中這麼說。儘管威尼斯在經濟層面運用既有的商業才能及組織化的營運方式，成功渡過大航海時代的挑戰，但在政治與軍事方面，卻是陷入不得不承認時代脈動已與國家背道而馳的窘境。時代變了！

容我斷言，從專擅中世紀文藝復興時代的都市國家不以土地所有權為基礎，而是以買賣作為促進國家繁榮的武器觀之，稱這個時代為重質勝於重量的時代並不為過。當時都市國家的個人生產量相當高，以威尼斯來說，以其十～二十萬人口，國民年收入卻相當於人口一千六百萬的土耳其，甚至法國及英國國王都還有過如果不透過佛羅倫斯的銀行融資，便無法發動戰爭的狀況。只是，這些都是中世紀文藝復興時代的土耳其、西班牙、法國還不懂得運用他們既有優勢時的事情。

因此，當這些國家覺醒並覺悟如何使用國力時，情形便大不相同了。這些君主專制的國家一遇有才幹的君王，發展便彷彿大躍進。十六世紀之所以成為近代國家發展的開端，多少也與這些君主專制國家在這個時代出現了許多前所未有的賢君有關。

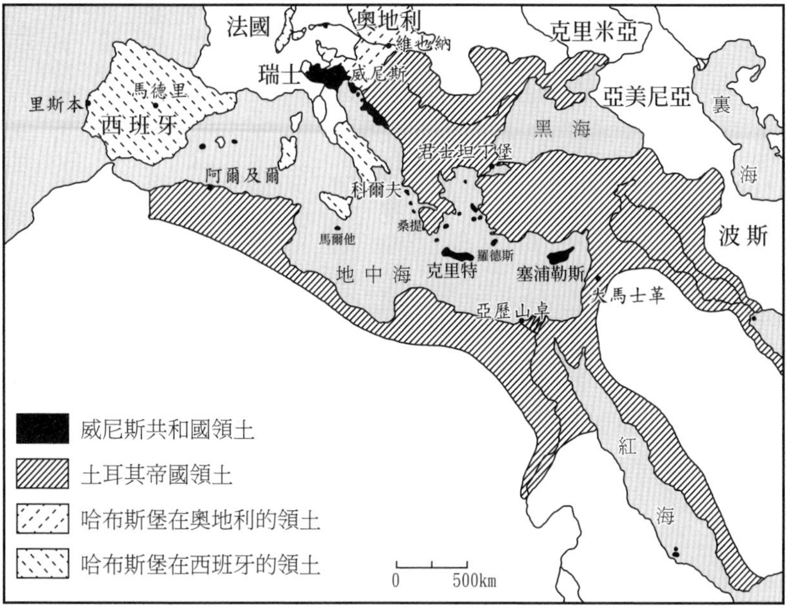

十六世紀時的歐洲

一五一六年——哈布斯堡家族的卡爾洛斯 (Carlos I) 即位為西班牙國王。

一五二〇年——卡爾洛斯加冕為神聖羅馬帝國皇帝，登上基督教世界凡界最高地位，統治日耳曼、西班牙、尼德蘭，以及義大利的那不勒斯、西西里、米蘭，另外還有東洋和新大陸的領土，可謂前所未有的國際性君王。

一五六六年至一五九八年，其子菲利浦二世的統治將西班牙帝國帶到極盛時期。

同一時期，在東方，土耳其自一五一七年占領麥加之後，順理成章成為伊斯蘭世界的精神領袖，在紅底白色彎月星的土耳其國旗之外，新增了綠底彎月星的伊斯蘭教旗使用權。一五二〇年至一五六六年的蘇里曼大帝統治下的土耳其，領土西起摩洛哥，東至波斯灣西岸，北自克里米亞（Crimea）一直南下擴展到維也納的城牆邊。

法國此時雖不像前述兩個國家有英明的君主領導，但由於原本就朝中央集權不斷發展，國家實力雄厚，全國土地又都可耕作，是西歐唯一在非常事態下時，還能維持相當程度自給自足的國家。就以人口來說，擁有一千六百萬人口的法國也傲視全歐洲；卡爾洛斯五世時，日耳曼跟西班牙合起來的總人口不過法國一國的人口。因此儘管內亂不斷，仍是當時西歐唯一能與日不落帝國西班牙相抗衡的國家。

這些國家何以能透過君主專制極權茁壯為龐大帝國？要了解這個問題，就必須先摘下二十世紀人們自法國革命以來認定君主專制不好的有色眼鏡。沒錯，君主專制是有許多弊端，但無可否認的，它同樣也具備了不少優點，甚至在特定年代，專制集權可以說是最有效率的政治體制。

首先，由一個人做所有決定，不用耗費太多時間。實行階段也只要命令系統組織得當，便可輕易將命令傳達末端，甚至還有共和體制所欠缺的權威性。另外，除了君王以外全都分工，故不需太多政治的全方位人才，也是當時新興國家無法漠視的。

採行共和體制的都市國家之所以在邁入十六世紀後陸續凋零，除了是無力與周邊規模不斷擴大的國家抗衡之外，統治能力比不上新興君主專制國家也是原因之一。統治能力衰退會造成國家資源浪費，而資源的浪費又導向國家衰退。原本就不以土地為基礎的都市國家，根本欠缺浪費資源的條件，一旦開始衰退，便如骨牌效應，不僅無力阻止，甚至連減緩衰退速度的能耐都沒有。

佛羅倫斯共和國便是個典型例證。文藝復興重鎮的佛羅倫斯在合議制裡碰壁，緊接著梅迪奇家族僭位，之後經歷了一連串的試行錯誤，終於在一五三〇年，宛如夜空曇花一現煙花般，共和體制瓦解，一個奉梅迪奇家族為君的君主專制國家成立，佛羅倫斯也從此成為領土型國家托斯卡那大公國。原先的都市國家，此時成了小領土型國家的一介首都。在時代的巨流下，若說威尼斯也在此時成為奧地利哈布斯堡王朝的外港，時人想必不會太過驚訝，不過，事實顯然並非如此。

根據蘭克（Leopold von Ranke，編按：十九世紀德國歷史學家）的說法，十六世紀的威尼斯政體，得到了跟十八世紀英國政體同等的讚賞。從十八世紀的大英帝國是以有效運作的政體受到他國的讚賞與注目來看，十六世紀威尼斯共和國的體制，應該也是基於相同的理由而獲得他國的肯定。然而，十六世紀的威尼斯與十八世紀的英國不同的是，前者政體所獲得的好評，不過是他們在亟思對抗對手國——在賢君及富效率政體下開始抬頭的大君主國時，咬牙苦撐出來的結果。

和尋求他國保護的熱那亞共和國，或是轉型為君主帝國的佛羅倫斯共和國不同，威尼斯共和國從未想過變更共和政體。不過，並不是他們對共和體制存有意識型態上的信仰，而是他們相信這最符合他們國家的體質。當然，要持續保持共和政體，就必須面對國力較為衰弱的事實。因此，至少在效率上，威尼斯人必須要找出能和對手——在英明君主的領導下，急速發展的大君主國——抗衡的對策才行。

容我在此再次引用前述第五章〈政治的技術〉，馬基維利《政略論》中的部份章節。

> 共和國的行政速度其實是緩慢的。不論立法或行政，皆無法由一人單獨決定，一般皆由數人商討，因此光是彙整眾人意見便極為曠日廢時，此等慢工出細活的裁決方法，在十萬火急時便非常危險，為了因應這種情形，共和國必須預先設置（類似古羅馬帝國的）臨時獨裁執政官制度。
>
> 威尼斯共和國是近年來一個強大的共和國，在緊急時，不經過國會或元老院的一般討論，僅經少數獲得授權的成員討論便可決定政策。一個共和國若無法體察此一制度之必要，只想著保持歷來的政體，則國家可能走上亡途；若不想亡國，便勢必得面對破壞政體的難題。

上文道盡了十六世紀共和國迫在眉睫的所有課題。文章最後提到馬基維利預言其祖國佛羅倫斯將會走上滅亡之途；結果也果不其然在他死後三年應驗。相形之下，未改變國家政體也沒滅亡的威尼斯，到底是如何處理這個課題的呢？

正如前述〈政治的技術〉一章中曾經提到，威尼斯共和國早在都市國家全盛時期，便已針對如何在採用共和體制的同時又能維持統治力，進行過首次改革（即元首格拉狄尼哥在十三到十四世紀之間逐步進行的施政）。在該方案中，威尼斯確立了日後擔任政治工作的階級，這些人被稱為貴族。但是，正如馬基維利所述，威尼斯的貴族指的不是土地所有者，也沒有懲處手下的權力，甚至與平民之間也沒有明確的資產分別，貴族，不過是國家政務官員的代名詞而已。但是，這項改革對於確立威尼斯國內專業的統治階級，即政治專家，卻大有功勞。這些人就是相當於總人口百分之一的二十歲以上的男性貴族，由於是世襲階級，對於政策在中世紀、文藝復興時代執行的一貫性也有幫助。

一三八一年是注入新血最多的時期。在那場威尼斯舉國投入與熱那亞的最後決戰落幕後，許多建立戰功者獲得晉升為貴族，取得共和國國會席位。但是從那之後，除了極少數功勳顯赫者獲准加入國會外，就再也沒有新血加入。就以在十五世紀初本土擴張期中，成為威尼斯領土的維洛納或帕多瓦等地為例，當地有力人士雖然對自己的城市享有自治權，但其中能夠取得共和國國會議員席次的，卻寥寥可數。

不過，威尼斯的共和體制在此狀態下仍完好運作了兩百年，大概是不到兩百名三十歲以上選自共和國國會的元老院議員，巧妙填補了一千五百人到兩千人的共和國國會決議效率不彰的缺失吧。在十五世紀前，元老院擁有的權限相當大，幾乎所有重大事項都是在元老院討論、決議（十人委員會在這個世紀還只是個偏重諜報行動與重大犯罪調查的機構；總理府與內閣則是提出議案）。只是，這個方法在進入十六世紀後，也愈來愈稱不上效率。相較於專制國家的賢能君主，能夠在聽完大臣意見後當機立斷，火速向下傳達命令，像威尼斯這種透過兩百人決議的共和政體，畢竟有欠效率。握有決定權及知情的人愈少，便愈能保守祕密，在講求機密及敏銳性的十六世紀，威尼斯正面臨著如同馬基維利所說的：若要保持某政體，便須有甘冒違反該政體的精神的「勇氣」。而這也是威尼斯將能力發揮至極限的一條路。

威尼斯此時並沒有大肆改革、強行做出可能刺激世局或其他國家監視目光的舉動。他們所做的是在維持統治能力的大前提下，將過去已有的機構重新編制：

元首	一人
元首輔佐官	六人
六人委員會	六人
十人委員會委員長	三人
共計十六人	

六人委員會是一四〇〇年新設的機構，為內閣各機構中最重要的編制，相當於今日的內政、外交，以及財政各部會的首長。除了元首是終身職之外，元首輔佐官的任期是八個月（在此之前是一年，十六世紀之後縮短為八個月），六人委員會的任期為六個月，十人委員會委員

長則是每三個月交接一次。由這十六人構成的權力中心稱為內緣，相對於內緣，還有外緣組織：

十人委員會委員	七人
內陸部	五人
四十人委員會的委員長	三人
國家監察官	三人
共計	十八人

以上官員的任期皆為一年。內陸部負責本土管轄。為了制衡元老院而設立的四十人委員會，由來已久，主管司法與財政。譯為國家監察官的官員則是在各委員會開會時均會派一名出席，負責監督該委員會是否有權限過於擴張的情形，這同時也是力阻權力集中於個人、單一委員會的威尼斯人所想出來的獨特官職，任期一年，由共和國國會選出。

內緣以及外緣合計三十四人，如果再加上軍隊的最高司令官，以及重要談判時派到國外的特使，總計約四十人，這些人共同構成了十六世紀後威尼斯共和國的實際政府組織。也就是說，這項制度將決策人選由兩百人的元老院精簡為四十人。不過，由於其中的權力集中非常巧妙，元老院每次開會時仍有一堆議案等待討論或決定，工作量並沒有減少，外國前來刺探威尼斯虛實的間諜也因此有好長一段時間，仍將精力花在調查元老院討論的議案上。

讀到這裡，還記得第五章〈政治的技術〉的讀者一定會感到疑惑：官職任期各有六個月至一年，且又得經過與任期等長的停職期才能再選的不是嗎？

沒錯，而且威尼斯政府此時並未觸及這項支撐共和體制根本的制度。以六個月或一年就交接一次的做法，要如何維持政策的一貫性，甚至是達到此次祕密改革的目的——快速決議並堅守祕密呢？這一點，共和國內部倒是配合得非常好。

威尼斯共和國法律規定，除了元老院議員之外，所有官職均不得連任，必須停職一段期間才能有資格再選。不過，法律卻沒有規定任期結束後不能馬上出任其他職務。諸如擔任元首輔佐官八個月後，馬上被遴選為六人委員會的委員，並且在該任期結束後，再度當選為十人委員會委員長的例子，可以說一點都不稀奇。因為就像玩大風吹一樣，同一個委員會的委員不可能全體同時結束任期，雖然有依各職位的任期長短，從內緣脫離個一、兩個月的情形，但連外緣都構不上的例子，可不常見。這也使得威尼斯政府得以藉由幾乎是同一批面孔的運作，免去內閣危機的發生，既防止了權力集中於個人，而少數熟知政治者的運作，又可確立一個兼具效率與保守祕密的機構。

曾經著作關於威尼斯政體書籍的雅斯培．孔塔里尼，其個人的經歷便適足說明隸屬於這個四十人集團的方法。

一四八三年，雅斯培出生於曾經出過元首的孔塔里尼家族，據說三十歲以前，他主要是鑽研學問或協助經商，心理層面屬於路德派。但在那之後，不同於他的兩位摯友進修道院修道，雅斯培選擇了將一生奉獻給祖國政治，維持單身。涉足政界並非源於政治野心。

三十六歲，擔任幾個不太重要的官職之後，他獲選為波河灌溉事業的負責人，因成績優異獲得認可，翌年獲派出任神聖羅馬帝國的特使，隨侍在甫即位的年輕皇帝卡爾洛斯身邊。這趟沃姆斯(Worms)之行，因成功獲得皇帝信賴，回國後旋即當選內陸部委員，進入外緣組織。在他再度成功完成外交工作從羅馬返國時，緊接著是六人委員會的委員席次在等著他，正式晉升到所謂內緣組織。之後大約十年的期間，雅斯培的經歷正如大風吹的典型，從十人委員會委員長的職位卸任後，又獲選為元首輔佐官等，多半隸屬內緣組織，即使不在內緣時，亦未脫離外緣。但是，就在這麼一帆風順，只要繼續晉升到海軍總司令、陸軍參謀，便幾乎篤定當選元首時，官路卻突然中斷。

原因是受到教廷的召喚。外界原就認為皇帝對其信賴有加，加上他又是單身，因此雀屏中選，被任命為樞機主教。雅斯培只得脫離威尼斯共和國核心——不同於任用黎胥留(Armand Jean du Plessis de Richelieu)為宰相的法國，或是經常僱用高階神職人員為政治顧問的西班牙，在威尼斯，教廷相關人士向來嚴禁兼任政府官職，當時隸屬內緣的官員之一便曾經感嘆此為威尼斯的損失。

不過，孔塔里尼樞機主教對祖國的奉獻，在這之後依舊以其他型態持續。受到教皇託付與路德派折衝的孔塔里尼樞機主教，由於在軟化路德派與天主教教會的對立上功績卓越，或多或少也安撫了反動宗教改革派因狂熱信仰所心生的對威尼斯的憎恨。這對為了生計必須與穆斯林共存，卻因此遭受宗教改革派及反動宗教改革派指責的威尼斯而言，應該是彌足珍貴的。

這四十位國家大權在握的男性，除了元首及十人委員會的三名委員長之外，其他人的裝扮與一般人並無二致。元首因為象徵威尼斯的富貴與權威，正式場合必須身著華麗服裝；三位委員長則是身為重大裁判的負責人，為了方便人民在市街請願申訴時醒目起見，所以按照規定必須穿著紅色長袍。至於其他委員，則一律身穿黑色長袍。這類黑色長袍不僅貴族，連商人、律師、醫師也非常慣於穿著，外觀上幾乎沒有差異。正如第七章〈威尼斯的女性〉中曾經提到的，不同於其他同時代的國家，威尼斯的服裝是權力愈高者愈樸素，而且除了元首有治裝費之外，其他都是無給職的。

不過，別以為十六世紀的威尼斯共和國為了對抗有效率的君主國，便將所有重要事項都交由這個三十四～四十個人的機構處理。正如威尼斯人極度厭惡將權力集中個人，他們也幾近神經質地預防將權力集中在同一機構可能帶來的危機。因此，針對這個不到四十人的實際政府機關，威尼斯人又設置了另一個也是成員不到四十人，其中包含了十人委員會的組織。

在威尼斯共和國超過一千年的歷史當中，曾經發生過兩次反政府陰謀，十人委員會就是在其中一次的奎里尼、提也波羅之亂平定後設立的機構，時間是一三一〇年。這個原先是為了防止國家陰謀，收集各種情報以及裁處重大訴訟的機關，由於威尼斯在元首法利耶的陰謀叛亂之後，便不曾發生類似的重大案件，使得它的存在性一時之間受到質疑。不過，一旦設立的機關豈能輕言廢除，尤其十人委員會收集情報的能力與績效，在往後提供決策過程的參考資料上愈來愈不可缺，重要性就如同CIA的長官在美利堅合眾國政府做重要決策時必定列席一般。

原本十人委員會就是名為「十人委員會」，委員的人數卻不只十位的組織，因為成員還包括了元首、六名元首輔佐官，以及一位國家監察官，共計十八名。國家監察官雖然有權出席，但是並不具有投票權，不過，就其具有發言權這一點來看，應該算是成員之一。

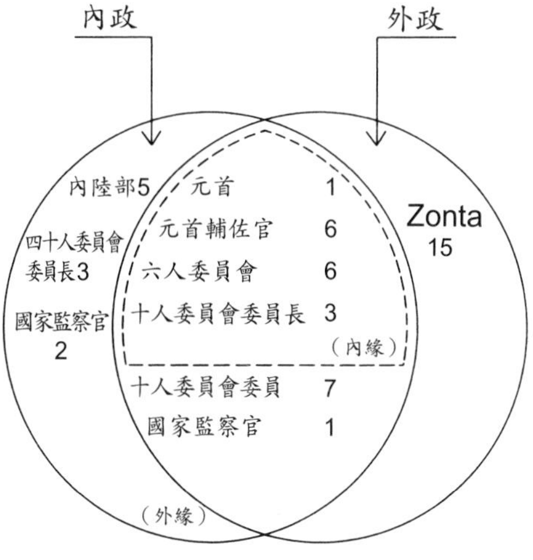

威尼斯的政治結構

不僅如此，遇到極重大議案時，還規定必須另外加入*Zonta*共同做最後決議。我不知道如何翻譯威尼斯語*Zonta*這個字，總之就是從元老院議員中特別選出十五到二十位具有大使、特使，或擔任軍隊司令官經驗的人員，這是為了維持公平公正，避免將決定權交由少數十八人決定而衍生的制度。在討論到外交事項時，六人委員會的委員有義務出席，前述*Zonta*的成員之所以有時十五名，有時二十名，也就是加入了六人委員會之前與之後的人數差距。十人委員會以及*Zonta*都是經常出現在十六世紀的公文，合計總人數約四十人，都是三十歲以上的男性。

也就是說，相對於前述內緣與外緣大約四十人實際處理國家內政，十人委員會與*Zonta*加起來同樣不足四十人的組織，擔任的則是外交工作。但是，就像內政、外交的最高層指導向來無法分割，這兩個團體的構成成員其實也多有重疊。

元首、六名元首輔佐官、十人委員會的十人委員經常同時隸屬內外緣兩個核心，六人委員會也經常列席。換句話說，晉升內緣，其實等於參與了不分內外政的國家最高機密（內外緣的分立，主要也是緊急決策多半只交由內緣決定而來）。換言之，威尼斯共和國的政府核心，是由相互各占三分之二比重重疊的兩個機關所構成。

十人委員會，其實就像十六世紀威尼斯政體的首腦。威尼斯貴族身兼元老會議員的馬可·德納特當時便曾留下「我從未擔任過十人委員會委員，因此不敢妄言曾觸及我國核心」的記載。

我們可由下面幾個例子看出十人委員會與*Zonta*在十六世紀時，如何在外交方面展現其機動性。

例一：

一五二五年，帕維亞攻防戰最激烈時，神聖羅馬帝國皇帝，同時也是西班牙國王的卡爾洛斯五世，率領著日耳曼、西班牙聯軍攻打教皇領土帕維亞。歷史學家奎恰迪尼以羅馬納總督的身份指揮前鋒防衛，奮戰制敵。歐洲各國對於卡爾洛斯五世的氣焰不斷高張無不憂心忡忡，當然，威尼斯亦不樂見皇帝的權力過於擴張。

當時的教皇是梅迪奇家族出身的克萊門特七世，周遭人士也以佛羅倫斯人居多。某日，教皇身邊紅人雅各波・薩爾維亞堤喚來威尼斯駐羅馬大使，詢問威尼斯是否可能不透過元老院，直接與教皇締結對抗皇帝的同盟。大使聞之，火速派遣特使回國，威尼斯政府「內緣」立刻予以答覆，短短的文書中僅寫著「可」。

在事不宜遲的情況下，威尼斯的十人委員會以及 *Zonta* 已開始動作。三月三日帕維亞之戰結束後，威尼斯特使祕密出使法國，向被稱為「柯內克 (Cognac) 聯盟」的對抗西班牙、日耳曼的同盟跨出締結的第一步。三月八日，肩負同樣任務的特使又祕密轉向英國。翌日，威尼斯駐米蘭大使收到打探米蘭公爵加盟意願的命令；同一時間，派駐相關國家的威尼斯大使也收到了相同的命令。

四月，在公開承認米蘭為米蘭公爵斯福爾札 (Francesco II Sforza) 所有的條件下，談判正式進行。祕密談判分別在五、六月於米蘭、法國、君士坦丁堡進行；君士坦丁堡之所以也被列入，主要是由於土耳其的同盟國法國的主張。元老院直到七月才獲知整件事，換言之，在得知結果之前，元老院一直被蒙在鼓裡。

例二：

一四五〇年八月十八日，十人委員會以元首名義，向駐君士坦丁堡的威尼斯大使發出最高密令。就在兩年前，由所有基督教國家，包含西班牙在內所組成的聯合艦隊，在普勒維札(Preveza)大敗給土耳其，威尼斯因此決定獨自跟土耳其談和。

深信閣下早已收到元老院通知。若蘇丹願依元老院決議締結和平條約，吾等自是樂見其成，唯十人委員會、Zonta 仍決定附加下列條件。

若最高權威與權力所有者蘇丹於談判時，要求閣下讓出那布里亞(Nauplia)及馬爾瓦吉亞兩座城市，吾等賦予閣下放棄兩城市其中之一的權力。但若蘇丹要求割讓兩座城市，否則不願締結條約時，閣下將具有放棄兩城市的權力。

恢復和平了。但是是在最後的條件下達成協議，在沒有跟元老院及共和國國會進行任何商量的情況下，十人委員會毅然決然決定放棄海外兩個基地。

例三：

這也是和土耳其締結和約有關的例子。在西班牙等基督教國家的聯合艦隊於雷龐多戰勝之後，戰線一時之間似乎朝威尼斯樂見的方向發展，但卻不能說與土耳其和談的必要已經消弭。雷龐多一役勝利五個月後，一五七二年三月，威尼斯一方面以元首的名義向教皇徵求處決俘虜的許可，以打擊土耳其艦隊的士氣，另一方面也於六月起，開始打探與土耳其和談的可能性。

威尼斯打算透過法國駐君士坦丁堡大使進行這件事，對西班牙有強烈敵意的法國也正有此意。

不過，因雷龐多一役而氣勢大漲的關係，西班牙再組艦隊的動作十分積極，十人委員會因此決定短期內仍舊維持和戰的兩手策略。只是沒想到這個寄望竟在一五七二年九月十九日破滅，十人委員會與 *Zonta* 立即下令駐君士坦丁堡的威尼斯大使正式進行談判。大使被賦予致贈土耳其談判代表帕夏相當於五萬賽奇諾的禮品裁量權，必要時甚至可以提高塞浦勒斯的年貢金，以換取土耳其同意歸還塞浦勒斯。

然而，土耳其雖然在海戰中吃了敗仗，對威尼斯的處境卻知之甚詳，談判觸礁，塞浦勒斯落入土耳其人手中。威尼斯的十人委員會和 *Zonta* 內部開始出現將主權移交給元老院的聲音。由塞浦勒斯的軍事及通商的重要性來看，要威尼斯正式放棄，情形可不比當年放棄那布里亞與馬爾瓦吉亞那麼容易，不少人因此反對將這個重要決議交由不到四十人的組織決定。但在表決是否移交元老院審議時，卻只獲得兩票的贊成票。

十一月十九日，談判依舊毫無進展。同一天，十人委員會與 *Zonta* 下令駐君士坦丁堡大使不用再考慮歸還塞浦勒斯條件，決議前並再一次就是否應將本案移交元老院一案進行表決，但是贊成的票數依然不多，只有三票。

元老院一直到翌年一五七三年三月才得知此事。締結和約之後，塞浦勒斯正式成為土耳其領土，其間，造船廠連日的軍船下水典禮及招募新船員的動作，讓所有國家，包括威尼斯市民在內，都以為威尼斯打算繼續戰爭。

以上三例都是跟威尼斯直接有關的事件，但即使沒有直接關係，十人委員會還是經常在不通知元老院及共和國國會的情形下，自行處理。當時威尼斯共和國的情報蒐集能力凌駕各國，甚至就連與威尼斯無關的消息都會流進威尼斯，像是教廷收買伊莉莎白女王的女官就是一個例子，但十人委員會決定不讓元老院知道這個消息。像這類非公開性文件之所以不願公開，並非是擔心公開後會影響英國、羅馬與教廷的關係，而是考慮到在非常時期時，可以作為牽制教廷的工具。

任滿歸國的大使依規定要到元老院作例行報告。但在向元老院報告之前，大使所寫的草稿卻得先接受十人委員會檢查。因不適合公開而遭擱置，或是十一月初提出的報告全文直到次年三月才公開的情形，時有所聞。舉例來說，甫任滿歸國的駐法大使便曾在報告中提到關於反法國國王的批判勢力，當然，十人委員會封鎖了這個報告，一直到這個勢力團體逐漸掌握了法國主權，十人委員會才解禁向元老院公開。不用說，取得主權之後的批判勢力自然不會忘記威尼斯妥善的考量，而這對改善未來兩國的關係也頗多助益。

儘管元老院的權力看似經常遭受漠視，但其他國家司空見慣的奪權問題卻不曾在十人委員會與元老院之間發生。當然，這多少也與十人委員會與 *Zonta* 幾乎都是元老院議員出身，以及在一五八二年之前，威尼斯的政治家們相信保密才是有效運作政治的最好方法不無關係。雖然前面提到的馬可．德納特聲稱自己從未擔任過十人委員會委員，不敢妄言曾觸及威尼斯核心，但他也沒有因此主張過廢除十人委員會。

不管是負責內政的內緣與外緣，還是負責外交的十人委員會與 *Zonta*，就各有三分之二成員重疊來看，國家最高決策者大概共有六十人。縮減到這個數目，每個成員的能力當然直接影響到國家的行政績效。尤其，十六世紀的威尼斯，又是以成員輪流擔任各種職位來確保經驗與成員精簡並行，對於人選的任用當然也較以往更嚴格，像是防止成員集體腐敗的工作，就須格外雷厲風行地執行。

輪流制使得一個人可能長年位居權力核心。絕對的權力使人絕對腐敗，正視這個道理的威尼斯，以往便透過每個委員均須在短暫任期後，經歷一段停職期才能再選的制度，成功地將弊端降到最低。然而，以往的制度在面對與君主集權制度的效率對抗時，逐漸被迫扭曲，增加了拔擢人材時的困難。由於是否能選出合適的人材直接關係到共和制的前途，威尼斯因此有了專門監督貴族階級的貴族監察委員會，同時也建立了國家監察官制度。只不過，光靠監視畢竟不夠。

前述第五章中曾經論及威尼斯選舉元首的過程，在此稍微就其他議員及委員選舉的方法作說明。就像選元首一樣，威尼斯的選舉方式不是只選出候選人就好，而是必須從遴選擬定候選人名單的委員開始。或許是威尼斯人認為，公正的選舉，必須建立在有客觀提名候選人的基礎下，否則不足以稱之為公正吧。

威尼斯人選舉的第二項特色是，不只投贊成票，反對票也可以投，這點又和現代的投票方式不同。當選者必須獲得最多的贊成票，而且反對票的票數還不能超過贊成票，否則就算贊成票票數高居第一也不算當選。

既然連反對票都投，不用說，威尼斯的選舉當然不可能是以起立或舉手的方式表決，而絕對是以不記名投票嚴守投票的機密性。

下面就以共和國國會為例，來說明投票的程序。透過共和國國會選出的官員，除了元首之外，還有元老院議員、國家監察官、四十人委員會、元首輔佐官，以及海外殖民地的總督或基地地方官員、陸軍參謀、海軍總司令或參謀等其他職務。一年之間至少有二十次的選舉，多的時候更高達四十次。開會日期為每週日。

開會的前一天，亦即星期六，會在利亞托橋公告翌日將遴選的官職。

星期日，議員們抵達元首官邸內最寬敞的共和國國會議場。各自就座後，接著依序走向元首或是元首輔佐官所坐的議長席，把手伸進一個大箱子拿出圓球，如果球是金色，表示這個人成為推薦候選人的提名委員，如果拿出來的球是銀色，則表示喪失資格。金球上印有精巧的印記，無法由外面拿仿冒品進來作假。

取得金球者必須坐在議場席前面的位子，抓球的程序持續進行到席位上的人數坐滿三十六人為止。三十六位決定候選人名單的委員，依席次分成四組進入四個房間，隨即進行候選人的推舉工作。等到四位候選人名單出爐之後，便立刻開始選舉。

白球表示贊成，綠球表示反對。候選人一經唱名，超過一千人的議員便離開座位開始投票，只有投票者才知道放進的是白球或綠球，整個過程必須反覆持續到投完最後一名候選人。候選人名單不只四份，因為還要再加入元老院及權力中樞的提名，甚至如果是改選元老院半數以上議員時，投票的次數更是驚人。但是威尼斯投票秩序不僅井井有條，而且快速，讓前來參觀的外國遊客都驚嘆不已。

從共和國國會議員也擁有決定四個名額的權力我們看出，威尼斯共和體制認為所有貴族均享有平等權力。但事實上，關於最重要官職的人選，如元首輔佐官、總督，或是艦隊總司令官等，元老院或權力中樞所提名的候選人通常還是直接獲得通過。

選舉時嚴禁發言，無論是擬定候選人名單或是投票工作都必須在當天內完成，以杜絕候選人活動拉票。

威尼斯的選舉方式，不僅以贊成票數決定當選與否，反對票數也成為當選與否的依據，這種選舉方式經常產生有趣的結果。舉例來說，在一五〇〇年及一五〇九年元老院議員半數改選之際，元老院所提出來的候選人便面臨了因反對票數超過贊成票數，而幾乎全數落選的命運。一五〇〇年那一次是因為前一年與土耳其開戰，一五〇九年則是因為外交上的失策引發康布雷同盟戰，兩項錯誤的責任都被歸咎到政府及軍事領袖的身上。斷代史作者普利烏利及薩努德，都曾在著作中提及這項結果等同於政府瓦解。在威尼斯，幾乎所有政府官員都是選自元老院。雖然法律規定一個家族只能推出一名年在三十歲以上參選元老院議員，但這卻也是唯一得以連任的官職。當時取代過去元老院議員獲選的都是一些經驗尚淺，但家族中有人戰死，不然就是本身驍勇善戰者，投票當時想必是瀰漫著一股對內閣不信任的氣氛。

但是，從另一個角度來看，十六世紀威尼斯的共和政體不就正是憑著這股效率，與當時的專制君主國家對抗嗎！正如雅斯培．孔塔里尼的理論所驗證的，威尼斯政體可以說是最接近自亞里斯多德以來所公認的，融合了多數制、少數制，以及君主制的理想政體。

在雅斯培眼裡，威尼斯共和國是以多數制的共和國國會，配合少數制的元老院與十人委員會所代表的核心團體，再加上保有君主制優點、免除其缺點的元首機制，這三者共同形成威尼斯的共和體制。理論上一如雅斯培所言，實際上也的確如此：多數不會恃眾專擅，少數亦不濫權，元首同樣沒有利用地位與名聲推動君主專制。

這一切或許得歸功於當時威尼斯人傳統的共同體意識。某十人委員會委員的一句話：「先做威尼斯人，再做基督徒」，其實也道盡了這個事實。

權力雖然集中在少數人手中，然而多數人，甚至是更低一階層的庶民，都不曾以此作為抗權的理由。在威尼斯，不僅法律之前人人平等，甚至連利益分配都相當公正。即使談到自由，在宗教改革及反動宗教改革的浪潮下，比起當時其他國家，威尼斯幾近完全確保人民自由的作法令人感動，像威尼斯國內就不曾發生過任何歇斯底里的審判異端事件。

包括衛生事業水準，正如威尼斯在黑死病處理對策所彰顯的，也凌駕了當代其他各國。醫院的名稱雖然盡是些「不治」之類的諷刺話，但醫術可是高明的很。遠至日本傳道的沙勿略在前往東洋之前，就曾經與伊格納佐．羅耀拉一起在威尼斯醫院實地進修。

另外，威尼斯也是第一個將外科醫師與理容師加以區別的國家。事實上，在同時期的其他國家中，外科醫師與理容師完全屬於兼差性質，只跟內科醫師有所區隔。但在威尼斯，內科醫師與外科醫師並沒有區別，甚至同屬一個行會（理容師另有行會，而且除了拔牙外，不得進行任何醫療行為），除了畢業時必須接受國家考試之外，日後還有一年一次的檢定。法律並且規定，所有的商船均須有一位擅長內科醫療的隨船醫師，而當時英國則還停留在由理髮師兼外科醫師充當船醫的時代。威尼斯船醫的水準之高，從帕多瓦及波洛尼亞大學許多教授的經歷，均是自醫學院畢業後，便在威尼斯的醫院實習，然後再以船醫身份隨船四處遊歷可見一斑。船醫在當時的威尼斯，與其他商業、外交事務一樣非常重視實務經驗，當時威尼斯船的船醫是船長餐桌上的熟面孔。

威尼斯派駐在海外基地或是本土的官員，以其執法的公正性受到評價。相較於各國普遍充斥著中飽私囊的惡質官員，威尼斯領地的居民在面臨由其他國家統治的抉擇時，無不傾向成為威尼斯的屬地；這種情形在同屬天主教的義大利屬地尤其明顯。康布雷同盟戰後，棄戰敗的威尼斯而大開城門迎接法國或日耳曼的城市，何以在不到十年中便重回威尼斯懷抱，理由之一固然是厭倦了大國之間的爭奪，但最主要的原因還是居民們比較喜歡威尼斯。威尼斯官員接受賄賂，只有唯一死刑。

外交則是威尼斯另一項與經濟技術齊名的資源。威尼斯首開先例在各主要國常駐大使。依規定，這些駐外大使在任滿歸國後，必須向元老院作例行報告。內容詳細而冗長，包括了駐在國的所有情勢整理分析，以及預測該國未來的可能動向，不單只是一份歸國報告，做報告或聽取報告的雙方都非常認真。聽眾是元老院議員，這些議員大多都曾出任過大使，即使沒有經驗的人，日後也極有可能性出任大使，因此每個人都非常地認真聽取報告，畢竟這是獲得有效情報的絕佳機會。同樣地，整理這份報告的大使也非常用心，因為這份對元老院的報告，將會成為決定他日後政治前途的關鍵，像雅斯培這樣在歸國後旋即進入決策核心的例子，便不在少數。

時至今日，這些報告經過整理為十餘卷書籍後出版。雖然佛羅倫斯在十九世紀中曾經出版過一次，不過現代版才算是完整版。現代版於一九八〇年已經出版英國篇、日耳曼篇、法國篇，以及西班牙篇等共九卷，陸續還會有土耳其、義大利各國的篇章，堪稱是了解當代歐洲及中近東世界可信度最高的史料。

總之，在不拘泥於單一意識形態，認為政治為可行性技術的人們眼裡，十六世紀威尼斯的共和體制，還算運作得有效率。要說有缺憾，大概就是威尼斯政體對於培養宏觀的全能型政治家雖然有利，但卻不是一個能培育出君主專制下各具專長的行政官僚的環境吧。政治在某些方面與藝術相同，天賦占了很大一部份，對於那些沒有辦法成為宏觀政治家的人，至少要為他們在某個領域上另闢蹊徑，可惜的是，威尼斯的政體缺乏這些機構。在威尼斯共和國，不僅沒有產業或是行政方面的專家，甚至連專業的海軍軍人都不存在。

不過，這個缺點在威尼斯貴族階級，亦即孕育全方位政治人物的機構尚能有效發揮實力的十六世紀時，毋寧是個優點。真正對威尼斯共和體制投下陰影的，反倒來自其他層面——血緣，以及日漸形成的貴族階級內的貧富差距。

首先要談的是第二個問題。前述第四章〈威尼斯商人〉中曾經提及，即使缺乏資本，在威尼斯依然可以加入經營陣容，藉此儲蓄資本。沒落貴族的子弟可藉由政府安排出任商船上的弩弓兵，學習商業或航海技術，一來既可支薪，二來還可利用通商的權利儲蓄資本，累積了四年的經驗後，甚至有可能晉升為船長。換言之，任何人都有敗部復活的可能。這項措施對於促進貧富交流，以及防止貧富差距的僵化有著極大貢獻。

然而，十六世紀後的威尼斯經濟，正如在第十章〈大航海時代的挑戰〉中所提的，面臨到必須多元化經營的改變，十五世紀若是雄霸海外貿易的時代，十六世紀就是國內手工業飛躍成長的時代，情形有了大轉變。工業對於缺乏資本的沒落貴族所能提供的，無非是技工之類的職場，但由於工人們各有行會，且每個人又都是以技術為傲的專業人員，外人極難融入。雖然另有一種堪稱中產階級支柱的事務官一職，但在貴族負責政治，事務全權交由市民處理的國政前提下，不論一份穩定的薪資對這些沒落貴族是多麼迫切，但貴族就是貴族，終究還是無法出任。深知共和體制唯有貴族階級在精神、物資都不虞匱乏的情況下方得運作無礙的威尼斯政府，雖然對於救濟這些被稱為 *Barnabotti* 的沒落貴族不遺餘力，但是在經濟結構變化導致敗部復活機會減少的現實下，仍是不免流於不公，最後僅能淪為單純的福利事業。於是，這些

「自慚的乞丐」

Barnabotti 便有的在富裕貴族經營的工廠或農場中擔任管理員，最極端的例子，甚至有人淪為乞丐。這些由沒落貴族淪落的乞丐，不同於一般乞丐，他們身著黑衣，只在眼睛的部位開一個小洞，刻意避免讓對方看見自己的臉，人們稱其為「自慚的乞丐」。

適者生存，基本上無可厚非，不過有一點是我們不能忘記的，在威尼斯，這些人還有政務必須擔當——凡貴族的嫡子均須處理繁忙且不支薪的政務。就在敗部復活的機會減少，貴族貧富差距固定的同時，買票賣票的弊端也逐漸浮現。不過，這裡所謂的「買票」，並不是以金錢交換票源，而是以元老院的一票換取出任收入多、支出少的神職工作的推薦，這在當時還不至於動搖國本。威尼斯境內的神職工作，即使是大主教一職，向來也不是由教皇任命，依照慣例是由教皇從威尼斯政府提出的四名候選人名單中遴選。神職豐厚的收入足以養活全家，以帕多瓦大主教的年薪為例，便幾乎等於威尼斯支薪最多的元首（不過，威尼斯法律規定元首必須將所有薪資花光）。雖然法律規定，家族中只要有一人出任跟羅馬教廷有關的神職人員，該家族其他男性便不得參與羅馬相關議事的決議權，但比起淪為乞丐，這點損失實在算不上什麼。

有人因身為貴族子弟而吃盡苦頭，相對地，也有人因為無法成為貴族子弟而憤恨難平。威尼斯的貴族階級，不論母親是慕拉諾的玻璃工人、商人，或是造船廠工人都無所謂，只要父親是貴族階級，且為婚生子女，便可以貴族的身份取得共和國國會的議事席位。這項制度與同時期義大利各國出了博爾吉亞（Cesare Borgia，編按：義大利政治家，鼓吹權謀、為達目的不擇手段，馬基維利《君王論》中理想的專制君主典型）這樣在沒有血緣的眷顧下，仍能以其實力及幸運實現政治野心的狀況，形成強烈對比。重視血緣關係的教廷無庸贅言，甚至是在君主專制國家，即使身為皇室庶出，通常也極少蒙受太大不利。但是在威尼斯，為了穩定世襲的統治階級，儘管其利益已愈來愈少，但是對於不在保護範圍內的人來說，卻是連一絲敗部復活的機會都沒有。

元首安得烈．格里提（Andrea Gritti）的父親以及兒子，正是見證威尼斯此一政體明暗的絕佳代言人。

提香所畫的肖像將格里提的個性表露無遺。生於一四五五年，在接受家庭教育之後，格里提被送往帕多瓦學習哲學。其父早亡，交由祖父養育，隨著被派任大使的祖父出使英國、法國以及西班牙。格里提本身是個語言專家，除了母語之外，還能駕輕就熟地以拉丁語、希臘語、土耳其語交談。一四八〇年，約二十五歲時，開始頻繁往來土耳其的首都君士坦丁堡，透過仲介當地與威尼斯國內的小麥貿易成為一名成功的商人，與土耳其朝廷重臣多有往來，尤其是跟宰相的交情更是菲薄。格里提在威尼斯與凡杜拉家族之女結婚，育有一男二女；另外亦與結識於君士坦丁堡的希臘女子生了三個男孩。

一四九九年，土耳其與威尼斯之間爆發戰爭，安得烈．格里提因間諜嫌疑被捕，罪名是策動不久前的土耳其造船廠的大火。事實是否真是如此，史料沒有記載，不過格里提被判處死刑。

格里提除了頭腦清楚，教養尊貴，還是相貌堂堂的美男子，個性據說連男人都會為之傾倒。其好友，土耳其宰相阿曼多就不用說了，就是蘇丹巴亞賽德也對其青睞有加。這些條件再加上土耳其有力人士的奔走，使得安得烈．格里提終於免於一死。

蘇丹不僅釋放他，甚至還將他送返威尼斯以進行商談已久的和約談判。一五〇三年土耳其與威尼斯所簽訂的和約，似乎就是格里提單槍匹馬，數度往來威尼斯與君士坦丁堡之間完成的。和約簽訂之後，格里提獲選為政治核心的一員，不久便因留任政治核心而定居國內。

一五〇九年康布雷同盟戰開戰，格里提被選為總司令部參謀。由於威尼斯的陸軍總司令是由外國傭兵隊長擔任，總司令部參謀一職便成了軍中威尼斯人所擔任的最高長官，任務是掌管除了總指揮以外的一切事務，包括控制金錢流向、監視外國總指揮官是否履行傭兵契約等，當總指揮官有萬一發生時，參謀也有義務接下指揮的重責大任。

康布雷同盟戰一開始就出師不利，首戰在阿那熱盧便吃了大敗仗，威尼斯陸軍潰不成軍，接著又因傭兵隊長之間意見不合，給了敵軍可趁之機，帕多瓦淪陷，梅斯特（Mestre）遭焚，敵軍和威尼斯之間只剩下海水堪可抵擋。參謀格里提眼前的當務之急可以說不是防守，反倒是思考如何重組因戰敗而一盤散沙的陸軍。

首先，他利用游擊戰建立士兵的信心，這項戰術慢慢獲得了成果。接下來，等硬從威尼斯政府申請來的軍用基金送達之後，開始反攻帕多瓦，繼成功收復帕多瓦之後，維琴察、布雷西亞 (Brescia) 也相繼取回。這下子，不要說是士兵，連防衛的居民都是志在必得，原本猶如解體的威尼斯陸軍士氣就在格里提的指揮下，成功抵擋了皇帝對帕多瓦發動的總攻擊，徹底改頭換面。雖然還是有些小挫折，例如格里提中途曾一度遭到法國將軍俘虜，不過，他很快便跟大將軍托利維爾吉歐打成一片，並且以馬匹脫逃成功；甚至在遭到法國國王法蘭西斯一世俘虜時，又獲得法國國王的青睞，委託他為剛出生的公主洗禮，諸如此類的事情不斷發生。他待手下傭兵如親人，跟士兵們同睡帳篷，同桌用餐，大大擄獲了惟利是圖的士兵們的心。

戰爭結束後，格里提繼續留在本土，出任本土總督一職。本土上原先屬於威尼斯的領土也在此時逐漸回歸威尼斯統治，不久便完全恢復到康布雷同盟戰發生之前的狀態。

不知是否因本土動亂漸趨穩定，一五一四年，格里提獲選為海軍總司令。由於這段時期的威尼斯海軍未參加任何戰役，因此未留下任何關於格里提戰術才能的記載。不過，海軍總司令一職主要是負責整備與同盟國海軍的共同作戰體系，以及健全由本國延伸至塞浦勒斯前線的海軍配備等任務，光是平時就有高達十萬達卡特的海軍軍費要靠他妥善運用，如果只是個普通的武將，相信是無法勝任的。

一五一七年，格里提獲選為陸、海兩軍最高領導人。兩年後，再度當上海軍總司令。一五二一年，出任當時已恢復到康布雷同盟戰之前狀態的本土屬地的最高統治者。一五二三年，也就是格里提六十八歲這一年，獲選為元首。

選舉元首絕對不是一件簡單的工作，很多人對於格里提強烈的自尊心感到反感，反倒欣賞另一位較具親和力的候選人安東尼奧．特隆。反對格里提的人以他在土耳其庶出三子，不適合擔任威尼斯共和國元首為由，企圖集結反對派打壓格里提。不過，由於認同格里提人品的亦不在少數，經過三次反覆投票之後，格里提仍然獲得當選必要的二十五票，當選了元首。

格里提在就職後的十五年間，汲取君主專制國家的優點，避開缺點，力行威尼斯共和體制理想的元首形象。後面將會提到即使為了最愛的兒子，格里提也沒想過要曲解共和國的法律。在糧食不足時，甚至還不惜廉價大量釋出家裡庫存的小麥粉，濟助國家庫存。格里提深信，威尼斯的獨立必須立足於列強勢力均等的基礎，並且不惜作任何努力朝此目標邁進。例如，他會在認為反對勢力有存在必要時，故意持反對意見激化反對派以達成預計結果，堪稱是位冷靜的理性主義者。為了維持威信而發動的戰爭在他看來，只有百害而無一益。因此，不管是對土耳其、西班牙還是法國，在可能的情況下，他都盡量採取協調路線。

只不過，就像其他才華洋溢的人一樣，格里提的表現慾亦相當強烈。他偏好豪華絢麗的服裝，威尼斯共和國原本就規定集權力與財富象徵於一身的元首，服裝必須盡量華麗，日後延續了三百年的設計便是出自他之手。這些依時間及場合不同，總是讓外國使節讚嘆不已的格里提元首的服飾有：聖母瑪利亞祭日當天，他先是披了一件純白綢緞繡上銀色花紋的披風，然後在招待西班牙大使的宴會上又換成金線織花的拖地長披風。格里提體格健美，蓄純白鬍鬚，身上衣飾絢爛奪目，本人與服裝相得益彰，雖然提香也曾為當時基督教世界最高領袖卡爾洛斯五世畫過肖像，不過想必沒有人比安得烈．格里提更適合擔任提香畫像中的主角吧。

曾經有過這麼一段插曲。這是在法國與日耳曼、西班牙交戰時，法國國王戰敗而遭俘的事。帶著消息前往面見威尼斯元首的西班牙大使，極力頌揚卡爾洛斯五世的實力，建議威尼斯共和國不如捐棄法國，改投西班牙陣營。元首格里提對此答道：「兩位國王都與我私交甚篤，實在左右為難。謹容我為勝利的國王賀喜，為不幸的國王掬淚。」

這完全是外交辭令，不過，儘管是外交辭令，能夠如此舌燦蓮花也算是傑作一樁。不僅西班牙皇帝卡爾洛斯五世不曾責備威尼斯，在牢獄裡得知此事的法蘭西斯一世在獲釋之後，也終身不忘這句箴言。

格里提死於一五三八年十二月，享年八十三歲。他是在得知威尼斯輸了與土耳其避無可避的戰事不久後與世長辭。死前數日，格里提召見了貝爾納多．納瓦吉洛。納瓦吉洛是當時接受政府委託撰寫共和國史，經常負責在國家重要人物的喪禮上朗誦追悼文。納瓦吉洛為了元首希望先聽一次自己喪禮的追悼文，因此急忙寫成一篇，在元首的枕邊唸過一遍。聽完之後的格里提只留下一句：「差不多就這樣吧」，便在五天後辭世。

阿爾維澤．格里提 (Alvise Gritti) 是元首格里提庶出的兒子。格里提在君士坦丁堡期間，曾與希臘女子生下三子。長子喬爾喬，也許是因為個性溫和，在出生地土耳其以商人為業終其一生，平靜度日。次子羅倫佐則是如同父親的私人使節，專門負責連繫威尼斯與土耳其之間的事務，可惜英年早逝。阿爾維澤是第三個兒子，同樣出生於君士坦丁堡，前半期的教育在君士坦丁堡完成，後半期則轉往義大利帕多瓦繼續，據說父親安得烈最疼愛這個遺傳了自己才幹與好勝的三子。至於元首格里提唯一正出的獨生子，則早在帕多瓦防衛戰「威尼斯有個安得烈．格里提」一戰成名之前，便已過世。

在年少的阿爾維澤眼裡，一個有才能的人在威尼斯這塊非英雄崇拜主義的國家，就像其父的境遇一樣，仍是大有可為，尤其義大利以庶出身份登上一國之君的例子比比皆是，阿爾維澤可以說具備了所有條件，只除了一點——他是非婚生的庶出子女。然而，就是這美中不足的一點，在政治野心家面前築起了一道無論如何無法跨越的高牆。貴族庶出子弟能夠擔任的唯一官職，只有政府各機關內類似書記等被視為市民階級專擅的事務官。然而阿爾維澤對這項領穩定薪俸，鎮日坐在辦公桌前的工作並不感興趣，於是決定回到君士坦丁堡。對安得烈來說，貴為一國之尊，卻無法就父親的立場給予協助，內心當然難掩遺憾，但他的個性卻不容許他為了一己之私而去踐踏威尼斯共和國體制。

定居君士坦丁堡的阿爾維澤將小麥出口到威尼斯，從威尼斯引進特產輸入土耳其，後來又成為土耳其軍隊的武器御用商人，沒有多久便躍居土耳其內屬一屬二的富翁，連商業才幹都像是得自父親真傳。阿爾維澤與宰相伊普拉希姆 (Pargalı Ibrahim Pasha) 結為好友，甚至蘇丹蘇里曼大帝都樂於與這位年輕人同桌進餐。

這個時期的阿爾維澤，就某種意味上而言，扮演著雙面諜的工作。不過，他並不是那種玩弄敵我雙方，拿極機密情報來賣錢的雙面諜，而是將兩國現狀讓彼此雙方知道，換句話說，類似一種情報交換中心。無所知有時比熟知更危險，這類人物對於預防戰爭其實有著意想不到的作用。只要雙方的主政者都著眼現實考量，情報交換機構便有其功能。當時土耳其的蘇丹是蘇里曼大帝，而威尼斯則是篤信勢力均衡政策的元首安得烈，以及和他步調一致的「核心團體」。

一五二八年，居住君士坦丁堡的阿爾維澤與蘇里曼大帝一同前進攻擊維也納，阿爾維澤的政治野心也於此時覺醒。對自己的軍事才能有了認知的阿爾維澤就在次年一五二九年，接受蘇丹託付，指揮一支軍隊，並且不負所望地成為匈牙利戰場的英雄，不久更獲蘇里曼大帝敕封為匈牙利總督。

一五三一年，現任元首之子改信伊斯蘭的傳言震驚了威尼斯。雖然該年威尼斯與土耳其並無交戰，但對威尼斯而言，土耳其始終是最大假想敵，再加上威尼斯的傳統雖是自外於天主教教會獨立，但那是就政教分離的大方針而言，私底下就每個人來說，宗教上當然還是天主教徒。阿爾維澤的改信伊斯蘭，在威尼斯成了醜聞一樁。

其父威尼斯元首安得烈似乎事前便接獲兒子的通知。當初他勸兒子不要改信伊斯蘭，以及告誡勿過於深入土耳其朝廷的書信副本仍流傳至今。但是除此之外，這位父親到底還能為他的兒子做什麼呢？如果靠實力一決勝負，那麼當時的土耳其確實要比威尼斯來得適合阿爾維澤發展。

馬基維利曾經說過，土耳其帝國全國上下只有一個主人，其餘都是奴隸。蘇丹是後宮的女奴所生，所以有一半的血統是奴隸，再加上土耳其禁止以土耳其人為奴，所以說穿了，其實就連蘇丹本人的土耳其血緣也很淡薄。蘇丹的臣子們也是奴隸，他們都是蘇丹每隔數年從土耳其統治的基督教國家定期徵召來的十歲左右男童，他們被帶離雙親身邊，其中身心健康的就留在宮中教育成國家未來的菁英，其他的男孩子則交由軍隊養育，成了讓歐洲人聞之色變的土耳其精銳陸軍「耶尼切里」的由來。這些效忠蘇丹一人，並且禁止結婚的反基督教狂烈士兵，其實原來都是基督徒。

換言之，土耳其帝國根本是由非土耳其人來治理，這也是為什麼土耳其民族的起源地小亞細亞經常發生反蘇丹內亂，主要就是純種土耳其人對混血或是非土耳其人統治所產生的反感。不過，在這個除了蘇丹之外全國都是奴隸的國家，每個人還是有公平的機會，雖然一不小心惹惱蘇丹可能會有殺頭之虞，但卻不像威尼斯一定非得嫡出不可。企圖心旺盛的阿爾維澤也因此決定挑戰基督徒不能在伊斯蘭國家土耳其擔任軍隊指揮官的前例——他似乎密謀篡奪匈牙利王位。

短短四年後，阿爾維澤突然遭斬首的消息傳到威尼斯。真相不得而知，不過阿爾維澤的英年早逝，的確使他那身為元首的老父親陷入深深的悲痛之中。據說，當時連平常對桀傲不馴的安得烈沒好感的人，在這一段日子裡也都盡量避免在議場內對其出言不遜。

當然，阿爾維澤是個空前絕後的例子。但即使不像他野心勃勃，只因為庶出的身份便無法發揮才幹的年輕人，相信也不在少數，其中或許有不少威尼斯需要的人才便被錯過。十六世紀後半，曾經有兩度關於改革威尼斯統治階級世襲制度的提案，建議讓嫡出子女以外的人也有機會，廣開人才任用的大門。從這兩次的提案人都是有過駐君士坦丁堡經驗的前大使來看，暗指何人不難猜出，只不過這些議案最後終究無緣見到天日。

然而，也就是這兩百年來實行無礙的世襲制度，才出現了安得烈．格里提這類的人物。改變一個實施良好的制度，對任何人皆非易事。更何況十六世紀的威尼斯共和國，在政治、外交、軍事上，其實並不缺乏棄私利私慾在後，以共同意識為優先考量的貴族嫡出人才。

《君王論》及《論李維》為馬基維利的代表作。《君王論》一書是說明君主制度該如何實際運作的書籍，《論李維》則是分析採取共和制度時，哪些事務需要考量，此地將書名譯成《論李維》不僅不符合原題《蒂托．李維之羅史論考》(*Discorsi sopra la prima deca di Tito Livio*)，也跟內容有所出入，在此意譯為「共和國論」可能更為妥當。

對佛羅倫斯人馬基維利來說，君主國論及共和國論兩書的寫作都是出於必要。祖國佛羅倫斯混亂的政治以及整個義大利所面臨的危機，讓馬基維利深深覺得只討論一種政體並不充份。只是，這種「摸索理想政體」，即廣見於馬基維利等一干佛羅倫斯史學家身上的特色，卻不見於與馬基維利同時代的威尼斯史學家雅斯培．孔塔里尼，或是馬林．薩努德，甚至是以批判祖國政府知名的傑洛拉摩·普利烏利身上，這些只根據威尼斯的共和體制進行論述的史學家們，對於自己國家的政體可沒絲毫懷疑。當然，這也解釋了何以馬基維利的著作在政治學叢書中被列為古典巨著，而威尼斯史家的作品卻只被看作是史料的原因。在佛羅倫斯共和國瓦解時，同時期的威尼斯國內縱使有元首是在人民的怨恨中死去，但是對共和政體絕望，認為必須修改體制的人，即使是在遠離政治圈外的被統治階級中也不存在。包括佛羅倫斯在內的其他各國史學家，也都對威尼斯在都市國家相繼在時代洪流下淡出的世局中仍能守住政體的優越統治力讚賞有加。

威尼斯是如何以此作為武器，施行對外政治的呢？靠的是元首格里提所鼓吹的列強勢力均衡，以維持威尼斯的獨立。在這場艱難的遊戲中，威尼斯用的王牌是已然成為歐洲強國，但是與威尼斯在地中海世界還沒有太大利害關係，而且在統治日耳曼與西班牙的哈布斯堡王朝的急速擴張勢力下，正備感威脅的法國。不依附強國庇蔭，聯合弱國以抵制強國，向來是外交的根本，也是威尼斯的傳統政策。

然而，這場遊戲對威尼斯卻是困難重重。威尼斯需要西班牙的幫助以對抗土耳其，對抗西班牙的時候又要借助法國之力，但法國為了對抗西班牙而與土耳其結盟的動作，卻不是利益與地中海太過緊密的威尼斯能夠仿效的。與威尼斯同臺的既是這樣的列強，威尼斯當然也就很難避免背負許多別人沒有的不利條件。

有一段記載馬基維利與旦博亞茲 (Georges d'Amboise) 的對話。旦博亞茲是法國宰相，同時也是樞機主教，與馬基維利結識於某個談判場合。

旦博亞茲樞機主教說：「義大利人不懂作戰的方法。」

馬基維利馬上予以反駁：「法國人不了解政治運作的方法。」

然而就在馬基維利作此回答的同時，整個義大利除了威尼斯之外，正遭到法國、日耳曼、西班牙等外國勢力的蹂躪。戰爭與和平，終究不是單靠政治能力能夠左右的，決定的關鍵在於軍事能力與數量。威尼斯共和國雖然守住了本國的獨立，但也備嚐了沒有資源的國家的悲哀。

十五、十六世紀，威尼斯商船為了因應降低運輸成本的需要、護衛艦隊無法經常隨行，以及大砲為主的火藥發達所帶來的影響，先後循著合理化路線慢慢將主力從商用槳帆船轉移到「加列歐尼」(galeone) 帆船。但儘管如此，威尼斯商船的實力仍舊傲視其他國家。

不過，軍船方面仍是由槳帆船擔任軍艦的主力。一四六〇年之後，槳帆船船尾開始裝置大砲，並且由於火藥武器的備受重視，一種更大型、可以裝載更多大砲、船身與帆船大約等高，稱為「加列亞茲」(galeazza) 的大型軍用槳帆船也出現了。十五世紀後半至十六世紀之間的威尼斯艦隊編制，便是由槳帆船和搬運軍糧用的帆船，再加上「加列亞茲」所組成。

只是，當時大砲的命中率不佳，替換砲彈亦太過耗時。但話又說回來，槍砲雖然可以並排三列替換攻擊，但遇到大型船隻就沒轍了。船隻裝載大砲的威力並不在於擊沉敵方船隻，而是隨著發砲巨響以及激起的水柱，給予敵軍心理打擊，瓦解攻勢。從大砲欠缺威力也可以看出，當時作戰的雙方軍船無法在一定的距離外作戰。換言之，尼爾森將軍時代的海戰形式此時尚未出現，所謂海戰指的仍是近距離作戰。在此前提下，不受風向左右，能以划槳前進的槳帆船還是比較有利。有鑑於此，海軍戰力的評估主要還是根據槳帆船的數目，而威尼斯只是在其中又加入了「加列亞茲」而已。

根據一四二三年威尼斯元首莫契尼哥的遺言，可知當年度威尼斯擁有的槳帆軍艦共有四十五艘。一四九九年對土耳其戰爭時，增加到六十艘。不過這之間已經經過八十年，就算是為了對抗土耳其所採取的海外基地守護策略，但增加實在不多，這也顯見以這等戰力應付當時的土耳其海軍仍綽綽有餘。

但是到了一五三八年對土耳其的第三次戰爭時，威尼斯雖然派出八十二艘軍艦，卻不再能夠僅以一國的海軍之力對抗土耳其。原因是當時勢力擴及埃及、北非等地的土耳其帝國，在海軍陣容中加入了以阿爾及爾、突尼斯為據點的穆斯林海盜，使得海軍不管是在質與量均獲得了提升。是年，威尼斯是在加入了教廷的二十七艘與西班牙的四十九艘軍艦，共同組成聯合艦隊之後，才能勉強對抗土耳其海軍。

一五七一年史上有名的雷龐多海戰，威尼斯派出一百零四艘槳帆船、六艘「加列亞茲」，共計一百一十艘的軍艦出海，加上西班牙、教廷等其他基督教國家為了抵抗土耳其共同派出的九十八艘船，總計兩百零八艘，與土耳其差不多勢均力敵。

威尼斯對於強化海軍應該是積極的，否則不會在一個世紀不到，戰力便增加了一倍以上，繼續在基督教世界獨占海軍國家的鰲頭。既然如此，何以會在地中海世界淪為第二位呢？

是與地中海世界利害關係向來密切的威尼斯無法因應周遭變化，財政上出現問題了嗎？是，但也不完全是。首先，威尼斯的軍船在武裝上花費不貲，但是這筆錢不是花在大砲，而是花在船員身上。威尼斯的划槳手採行募兵制，必須支付薪水，不同於從征服的土地強制徵召人民、奴隸充當划槳手的土耳其，或是同樣無視人民意願，從當時轄下的南義大利中強行募集船員的西班牙，威尼斯是既無權威也無權力強制人民。

另一個威尼斯與土耳其、西班牙最大的差異是，商業在國家經濟中所占的比重相當大。這代表懸掛威尼斯國旗航行的商船比土耳其或西班牙要多得多，威尼斯必須保護商船的航海安全，必須維護的海上基地網範圍廣從國內延伸到塞浦勒斯。以亞德里亞海的巡邏警備為例，不包括傳令船和補給用貨船，固定就有八艘槳帆船，六艘配置在科爾夫，兩艘則是以列西納為根據地，負責海上巡邏。

另外還有一艘駐在希臘海域執行警備工作的軍艦，在一四九九年威尼斯一度失去莫頓時，也只是改駐科爾夫而沒有撤去。克里特近海也有警備，由四艘軍船組成；塞浦勒斯的常駐艦隊也是四艘。以上這些都只是平時，一旦發生戰爭，各海域的船隻數目還會加倍，一五三八年之後更是連平時也保持備戰狀態。威尼斯造船廠經常保持四十艘槳帆船待命的狀態，一遇狀況隨時可以出海。連冬天也不准休假的常備艦隊上的船員，包括划槳手，個個都是個性堅毅且習於海上生活者，薪資自然也高出許多。

就戰爭爆發才著手組織艦隊的土耳其與西班牙而言，這是一筆壓根無從想像的龐大人事費用。不過話說回來，大國先天就有從精神上施壓的本錢，其實也沒有必要像威尼斯一樣常設戰備艦隊。相形之下，威尼斯商船不但在祖國與土耳其開戰時會遭到土耳其海盜堂而皇之的攻擊，就是在威尼斯與土耳其簽訂和約的時期，也很難避免被諸國視為叛徒，遭到西班牙或聖約翰騎士團等反異教的狂熱份子相當於海盜行徑的騷擾，想在這種處境下維持航海安全，真是一刻也不得閒。

除此之外，威尼斯在維護海外殖民地與基地的花費上也是所費不貲。這些費用每年由威尼斯本島送出，據說連地中海最大的克里特及盛產葡萄乾的桑提都無法自給自足，當然就更不用提亞德里亞海東岸的達爾馬提亞等耕地較少的城市了。舉小麥收穫量來說：

史巴拉托——有五個月自給自足的可能
喀塔羅——有六個月自給自足的可能
西本尼克——以當地所產的鹽替換後，勉強可以維持
庫佐拉——有四個月自給自足的可能

這些港灣城市都是威尼斯海上公路的重要驛站，威尼斯平時除了支付城塞或守備軍人守護費或港口修護費之外，每年還要給這些城市一定額度的經援。

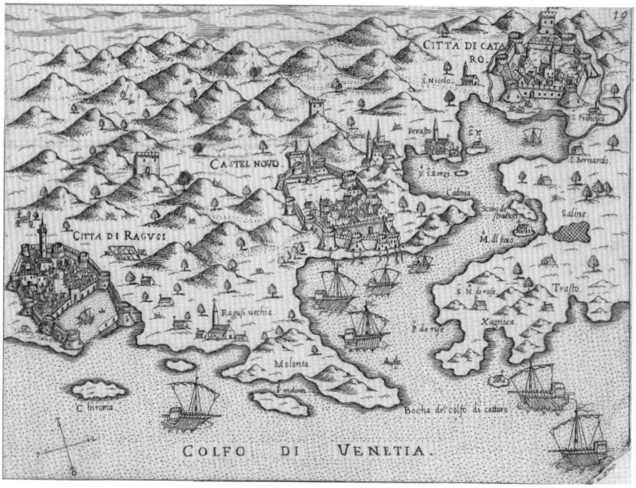

喀塔羅

史巴拉托——三千達卡特
喀塔羅——三千九百達卡特
西本尼克——四千達卡特
庫佐拉——兩千達卡特
薩拉——八千達卡特

對於無法以軍事鎮壓，為了保持本國經濟實力而必須與他國維持友好關係的國家而言，除了持續給他國好處，使其覺得與自己交好較有利之外，別無他法。

威尼斯國庫每年必須花費龐大的費用在確保航海的安全上，不但常備軍隊與基地維護費不可省，不時的戰爭費用也得編列，如此龐大的經費與勞力確保，還真多虧威尼斯有能力持續給付。然而，威尼斯的經濟中心地位也就是因此才得以維持，藉由龐大的經費及勞力支付所確保而來的經濟繁榮，也正是我們在追究威尼斯是否因為財政上的困窘而不敵土耳其，淪為二流海軍國家時，答案是「既是也不完全是」的理由。

如果不只是因為財政上的問題，難道是造船的功力不如土耳其？答案絕對不是！十六世紀威尼斯的國營造船廠，不論當時國家海軍的需求如何，絕對都有能力因應。

由海上進入威尼斯，在威尼斯大門的正面右側，看到的便是國營造船廠。較之但丁在《神曲》中感嘆謳歌的十三世紀，一四七三年第三造船廠擴建後，威尼斯國營造船廠便以擁有雙倍的造船能力傲視當時的造船業。

總面積二十五萬平方公尺，技工人數經常維持在兩千名，緊急時則增加到三千人，即使再怎麼樣的淡季，也從未少於一千人，號稱是十六世紀全世界最大的「工廠」。除了是造船廠之外，還兼作武器倉庫，火藥庫也設在這裡，同時也是這個四面環海、沒有城牆包圍的威尼斯島上唯一有守護城牆高聳的地方。廠內實行生產線作業，技工被集中在一處，透過多項作業的同時進行來提高工作效率。

經營由共和國國會遴選出的貴族負責，主要是監督由各地送到的原料品質與數量、確保備用船隻，並負責員工薪資的發放等。至於造船，則交由平民管理，最高負責人是有「造船廠海軍統帥」之稱的技士長，其實就是監督船隻建造過程的總指揮官。下面有數名工頭，個個都是造船的負責人。這些工頭其實就是工程師，一旦戰爭爆發，通常會登上自己建造的船，在航行中擔任技術指導。他們擁有的社會地位極高，不但可以和貴族的女兒結婚，在不設置侍衛隊的威尼斯這個國家，當元首需要儀仗隊時，一般也是由他們出任。有緊急事態時，負責元首官邸，即共和國政治中心警衛的，也是這群由「造船廠海軍統帥」率領的工程師們。他們對於自己的技術自信極高，且引以為傲，薪資在威尼斯屬於中上階級。工頭下面則依序是資深工人與見習工人等階級，換言之，國營造船廠內的結構有別於負責經營的貴族，全都是由平民組成。

船艦的主體在第二、第三造船廠製造，最後再送到歷史最悠久的第一造船廠。第一造船廠的設計是船體可以在數個倉庫前移動，在存放繩索的倉庫前先將需要的繩索量裝在船上，到了大砲倉庫再在船上裝載適合該船的大砲數量，然後在弩弓倉庫前裝載弩弓，再到火藥庫處理火藥的事宜。等到船帆組裝完成，以及船錨都搬上船之後，整個「流程」才算終了。當然，零件皆採統一規格，其中也包括了划槳手坐的長木椅。威尼斯造船業透過拼裝的方式，致力提高造船的效率，除了船帆的帆布是在附近專門的國營工廠製造以外，其餘都是在國營造船廠內製造。

完成的船隻通常就停放在造船廠中的有簷船塢，這些隨時可以下水的船隻，在土耳其海軍還不具強大軍事力的十五世紀半左右，便已經常保持在法律規定內的二十五艘。十五世紀末時，待命船隻增加到五十艘，一五三八年的普勒維札一役之後，更是隨時保持一百艘船待命的狀態。

這一百艘船全是純軍事用的槳帆船。如果再加上其他四到十艘大型槳帆船、八艘小型槳帆船，以及十六艘快速傳令船，則共計將達到一百三十四艘。其中二十五艘在船塢內保持下水狀態，只要船員一上船便可隨時出海。其餘的雖停在乾船塢，但也都依規定保持在十天之內便可出海的機動狀態。

雖然現實與理想有些差距，像是十六世紀的威尼斯為了對抗土耳其與西班牙海軍，以及保護本國商船不受穆斯林、基督徒海盜的侵襲，便被迫每年必須派出四十到六十艘新造的船隻。不過，一旦情況緊急，如雷龐多海戰前夕，威尼斯仍能在兩個月便派出一百艘以上的軍用槳帆船，所以也不能說他們缺少船隻。

那麼，威尼斯不足的到底是什麼？是船員。是人力。

十六世紀半，各國的人口如下：

西班牙——八百萬
葡萄牙——一百萬
日耳曼——一千萬
法國——一千六百萬
義大利（不包含威尼斯）——一千一百萬
威尼斯（包含本土屬地）——一百四十五萬
英國——三百萬
土耳其（不包含埃及、北非）——一千六百萬很明顯地，威尼斯的人口遠遠少於其他各國。它既不像土耳其有奴隸可驅使（就算有，最多也不過數十人，而且還都是具有裝飾意味的划貢多拉的黑奴），即使想差遣罪犯，由於威尼斯的社會安定與信仰的自由，這方面的收獲也不大。當時的罪犯以宗教性犯罪為最大宗，反動宗教改革的發祥地西班牙在這方面便受惠良多。當然，統治地區的大小也是個關鍵。

君主制度可以在廣大國土內強制集結民眾，並以權威及權力奴役之，但威尼斯卻只能仰賴自願者。

再者，海軍所需的人力也與陸軍不同。相較於陸軍只要指揮官一聲突擊令下，便多少可以產生一定的作戰力量，海軍卻是連最下層的划槳手至少都要具有某種程度的技能。達爾馬提亞與希臘諸島上的男人是公認最習於海事，最能負荷此項勞務、體魄強健的民族，同時也是威尼斯向來募集划槳手的地方。但是在土耳其陸路攻擊的威脅下，供應市場愈來愈小，雖然可以從海外另外募集水手，但由於義大利北部的男人不慣於海事，實在不適合分派到冬天也必須在海上巡邏的常備海軍，頂多只能讓他們在國營造船廠的船塢內待命，充當備用船的船員。

話雖如此，但一旦發生緊急事態也顧不得這許多了。通常這些對海事生疏的士兵，出身地相同的會被分配在同一艘船上，由當地的權威人士負責指揮。這個方法意外地獲得良好的功效，尤其是船隻人員全都來自加爾達 (Garda) 湖地區的船隻所發揮的實力，竟然與威尼斯出身的沒有豐富航海經驗的工匠們所搭乘的船艦不相上下。

但是到了一五七六年黑死病肆虐之後，由於人手不足的情形仍然嚴重，最後不得不將過去三人成一橫排，總共排成二十五至二十八排，每名划槳手各持一支槳的划船方式，改由三個划槳手共持一槳的方式取代。速度雖然因此降低不少，但藉由將技巧不熟練的人混在熟練的人中間互相搭配的方法，卻能避開因為技巧不純熟所造成的影響。

人手短缺的現象還不只划槳手，連專業戰鬥員的人數也受到影響。威尼斯將弩弓換成槍枝，並在船上安裝大砲，提升了專業戰鬥員的品質，命中率被公認為高於其他國家。不過，槳帆船打的海戰是肉搏戰，取勝的關鍵是數量，比起西班牙船上除了划槳手之外，另外還搭載了一百名戰士，威尼斯船上卻是能有六十人就已經是最大極限，甚至有時還不足六十人。

人手短缺一直是威尼斯海軍最大的致命傷，但為了維護本國商船的航行安全，威尼斯卻不得不戰。若事實正如威尼斯大使報告所述：「唯有以交易為傳統的國家才有海軍，土耳其完全欠缺這方面的傳統。」此分析正確無誤的話，土耳其姑且不論，就連西班牙也不應具有交易傳統。但實情卻是——十六世紀爭奪地中海霸權的正是這兩個絕對稱不上海事國家的陸地國。

十六世紀初，土耳其蘇丹曾對威尼斯共和國駐君士坦丁堡大使道：「我曾耳聞貴國想跟海結婚，不過現在能夠娶海為妻的可能是我們土耳其人吧！因為目前地中海的土耳其人比威尼斯人還要多。」

威尼斯再也不能不承認無法獨立對抗土耳其的事實。同時期，統率西方神聖羅馬帝國的皇帝卡爾洛斯五世擊潰海盜的根據地，力圖將勢力範圍擴張到北非的野心正逐漸加溫；另一方面，羅馬教廷也瀰漫著無法繼續坐視異教徒土耳其繼續壯大的氣氛。

一五三八年，教皇、皇帝與威尼斯共和國共同組成了對抗土耳其的聯合艦隊，各國負擔的費用如下：

皇帝 ——八十二艘
威尼斯 ——八十二艘
教廷 ——三十六艘
共計兩百艘（包含軍用槳帆船）

就數量來看，這可能是地中海世界前所未聞的大型艦隊，十六世紀前半，連土耳其都無法擁有如此大規模的艦隊。但由於各國在認定聯合艦隊的戰略目標上並不一致，剛開始時甚至連成立對抗土耳其聯盟都有困難。皇帝卡爾洛斯五世主張應將主力放在北非，威尼斯則是堅持力守地中海。最後在教皇出面協調下，總算才達成先擊潰土耳其海軍，再決定有效目標的共識。

總司令的人選也是一波三折。西班牙堅持推派西班牙海軍總司令，熱那亞人安得烈亞·多利亞。但威尼斯堅決反對。多利亞是海軍的傭兵隊隊長，之前曾受僱於法國國王，後來被西班牙網羅旗下，以熱那亞海軍的傳統整頓西班牙海軍，是個極有能力的男人。但傭兵隊長畢竟是以自己的船及船員受僱於人的人，不可能會為了僱傭國家犧牲自己的戰力。這一點，在陸軍方面有長年不得不僱用傭兵隊長經驗的威尼斯最是清楚。尤其當時一心只想著對抗西班牙的法國不只和土耳其締結同盟，與北非的海盜之間也簽有密約；卡爾洛斯五世又為了封殺法國而收買了北非海盜頭子，同時也是土耳其海軍的最高司令官，希臘出身的前基督徒，人稱「巴巴羅薩」(Hayreddin Barbarossa) 的紅鬍子。情勢如此錯綜複雜，沒有比將自己國家的海軍命運交給原就缺乏信用的傭兵隊隊長更危險的事了。有鑑於此，威尼斯希望聯合艦隊的總司令官能由威尼斯的海軍總司令擔任。

然而，土耳其併吞塞浦勒斯與克里特的意圖愈來愈露骨，被編入土耳其海軍而得到合法性的穆斯林海盜愈來愈橫行，以及威尼斯無法獨力迎戰土耳其的種種現實，在在使得威尼斯的立場日趨薄弱。若照教皇提出的妥協案，由對海一無所知的烏爾比諾公爵擔任總司令的話，對海軍只有百害而無一利。無可奈何之下，威尼斯只好同意由多利亞出任將領，因為多利亞在當時至少還算是一等一的海軍將領。

在預定的六月中旬，威尼斯艦隊抵達預定集合地點科爾夫港口，遵照當初的約定，派出光是槳帆船就有八十二艘的軍容。教廷負責的艦隊也在威尼斯、安科納、奇塔維奇亞 (Civitavecchia) 各港口完成武裝後，陸續抵達。其中大部份是威尼斯船，這是因為教廷幾乎沒有海軍，但是又不能在以基督教世界對抗穆斯林而編組的艦隊中缺席，因此在簽署同盟時便提出船艦由威尼斯提供，船上人員由教廷負責的條件。不過，教廷在徵召人群上似乎也力有未

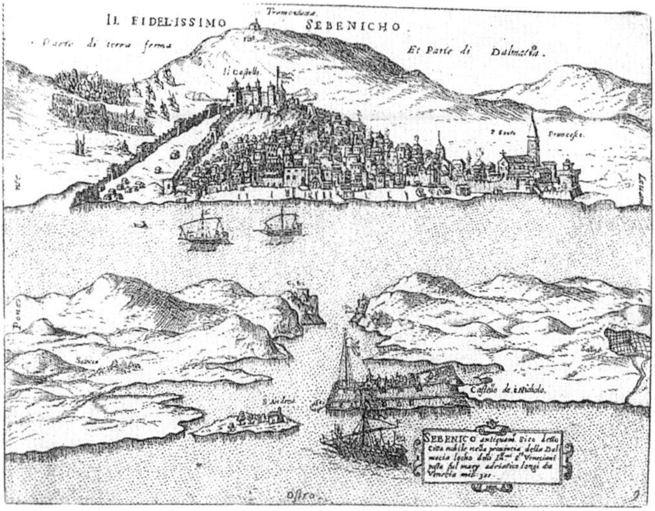

西本尼克

逮，因為抵達科爾夫的船隻只有二十七艘，不及約定的三十六艘。

然而，多利亞指揮的西班牙艦隊卻遲遲不見蹤影，有一陣子甚至無從掌握他的行蹤。在等待之間，六月結束，連七月眼看都將在彈指間過去。

土耳其當然不可能不知道基督教國家組成聯合艦隊的消息。由海盜巴巴羅薩率領的艦隊離開君士坦丁堡，接二連三攻下了愛琴海中威尼斯所屬的島嶼，克里特的坎地亞、蘇達、卡內亞飽受攻擊，只有克里特成功地防守住。同一時間，土耳其的五萬陸軍也雙管齊下地前進位於伯羅奔尼撒半島的威尼斯基地，同時還進攻波士尼亞，攻擊西本尼克。只能在科爾夫待命的威尼斯艦隊對西班牙的憤怒因此爆發，甚至有人開始傳言卡爾洛斯五世打算將聯合艦隊出動的日期延到第二年。

直到這時，多利亞才抵達科爾夫。但來的只有四十九艘，根本不是約定的八十二艘，而且還擺出一個禮拜後隨時可以離開的狀態。多利亞只是來這裡耗時間，因為海盜巴巴羅薩與皇帝之間正在進行祕密談判，但是這時候威尼斯並不知情，雖然之前曾曉得似乎有過類似計畫，但由於海盜不願接受皇帝的條件，且卡爾洛斯五世又無法答應海盜交出突尼西亞的要求，威尼斯因此研判海盜頭目應該會留在土耳其。

在威尼斯與教廷的強硬要求下，多利亞最後總算決定開戰。只不過就在九月二十五日，聯合艦隊終於要離開科爾夫的日子，總司令卻接到了皇帝傳來的密令，囑咐總司令不可以打一場只對威尼斯有利的戰爭，而且除非勝算在握，絕不輕易開戰。

離開科爾夫的聯合艦隊，採取戰鬥隊形航行，前方由七十一艘帆船領航；因帆船不靠槳划，航向受風限制，故地中海有讓帆船先走的不成文規定。由於艦隊是由威尼斯、西班牙混合組成，指揮官也由兩國擔任，擔任前鋒的是二十七艘由槳帆船組成的教廷艦隊，以兩海里的距離前進，指揮官為受僱於教廷海軍的熱那亞傭兵格利馬尼。

繼前鋒之後是由熱那亞、西西里、那不勒斯、馬爾他、摩納哥等國家共組的二十五艘船，以及多利亞所率領的二十二艘船西班牙艦隊。

後衛艦隊為清一色的威尼斯軍用槳帆船，共六十五艘，由威尼斯艦隊總司令卡裴洛率領，其他各軍艦的艦長也都由威尼斯人擔任。

最後是十七艘的威尼斯船與兩艘西班牙船，不過這些船並不屬於預備艦隊，作用只是在監視亞德里亞海入口，因此不久後便脫隊離去。

一百三十九艘槳帆船以及七十一艘帆船所構成的艦隊，簡直就是基督教世界前所未有的海軍陣容，威尼斯的旗艦終於可以對土耳其報一箭之仇，包括船上廚師在內，無不氣勢高昂。

收到偵察船傳回土耳其海軍正航行在普勒維札近海的消息後，聯合艦隊決定向南行。

位於希臘西岸的普勒維札港灣其貌不揚，入口狹隘，光從沿岸經過不知裡面別有洞天，以為只是希臘一個小港都的港口，但進入後卻是豁然開朗的一片大海，彷彿是海水構成的大湖，可供一萬艘船隻自由活動，甚至停泊。無怪乎當初沿岸航行的威尼斯船會視此地為寶貴的避風港，在狹隘的入口兩側建築要塞，避免被海盜搶先一步。但美中不足的是，周圍皆為平原。威尼斯人之所以在不如普勒維札寬廣，但座落地點同樣是複雜港灣深處的喀塔羅建築堅固的城塞基地，便是看重喀塔羅後面陡峭的山壁較易防衛，不像普勒維札每當土耳其大軍從陸路壓境時，缺點便顯露無遺。也正因為如此，普勒維札許久便已不在威尼斯的控制之中。

南下準備迎戰土耳其的聯合艦隊接獲報告，得知敵人早已進入普勒維札。但奇怪的是，在聯合艦隊抵達普勒維札前的海面後，土耳其艦隊卻沒有任何出港迎擊的動作。聯合艦隊中有幾艘軍艦駛近入口處，想要誘出敵人，但是無功而返。土耳其艦隊也企圖用兩側要塞的大砲擊沉聯合艦隊的誘敵船隻，卻也同樣白費功夫。總司令多利亞下令全軍繼續南下前往聖塔毛拉島，並改為夜間行進。只是多利亞此舉究竟是為了誘出土耳其艦隊，或是為了避免開戰，那就不得而知了。

不過，普勒維札的土耳其艦隊卻起了變化。總司令巴巴羅薩原本不打算採取行動，但包括土耳其大臣在內的參謀們卻堅持發動海戰，甚至揚言要向蘇丹密告司令官縱敵，巴巴羅薩終於決定發動戰爭。土耳其艦隊緊追南下的聯合艦隊，呈戰鬥隊形；前鋒由巴巴羅薩的左右手多拉格率領，中隊由巴巴羅薩指揮，後衛則交由阿爾及利亞來的船隻殿後。這支指揮官皆為海盜，且戰備陣容比起基督教國家聯合軍稍居劣勢的船隊，最後終於在聖塔毛拉島附近追上了聯合艦隊。

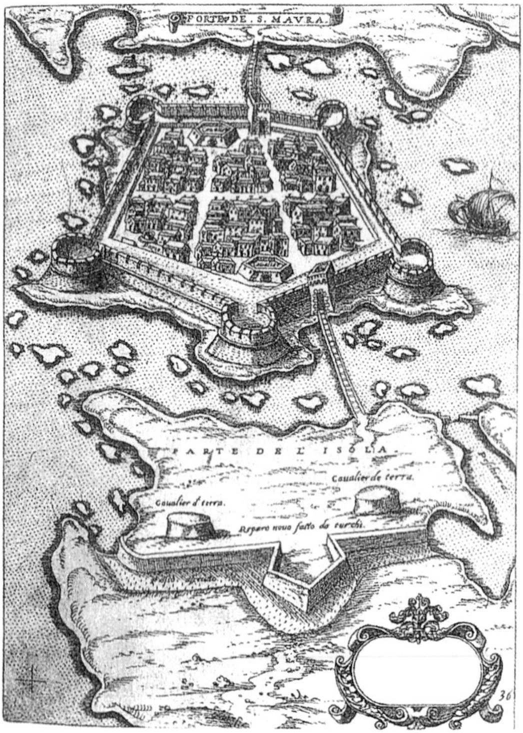

聖塔毛拉的城塞

總司令多利亞將前鋒及後衛各司令官召到旗艦，告知附近因無避難港灣，輕妄發動海戰會非常危險，逃走是最好的策略，但格利馬尼與卡裴洛主張迎戰，尤其是威尼斯艦隊的司令官卡裴洛，更是堅持即使只剩下威尼斯艦隊也不惜作戰。不知多利亞是否認為多費口舌也無用，接著便示意升起戰鬥旗幟，但不是馬上開啟戰端，而是下令船隊在水平線上看到敵人的船隻時再採戰鬥隊形，由實力堅強的威尼斯艦隊組成的後衛，繞到與敵人相接的左翼方向，實力較弱的教廷艦隊則繞到右翼方向。然而，就在變換陣型時，風向竟然轉向，帆船隊成了孤立無援的狀態。

土耳其軍見狀，二話不說立刻轉而攻擊帆船隊。威尼斯帆船多是大型帆船，雖然可以抵擋像螞蟻般襲擊而來的土耳其槳帆船，但友軍採取守勢的態度卻令孤立無援的槳帆船船員大為光火。卡裴洛或格利馬尼等著多利亞下突擊命令，遲遲等不到。不僅如此，總司令指揮的主船隊原本應該在繞到帆船群後方向敵方採取行動的，這會兒卻不但沒有攻擊，反而在繞過一圈後又莫名其妙地回到原來位置。

卡裴洛見狀馬上改搭傳令船到多利亞的船身旁，大聲詢問到底何時才下突擊命令，多利亞避而不答，只是再次重複與前次同樣的行動。

忍無可忍的兩艘威尼斯軍用槳帆船，終於在沒有總司令的命令下，開始突擊正在襲擊帆船隊的敵方槳帆船，但馬上就受到包圍，在一陣激烈的戰鬥後，全員陣亡。總司令官多利亞直到這時才發布命令，不過卻是撤退的命令。主船隊從朝右聚攏攻擊帆船隊的土耳其艦隊的左側往北逃，緊跟在後的是教廷的艦隊。處於如此劣勢，威尼斯艦隊即使留下也只是雞蛋碰石頭，只好跟著三十六計走為上策。儘管如此，五艘西班牙船以及威尼斯的帆船隊還是遭到追擊而被迫開戰，其中，威尼斯的帆船隊與一艘西班牙船順利地逃到科爾夫島與聯合艦隊會合。

真是莫名其妙的一場敗戰，船隻跟人員雖沒有蒙受太大損失，但威尼斯與羅馬教廷責怪總司令多利亞的聲浪可是愈來愈高。卡爾洛斯五世極力為多利亞辯護。據說，多利亞在這之後只要聽到普勒維札就極端不悅。

經過這次戰役，威尼斯再也無法相信西班牙，決定單獨談和。由於威尼斯艦隊沒有受到太大損害，莫契尼哥又代替生病的卡裴洛獲選為總司令，國營造船廠也完全恢復作業，其他國家因此一致認定威尼斯打算繼續戰爭。然而，威尼斯自知無法單獨對抗土耳其。「十人委員會」送交密令給駐君士坦丁堡大使，以放棄馬爾瓦吉亞及那布里亞兩個基地為條件，在絕對保密且只許成功的前提下進行和談。和約於一五四〇年公開，基督教各國為此聯名譴責威尼斯的背叛行為。然而，威尼斯與土耳其結盟的動機與法國並不相同，其他國家之所以能譴責威尼斯的宗教信仰低落，是因為他們不像威尼斯有商船的航行安全必須考量。

在普勒維札一役被迫付出代價的，並不單單是威尼斯。土耳其海軍所向無敵的風聲傳遍地中海域，無形中也助長穆斯林海盜的猖獗，義大利、法國、西班牙等海岸地帶，據說幾乎無人能在海盜的襲擊下全身而退。過去只需四到六艘槳帆船巡守的沿岸警備以及海上護衛，在普勒維札一役後，情況嚴重到必須將護衛艦增至十～十六艘，但大部份的船隻仍是選擇在看到土耳其船時逃之夭夭。這股基督教各國船員無從消弭的自卑直到一五七一年，整整持續了三十年以上，飄揚著土耳其帝國國旗的船隻也在這個期間成了地中海的主人。

不僅威尼斯無法以一國之力對抗土耳其，有最大領土統治者之稱的卡爾洛斯五世也不例外。這位對海盜橫行已達忍耐極限的西班牙皇帝，決定攻擊穆斯林海盜的據點，阿爾及爾。一五三九年，一隊由六十五艘槳帆船、一百艘帆船，以及三百艘小船組成的艦隊載著兩萬五千名陸軍，在阿爾及爾港附近登陸作戰。擔任艦隊指揮的是多利亞，陸路部隊由卡爾洛斯親自在陣前指揮，未料竟鎩羽而歸。法國國王額手稱慶宿敵的失敗，穆斯林則是益加信心大增。

陸軍的人數姑且不提，從皇帝御駕親征時只能提供六十五艘槳帆船來看，西班牙畢竟算不上是個一等一的海事國家。就算是卡爾洛斯之子菲利浦二世於一五八八年編成的西班牙無敵艦隊，其實是一次實戰經驗都沒有的無敵艦隊。結果戰爭爆發，碰上原為海盜、戰術高明的法蘭西斯．多列克或約翰．霍金斯所率領的伊莉莎白女王艦隊，兩三下便兵敗如山倒！

西班牙戰敗，穆斯林海盜順理將地中海視為自家地盤橫行霸道。威尼斯依舊保持中立，既不參加卡爾洛斯攻擊阿爾及爾的戰役，也在聖約翰騎士團守衛馬爾他的攻防戰裡貫徹中立。威尼斯的和平，全拜嚴謹的軍事戰備、援助海外基地，以及看在強國眼中不過是屈辱，但威尼斯依舊忍辱負重的外交工作所賜。當時駐君士坦丁堡的威尼斯大使便曾送了一份報告給國內：

> 與土耳其的外交談判，有如互投玻璃球遊戲。對方擲之以全力，我方非但無法還以同樣力道，尚得防止玻璃球掉落地面。

我國須與西班牙國王菲利浦二世以及神聖羅馬帝國皇帝馬克西米連二世維持友好關係，以使土耳其相信我國若有急難，兩國必將予以援助。同時，與土耳其的友好關係在對付西班牙或日耳曼時，亦大有助益。

不過，這個技倆卻被蘇里曼大帝看破。不管是威尼斯於西歐的立場，或是自視為基督教國家最高權力中心的卡爾洛斯五世及其子菲利浦二世對威尼斯共和國在宗教上採取中立態度的不滿，全都看在大帝眼裡。蘇里曼大帝本身雖非狂熱的穆斯林，卻也說不上是位冷靜的理性主義者，不，擁權如蘇里曼大帝者，也無此必要。不管是在沒有直接受害的情況下尊重理想主義者，或是毫無利害關係，純粹只是輕視理性主義者，選擇權全在他的手上。羅德斯淪陷時，蘇里曼便允許在島上頂著基督教騎士之名、見到異教徒便毫不留情殺害掠奪著稱的聖約翰騎士團投降，但對一心維護本國利益而戰的威尼斯人卻是毫不留情，令人不禁要問，所謂的騎士精神，難道僅存於騎士之間？

儘管如此，當蘇里曼健在時，威尼斯的「玻璃球遊戲」雖然危險，倒也能不漏破綻地繼續進行。但在一五六六年，遊戲持續四十六年後，遊戲對象換手，情勢也有了改變。新蘇丹沙林姆二世（以酒精中毒知名）的宰相與大臣間的權力鬥爭逐漸浮上檯面，這些人原本都是基督徒，憑著赤手空拳打出一片天下，沒有人希望權力隨著改朝易代而沒落。由於一己權力全憑蘇丹一念，為取得這位酒精中毒為唯一長處的蘇丹注目，非得靠誇張的作為不可。當時廣大的土耳其帝國內部尚稱安定，沒有所謂保衛帝國而戰的問題，但相對於土耳其的安定，西歐卻憂於內亂；西班牙在尼德蘭地方，法國則在國內，新舊教徒間為了宗教問題征戰不絕。換言之，即使土耳其在這個時期攻擊威尼斯領土，西歐各國也不會予以援助。蘇丹對此興致勃勃，不過他在意的其實是拿下當時世界最優質的葡萄酒產地塞浦勒斯，便可隨心所欲暢飲他鍾愛的酒。

威尼斯政府很快發現情勢轉變且無力處理，於是便向教皇庇護五世 (Pope Pius V) 提出組成對抗土耳其聯軍的要求。庇護五世在反動宗教改革成為主流的當時，不管是對抗新教徒或是穆斯林，仍堅持振興基督教精神為優先，據說為此還不吃肉只光吃雞蛋。這樣一位教皇，當然對組織對抗土耳其的聯合軍沒有任何異議。然而，神聖羅馬帝國皇帝馬克西米連二世不久前才因匈牙利問題與土耳其達成協定，實在不能期待過高；法國當時又由卡特琳．梅迪奇涉政，正處於兩年後即將發生的聖巴托羅繆大屠殺前夕。最後，能求助的只剩下曾經在普勒維札給過威尼斯慘痛教訓的西班牙，因為也只有西班牙跟威尼斯在地中海世界的利害關係還算一致。

對於教皇的邀請，西班牙國王菲利浦二世答稱只要由威尼斯擔任主力，且聯合艦隊總司令由尚安得烈亞．多利亞 (Gianandrea Doria) 擔任，則願意贊成。尚安得烈亞是普勒維札之役指揮官安得烈亞．多利亞的外甥，與伯父同樣以海軍的傭兵隊隊長為業，為西班牙海軍的總司令。威尼斯對於菲利浦的提案採取迴避態度，因為如果讓尚安得烈亞擔任總司令，共和國國會議員絕對會全體反對，談判因此觸礁。

翌年一五七〇年六月，土耳其大肆攻擊塞浦勒斯。一百六十艘槳帆船以及滿載陸軍士兵的帆船密布塞浦勒斯海面。登陸的土耳其陸軍總數十萬，總指揮由大臣穆斯達法・帕夏擔任。

塞浦勒斯防衛隊被迫起身對抗，但包括希臘五百名士兵在內，可調度的兵力不過四千人，其他的全是島上居民。威尼斯率先派遣援軍，成功地讓補給物資在法馬哥斯塔 (Famagusta) 登陸，同時選出賽巴斯提亞諾・維涅爾 (Sebastiano Venier) 為參謀，派出一百三十艘槳帆船，另外下令駐克里特島的艦隊指揮官馬可・奎里尼火速轉向科爾夫與威尼斯國內派遣的艦隊會合，以討論作戰計畫。

雙方艦隊於八月四日在科爾夫會合。然而在南下亞德里亞海時，不幸罹患傳染病的威尼斯艦隊船員卻接二連三發生死亡，即使抵達塞浦勒斯也無法與土耳其大軍交戰。在此期間，同盟國聯盟的談判遲遲未有共識，教皇雖頻頻催促西班牙，教廷總司令馬肯多尼奧・科隆納 (Marcantonio Colona) 也親自到威尼斯進行說服的工作，但不僅菲利浦二世始終不表態，威尼斯也是說什麼都不贊同由尚安得烈亞擔任司令官。

只是，再繼續敷衍教皇也不是辦法，菲利浦二世於是暫將尚安得烈亞派往東邊，與威尼斯艦隊在克里特的蘇達港會合。不過，尚安得烈亞對於教皇提出的妥協人選馬肯多尼奧・科隆納還是有意見，並且以威尼斯的艦隊現狀無法在月底前東行為由，堅持不肯妥協。集結在蘇達港的陣容加上西班牙船共計一百八十艘槳帆船、十二艘加列亞茲帆船，足足應付包圍塞浦勒斯的海軍，無奈只能按兵不動。尚安得烈亞可能是受了菲利浦二世的密令，但威尼斯艦隊因為傳染病蔓延而實力不振，也是個事實。

塞浦勒斯島的首都尼古西亞

拼命以克里特居民補充划槳手的艦隊，在出港駛往塞浦勒斯不久，便收到塞浦勒斯首都尼古西亞淪陷的消息。尼古西亞在九月八日土耳其展開陸路作戰後，總共苦撐了三個月。威尼斯貴族在壯烈的防衛戰中全數戰死，近百年來屬於威尼斯的塞浦勒斯，如今只剩下島上最大的法馬哥斯塔港，其餘全部落入土耳其之手。正前往塞浦勒斯的艦隊在得知這個消息後，意見陷入分裂。由威尼斯人擔任指揮官的船隻主張，即使塞浦勒斯毫無收復可能，也要痛擊土耳其領土，但遭到尚安得烈亞以艦隊此行志不在此而加以駁回。結果是十月時，馬可·奎里尼獨自帶領二十艘槳帆船以及兩千五百名士兵前往援助法馬哥斯塔，其餘的則往西邊撤退。只是，這支援軍在海盜烏爾格·阿里 (Uluç Ali) 指揮下的土耳其海軍游擊隊的攻擊下，尚未抵達法馬哥斯塔時便已全軍覆沒。

一五七〇到七一年整個冬天，組織聯合艦隊的談判陸續在威尼斯、羅馬、馬德里幾經破裂，但仍一直持續著。談判的爭論如下：

一、總司令人選
二、副總司令人選
三、同盟軍的戰略目標
四、經費的分擔比例

威尼斯堅決反對總司令人選由西班牙所推派的尚安得烈亞擔任，西班牙也同樣反對威尼斯推派的威尼斯海軍總司令賽巴斯提亞諾。但是教皇提出的妥協案人選馬肯多尼奧，威尼斯偏偏又不贊同，西班牙也不接受，談判因此陷入僵局。

不過，威尼斯跟西班牙倒是不反對由馬肯多尼奧出任副總司令，只是有鑑於總司令一有萬一，副總司令將馬上補缺，兩國對於這位名滿天下，卻缺乏任何海事經驗的陸軍將領實在不放心，於是又加了一項但書，聲明當上述情形發生時，馬肯多尼奧一切作戰計畫都必須與其他兩國選出的司令官商議後才能作決定。

在預定戰略目標時，情形又陷入與普勒維札之役相同的僵局。西班牙主張攻擊北非，威尼斯則堅持主力必須放在東地中海，絲毫不肯讓步。雙方你來我往，威尼斯的政府代表如果說「在東地中海給土耳其重擊之前絕對不轉往北非」，西班牙國王的談判負責人便以「今年內絕對無法派出聯合艦隊」加以反駁。對此，威尼斯國內的共識是同盟國的軍事主力為威尼斯，沒有理由轉往北非協助菲利浦二世與法國國王爭奪領土，儘管此時法國對阿爾及利亞的野心已逐漸顯露。

恰好這時，土耳其透過法國駐君士坦丁堡的大使向威尼斯打探締結和約的可能性，威尼斯政府內不少人也主張放棄不可信的西班牙，改與土耳其締結和約。「十人委員會」為了刺探土耳其朝廷的真心，還在極機密的情況下派遣特使前往土耳其。對威尼斯政府態度心存疑問的馬肯多尼奧緊急前往威尼斯，在元老院席上極力闡述威尼斯共和國與土耳其結盟後的諸多不利。事實上，即使沒有馬肯多尼奧在元老院的苦口婆心，威尼斯政府的核心也了解國家的危機終究只能在基督教世界解決。於是，五月之後，談判漸漸有了具體結果。

總司令最後是決定由西班牙推選的奧地利公爵唐·璜安(Don Juan de Austria)出任。就威尼斯而言，這總比尚安得烈亞略勝一籌。唐·璜安當年二十六歲，為卡爾洛斯皇帝的庶子，同時又是西班牙國王菲利浦二世的異母兄弟，參戰經驗僅有西班牙對摩爾人（Moor，編按：歐洲人對西北非一帶穆斯林的泛稱，後來成為穆斯林的一般通稱）之戰，完全沒有海事實戰經驗。但威尼斯明白，如果再反對下去就得被迫接受由尚安得烈亞擔任總司令一途，因此妥協了接受沒有經驗的璜安，並在前述的但書下答應由馬肯多尼奧擔任副總司令，馬肯多尼奧同時也身兼教廷艦隊的司令官一職。威尼斯艦隊的總負責人為賽巴斯提亞諾，參謀長則是由冷靜的海軍將領阿格斯提諾·巴巴利哥 (Agostino Barbarigo) 當選。西班牙艦隊的司令官是尚安得烈亞，參謀本部則完全由菲利浦二世的心腹組成。

在戰略目標方面，最後決定不管東地中海或是西地中海，純粹視在哪裡與土耳其海軍的主力交鋒，當地便是戰略目標。各國也一致決定將後續行動留待海戰後再進行討論，集合地點是位於地中海正中央西西里島的港口美西納。

一五七一年五月二十五日，雙方終於達成協議，西班牙負擔經費的十八分之十一，剩下的十八分之七由威尼斯負責。

其間，威尼斯雖然還擁有法馬哥斯塔港，但補給船卻礙於土耳其艦隊的封鎖無法靠近。不僅如此，由烏爾格·阿里所指揮的土耳其船隻還襲擊克里特各港口。換言之，不僅是塞浦勒斯，連克里特都危機重重。另一方面，土耳其陸軍又從阿爾巴尼亞、達爾馬提亞的陸路持續攻擊威尼斯基地，對威尼斯而言，這下唯一的依靠只剩下聯合艦隊了。

最早到達集合港灣美西納的是威尼斯艦隊，教廷相關的船隻在六月初完成準備工作，等待總司令科隆納的到達，然後一起向美西納出發。

深知威尼斯困境的教皇庇護五世，將協議中原定由威尼斯負擔的船隻，改向托斯卡那大公請託，由大公負擔十二艘軍用槳帆船的船隊。在梅迪奇家族的統治下，企圖以君主國家再起的佛羅倫斯察覺這是賣教皇面子的好機會，因此答應調度船隻與士兵。佛羅倫斯船隻因此充斥了羅馬及佛羅倫斯等名門子弟的騎士華麗之姿。佛羅倫斯艦隊從利佛諾(Livorno)出發，沿途停靠奇塔維奇亞與那不勒斯，七月初正式進入美西納港。

令人擔心不知會不會抵達的聯合艦隊總司令唐·璜安，也隨著多利亞自西班牙出發，在熱那亞稍事停留後，經那不勒斯走海路於八月二十三日抵達美西納。

在地中海夏末陽光的照耀下，氣勢浩大的艦隊結集在美西納港。去掉非純粹用於戰爭的帆船，各國槳帆船的數量如下：

西班牙		共計七十五艘
／西班牙、馬爾他	——十七艘	
／那不勒斯、西西里	——三十六艘	
／熱那亞	——二十二艘	
教廷（包含非西班牙統治的義大利各國）		二十三艘
威尼斯（包含六艘加列亞茲）		一百一十艘
		總計兩百零八艘

實際數量與原來西班牙負擔十八分之十一，威尼斯負擔十八分之七的協定有很大出入，即使扣掉教廷接受托斯卡那大公援助的部份也一樣。不過，沒有遵守協定的是西班牙，而非威

尼斯。

只是威尼斯也無從指責西班牙。因為威尼斯派出的船隻雖多，人手卻嚴重不足，除了疫病使得人員減少外，留在國內待命的五千人也無法動員。原因是土耳其艦隊當時正侵入亞德里亞海，攻擊達爾馬提亞沿岸的港口，光憑少數船隻恐怕無力前往迎接待命的人員，但若派出大軍，卻會延遲聯合艦隊離開美西納港的計畫，正中菲利浦二世下懷。左右為難的威尼斯艦隊總司令納曼爾只好接受唐・璜安的建議，讓西班牙士兵上船。然而，不要說西班牙士兵，就連讓西班牙國王統治下的義大利士兵登船，威尼斯其實都不甚願意，因為這對士氣的統一不利。但是在人數不足一萬，以及可用的五千士兵受困國內，一百一十艘軍用槳帆船與體積更龐大的加列亞茲需要武裝的現實下，純粹的威尼斯船員也只好與四千多位外來船員共處了。

聯合艦隊的總人數據說高達五萬，加上划槳手，總數大概是西班牙人占兩萬多，另外一萬是威尼斯人，其他則是外來兵團。當中八百八十人是日耳曼人，馬爾他的聖約翰騎士團員則多出身法國。

美西納連續數日召開座談會議，以便在開戰前決定作戰陣形。眾人決定依照協商好的陣勢航行，否則等到戰爭爆發再變換會太浪費時間。總司令唐・璜安不循以往多國艦隊以國籍劃分陣形的模式，改採不分國籍將所有船隻混合的提議，獲得了眾人的認同。若考慮到威尼斯與西班牙之間彌漫著的不信任與憎恨，依照國籍安置作戰隊形可能會引起紛爭，藉由混合編排的方式也許可以避免自亂陣腳。

前鋒依例是由帆船隊開路，緊接著是由載著大砲的六艘威尼斯加列亞茲隨行。

作戰隊形的右翼前鋒是西班牙艦隊總司令尚安得烈亞所率領的五十三艘槳帆船，其中配置了二十四艘威尼斯船、兩艘薩伏衣公國的船，以及數艘教廷的船艦。

開戰時坐鎮隊形中央的當然是聯合艦隊總司令唐·璜安所指揮的隊伍，艦隊主力是六十一艘軍用槳帆船，唐·璜安的座艦位於中央，右邊是教廷的艦隊總司令馬肯多尼奧，左邊則由威尼斯總司令官賽巴斯提亞諾負責護衛。

接在主力後面的是機動部隊，由那不勒斯的聖十字侯爵領軍，共有三十五艘，主要作用是跟在主船隊後頭，視戰況給予適當援助，是支由威尼斯、教廷及西班牙船隻組成的混合隊伍。

最後離開港口的是五十三艘位於陣形左翼的後衛船艦。這支由威尼斯艦隊參謀長阿格斯提諾·巴巴利哥指揮的隊伍，除了兩艘是那不勒斯船之外，其餘全是由威尼斯船組成。

全部艦隊都離港的日子為九月二十八日。

從八月二十三日唐·璜安抵達美西納到出港的一個月間，其實並非諸事順利。首先，西班牙艦隊的指揮官以航海最困難的冬季即將到來為由，不斷要求將出戰日期延至翌年春天。對於這項提議，不要說威尼斯了，就是教廷艦隊也堅持一定要出海開戰。夾在中間的唐·璜安在九月十二日的一句話，決定了出海迎戰。得知此事的菲利浦二世雖急急送出勸其慎重考慮的書信，但當這封信抵達美西納港的時候，聯合艦隊早已離開。威尼斯這時才漸漸了解到這位對海事一無所知的貴公子，其實是個令人意外的寶藏。

離開美西納的聯合艦隊，首先繞過長靴狀的義大利南部卡拉布里亞地區，來到愛奧尼亞海，沿著義大利沿岸航行，穿過亞德里亞海出口後，經過科爾夫抵達希臘西岸，並得知法馬哥斯塔在八月十八號陷落的消息。這個塞浦勒斯最大的港口在苦撐四個多月後，終於落到土耳其手裡，守軍軍官馬肯多尼奧·布拉卡丁被活生生剝皮，浸入海水，最後因不敵酷刑而斷氣。報告中還指出與布拉卡丁同為威尼斯貴族的人亦全部死於酷刑。消息傳來，不僅威尼斯人，連艦隊所有士兵也都對土耳其心生憤怒以及復仇的火焰。

沒多久，聯合艦隊透過事前安排的偵察船得知土耳其艦隊停泊在雷龐多，於是改取南進航路，通過普勒維札海灣，穿過塞法隆尼亞以及奧迪賽斯之間的狹長海峽後，來到通往雷龐多的帕特拉斯灣入口。

聯合艦隊在此展開最後作戰會議。由於消息指出敵方的船數較多，多利亞與多位西班牙參謀提議隨即折返，但科隆納與威尼斯指揮官主張作戰，延期與開戰的兩派票數形成三比三，總司令官唐·璜安的意向成了關鍵性的一票。

一五七一年十月七日黎明時分，堵住帕特拉斯灣入口的聯合艦隊開始採取前鋒在右翼，主力在中央，後衛在左翼的作戰隊型。猶如一輪半月的隊形兩翼，分別由經驗最老到的海軍將領鎮守，最左是巴巴利哥的船，最右翼是尚安得烈亞的船。六艘加列亞茲則是每隊各配置兩艘部署在槳帆船隊的最前方，只等加列亞茲上的大砲一響就開戰。

另一方面，土耳其艦隊也離開雷龐多轉向帕特拉斯灣出口。聯合艦隊總司令官唐·璜安對勝負躍躍欲試，土耳其艦隊的總司令官阿里．帕夏同樣也是胸有成竹。與聯合艦隊左翼衝突的土耳其艦隊右翼，是由被稱為熱風的沙拉克率領的五十三艘船隻組成；阿里．帕夏率領的九十四艘主船隊理所當然是位於陣勢中央，與多利亞指揮的右翼對峙的則是由義大利烏爾格．阿里率領的六十五艘土耳其左翼艦隊。土耳其合計有兩百一十二艘船，比聯合艦隊的兩百零八艘在數目上占優勢，這也是阿里．帕夏何以敢放膽離開安全的雷龐多的原因。當然，戰無不勝的土耳其海軍壓根兒瞧不起這些基督徒也是原因之一。

在布陣告一段落，土耳其艦隊出現在水平線彼端時，唐．璜安也搭上輕巧的快速小船，通過一字排開的船艦前放聲激勵士氣。秋陽下，貴公子們的華麗甲冑閃閃發亮，如虹的氣勢與身上的盔甲相互呼應。當兩軍接近到可互以砲彈攻擊的距離時，聯合艦隊各船艦上原先懸掛著的旗幟全數降下，代之升起的是唐．璜安旗艦桅杆上畫有基督肖像的旗幟，這是教皇賜予祝福的旗子。緊接著，各船的桅杆前也掛起十字架，全體跪地祈禱，告白曾經犯過的罪。這就是十字軍。對於討伐異教徒的十字軍，教皇保證給予特赦，也許在這瞬間，眾人都感覺到一種反動宗教改革運動最純粹的要素終於結晶，心中再也不存任何雜念，剩下的只有全力以赴的鬥志。

兩軍繼續前進，相距到只有一海里時，六艘加列亞茲艦上的大砲一齊蹦出火花，掀起了槳帆船戰爭史上最大，同時也是最後的雷龐多海戰。

這場四百艘槳帆船激烈衝突的雷龐多海戰，最後由基督教聯合艦隊取得壓倒性勝利。巴巴利哥領軍的左翼將海盜西羅多率領的右翼逼到海岸，並在一陣激戰後，成功地殲滅敵軍。總司令唐．璜安率領的主艦隊亦在預備軍的助力下搗亂敵軍陣容，順利占據敵方總司令阿里．帕夏的旗艦，阿里最後戰死。四個小時後，勝利的旗幟幾乎同時由左翼及主艦隊升起。唯一美中不足的是，原本垂手可得的全面勝利，卻因尚安得烈亞的行動而失去先機：原本應由右方封鎖敵軍左翼的尚安得烈亞，不料卻繞到敵人後方，在土耳其艦隊左翼指揮官烏爾格．阿里巧妙的撤退下，眼睜睜讓對方逃往君士坦丁堡。配置在尚安得烈亞麾下的二十四艘威尼斯船與其他幾艘義大利船雖然無視指揮官的命令，以破釜沉舟的心情封殺準備逃逸的敵方左翼船隊，致使土耳其的左翼六十五艘船亦蒙受相當損害，未能全身而退，但全面勝利確實因此而不可得。史家對此的解釋是，西班牙國王菲利浦二世暗中不斷就阿里投靠基督教一事與其進行談判，尚安得烈亞便是接受了國王的命令，故意放走烏爾格．阿里。

基督教聯合艦隊獲得壓倒性勝利，俘虜的敵船高達一百一十七艘，另外七十艘因嚴重破損而不得不燒毀。俘虜人質超過一萬人，敵方戰死者多達八千人，其中包括了總司令阿里．帕夏和受重傷兩天後身亡的右翼總司令沙羅羅，乃至蘇丹禁衛隊耶尼切里軍團的團長和巧斯、內格羅龐特、羅德斯、諾普利亞、列士波斯等各地總督，以及巴巴羅薩的兒子，總計海盜戰死者不在少數。俘虜中也同樣有不少土耳其高官，像是總司令的兩個兒子便在名單之中。此外，雷龐多海戰的勝利也使得原本被鎖在土耳其船上、被迫成為划槳手的許多基督徒奴隸重新獲得自由。

不過，基督教方面的犧牲也不小。戰死人數超過七千五百人，單單威尼斯就高達兩千五百人，尤其是指揮左翼的巴巴利哥在受重傷次日便身故，其他戰死的威尼斯貴族人數亦多達二十六人，大部份都是各船船長，威尼斯在這場海戰所投入的心力可見一斑。當聯合艦隊將土耳其的海軍軍旗拖曳在海面，為威尼斯港帶來勝利的訊息時，市民們不禁以遺忘一時的歡呼聲浪迎接。雖然威尼斯人並非宗教狂熱份子，也無種族歧視，但唯恐人民在得知戰爭勝利後會在高興之餘攻擊市街上的土耳其人，威尼斯政府甚至安排宮殿，將所有土耳其人收容在此，並派出警衛加以保護，這便是稍後創設土耳其商館的契機。

不管怎麼說，雷龐多海戰的勝利影響甚鉅是無庸置疑的。就史家而言，雖然土耳其海軍並未因此役而一蹶不振，反而在烏爾格．阿里的領導下日以繼夜趕工，於翌年再次成立了由一百六十艘船組成的大艦隊，然而雷龐多一戰消除了基督教世界面對土耳其的自卑感仍是不爭的事實。無敵的土耳其海軍並非絕對不敗——光是這項心理上的收穫便深具意義。因為如果勝利的是土耳其，基督教聯合艦隊甚至未戰就解散，地中海世界也許就會淪為土耳其人統治。不過，總司令唐．璜安足以擔此重責大任的器量，以及許許多多為戰爭犧牲的寶貴性命，皆成功地防範此於未然。

乘勝追擊乃人之常情。對抗土耳其的同盟國在雷龐多海戰之後，由於不再意見紛歧，紛爭變得容易解決，問題也簡單許多。

首先是總司令的人選，這點毫無爭議，沒有人反對繼續由唐．璜安出任總司令，甚至連副總司令由馬肯多尼奧擔任一事也不再有人提出異議。其次是經費的分擔，這點也由於俘虜來的土耳其船的加入，各國數量不足的疑慮一掃而空；在擄來的一百一十七艘船中，西班牙獲得五十九艘，教廷與威尼斯各獲得二十七艘，剩下的則分配給薩伏衣公國與馬爾他的聖約翰騎士團。是年冬天，各國忙著整修這些戰利品，原本製造新船的需要隨之消除，先前因為沒有船艦而必須依賴托斯卡那大公提供的教廷，也在戰後搖身一變成為擁有二十七艘船隻的海事國家。對威尼斯而言，人手不足的問題同樣獲得解決，因為有土耳其俘虜可以替代，威尼斯並在實際的經驗中發現，上了鎖銬的奴隸充當划槳手的效率奇佳。當時某位艦長曾留下一份記錄，寫著最適合航海的人選首先是出生於達爾馬提亞與希臘地區的水手，其次便是奴隸，這些人都比義大利北部不習慣海上生活的志願兵好用。

威尼斯打算活用這個難得的良機，設定實質目標繼續激發唐·璜安在雷龐多海戰的才幹與熱情，於是祕密地協定將封他為摩里亞王。

摩里亞是當時伯羅奔尼撒半島的名稱，大部份為土耳其領土。威尼斯承諾將協助唐·璜安收復半島，成功之日便是唐·璜安封王時。敕封敵方國土聽來似乎荒唐，但只要有陸軍，以當時威尼斯的實力絕非難事，唐·璜安對此顯露高度興趣。在他心裡，儘管被尊為雷龐多英雄，但畢竟寄人籬下，跟異母兄弟菲利浦二世的關係也在雷龐多海戰後明顯不睦，威尼斯同意以摩里亞王位敕封的提議，對唐·璜安確實有不可抗拒的魅力。於是一到一五七二年，唐·璜安便來了通知說即將前往美西納。

只是，這個前年一度是聯合艦隊爭端的目的地，此刻又再度成為威尼斯與西班牙的對立之處。西班牙主張往北討伐海盜，威尼斯則堅持東行地中海殲滅土耳其艦隊。唐·璜安向西班牙國王提議先幫威尼斯在東地中海取得塞浦勒斯的替代地點，但菲利浦二世遲遲未予答覆。唐·璜安緊接著再提，如果前案不成，則不妨在春天只派出西班牙艦隊攻擊阿爾及爾，打擊當地烏爾格·阿里手下的海盜，迨五月後再轉向東地中海。對此，西班牙國王依舊沒有回音。

於此同時，威尼斯已在科爾夫集合了一百艘槳帆船及六艘加列亞茲，做好出征的準備。新任參謀長索朗佐率領二十五艘槳帆船前往美西納，準備迎接總司令唐·璜安的到來。馬肯多尼奧也率領了十三艘教廷艦隊，以美西納為目的地南下。三十六艘在那不勒斯編制的西班牙艦隊同樣是在聖十字王侯的指揮下，從當地向美西納出發，另外還有兩艘船也從馬爾他駛向美西納。

一切看來似乎都非常順利，比起前年問題減少許多，也沒有人對這次聯合艦隊的二次出征存有任何質疑。在作戰會議中，唐·璜安、馬肯多尼奧、聖十字王侯，以及威尼斯方面的代表——代替在科爾夫待命的佛斯卡里尼出席的索朗佐等人，決定將出港的日期訂為六月十四日。不過，五月一日教皇庇護五世駕崩的消息，卻為此投下變數。

出港前兩日，唐·璜安宣告戰爭無限期延期。驚訝的馬肯多尼奧以及索朗佐一再逼問，總司令卻支吾其詞，最後敵不過眾人逼問，只得搬出菲利浦二世搪塞。唐·璜安似乎也不明白西班牙國王此時下此命令的用意何在。他告訴馬肯多尼奧，將提供九艘西班牙船由其領軍追隨威尼斯艦隊前往地中海，他本人則留在美西納準備攻擊阿爾及爾的事宜。但馬肯多尼奧認為九艘船不夠，請求至少派出二十五艘，教皇也嘗試說服西班牙國王，只是，新上任的教皇實在沒什

科爾夫島的城塞

麼影響力。唐．璜安在與西班牙參謀等人協議之後，決定借給馬肯多尼奧二十二艘槳帆船，一千名西班牙士兵，以及四千名義大利士兵。

二十二艘西班牙船、十二艘教廷船、二十五艘由索朗佐率領的威尼斯船，以及在科爾夫待命的七十五艘威尼斯船，共計一百三十四艘船，如果再加上在克里特會合的船隻，則一共是一百四十艘以上的槳帆船加上六艘加列亞茲，雖然比雷龐多海戰時的兩百八十艘船艦要少許多，但也不是不能對抗土耳其的海軍。一行人最後決定留下十五艘戰鬥人員登船作業較繁瑣的西班牙船艦，所有船隻便前往地中海迎戰敵人。

船隊在七月十五日抵達科爾夫，與待命的十五艘威尼斯船會合後，隨即沿著伯羅奔尼撒半島南下，繞過半島頂端採東行。就在此時，隨後趕上的傳令船帶來消息指出，唐．璜安因菲利浦二世撤回先前命令，已經率領停靠在美西納的船隊離港。馬肯多尼奧及威尼斯司令官火速召開會議，提出了兩項因應對策：一是返回科爾夫等唐．璜安趕上，待會合後再航向東地中海；另一是通知唐．璜安隨後趕到，艦隊繼續前進。

如果將大批已經出港的艦隊再次帶回設備比西西里島上的美西納更好、更安全的大艦隊根據地科爾夫，勢必會錯失良機，威尼斯的司令官們因此多不贊成，馬肯多尼奧也表示同意，艦隊於是發令給總司令官唐．璜安，說明決定繼續前進。

艦隊於八月四日抵達威尼斯領土伽利哥島。此時消息傳來，指出烏爾格．阿里率領的一百六十艘土耳其艦隊正來到北邊不遠、航程只有一天的馬爾瓦吉亞港，基督教艦隊決定採取與雷龐多海戰相同的混合陣形，只是這回由於威尼斯船隻占壓倒性多數，因此是由三艘威尼斯船搭配一艘西班牙船和一艘教皇船艦。主船隊的指揮官是馬肯多尼奧、威尼斯艦隊總司令佛斯卡里尼和西班牙艦隊司令官唐．安得烈亞德三人；左翼與右翼則分別是由擔任參謀的威尼斯人卡那列與索朗佐領軍。但不知烏爾格．阿里是否得知基督教軍隊的動靜，直到八月十日之前一步也不出港，即使是十日的那次現身，也不見真正發動海戰的氣勢，兩軍之間不過只發生些小衝突，土耳其蒙受的損害較多，七艘槳帆船因為無法使用而遭棄置，烏爾格．阿里再次躲進馬爾瓦吉亞港口。

這樣的動作也帶來了某種心理變化，馬肯多尼奧指稱唐．璜安應該已經抵達科爾夫，建議眾人撤退到科爾夫或是附近的海域會合。理由是烏爾格．阿里是個經驗老道的海盜，對地中海知之甚詳，極有可能避開聯合軍艦監視網，先行帶著五、六十艘船隻襲擊唐．璜安一行，因此應該立即撤退，及早與唐．璜安會合。威尼斯司令官對此雖然強烈反對，然而貴為羅馬貴族的馬肯多尼奧豈肯聽從。在習於君主專制的人眼中，合議制不過是君王無法拿定主意時的意見徵求機關而已，只要總司令的意願十分堅持，其命令絕對必須貫徹。馬肯多尼奧堅持撤退，威尼斯人只得服從。

不過，艦隊從契利哥出發繞過伯羅奔尼撒半島北上，一直到桑提都還沒見到唐·璜安的蹤影。無奈之餘，只好一路再往北行，終於在抵達科爾夫時與唐·璜安會合。

未料唐·璜安因為等不到人而盛怒，甚至揚言要將西班牙司令官唐·安得烈亞德處以死罪。尤有甚者，他還要求跟雷龐多海戰一樣，讓西班牙士兵登上威尼斯的船。威尼斯當然強烈拒絕。雷龐多海戰時，威尼斯船是因為戰鬥人員不足，所以才接受唐·璜安當時提出的合理要求，但是這次威尼斯有充足的人力，沒有理由接受唐·璜安的提議。

威尼斯拒絕的理由其實非常充份。在雷龐多海戰時，總司令官唐·璜安與當時威尼斯艦隊總司令賽巴斯提亞諾之間便嚴重不合，這次事件不過是將之檯面化罷了。

當初，雷龐多海戰因迫於情勢而登上威尼斯船的西班牙士兵，有很多並不服從威尼斯艦長的命令，在嚴重影響作戰的情況下，賽巴斯提亞諾曾將六名最惡劣的士兵處以絞刑，吊在帆桁上。唐·璜安對於賽巴斯提亞諾未與其商榷便擅自處決自己手下的行為大感憤怒，一氣之下將賽巴斯提亞諾從作戰會議中除名，改命指揮左翼、最後戰死的參謀長阿格斯提諾代替出席。雖然事後證明賽巴斯提亞諾的判斷是正確的，因為自從該次事件後，威尼斯船上的西班牙士兵百依百順，不再作怪。

不過，希望挾著雷龐多海戰的勝利餘威，給土耳其海軍致命一擊的威尼斯，畢竟還是在當時換下了讓唐．璜安不悅的艦隊總司令賽巴斯提亞諾，另行以個性溫和知名的佛斯卡里尼代之。但是這個考量跟犧牲艦隊的士氣是兩回事，為了避免重蹈覆轍，這一年威尼斯拒絕了唐．璜安的要求。

但偏偏唐．璜安這次根本不是出於理智，而是感情用事，欲維持其總司令的尊嚴而已。馬肯多尼奧夾在唐．璜安和威尼斯之間進退兩難，只好將麾下教廷船上的所有戰鬥人員移至威尼斯船，而讓西班牙士兵登上教廷的船，以防止雙方決裂。十天就在這樣你來我往之間過去了，迨艦隊再出發時，雖然一度曾出兵到希臘海上，但由於敵方將領烏爾格．阿里巧妙的行動以及天候不良、時運不濟等因素，最後只在小小的交鋒後，就又回到了科爾夫。

聯合艦隊最後於十月二十日解散，唐．璜安帶著西班牙船回到美西納，馬肯多尼奧也轉向羅馬，西班牙國王菲利浦二世雖然跟教皇約定次年將再派遣更強力的艦隊，但威尼斯卻再也不輕信。

無以為繼的威尼斯決定單獨與土耳其締結和約。「十人委員會」下令駐君士坦丁堡大使正式進行談判工作，和約於次年的一五七三年三月七日簽訂。當時相信威尼斯會繼續抗戰的西歐各國，在獲知威尼斯談和後，一致譴責威尼斯背叛。

就在同時，巴黎與君士坦丁堡其實也正在密切進行結盟的計畫，但法國就沒有像威尼斯那樣遭受譴責。該同盟是協定在法國派遣陸軍進攻法蘭德斯的同時，土耳其必須派出三百艘槳帆船組成的大型艦隊到地中海夾擊西班牙。法國與西班牙同樣覬覦地中海世界中的阿爾及爾，前者甚至為此採取離間計，讓西班牙與威尼斯反目。前往君士坦丁堡就任的法國大使在途中便曾停留威尼斯長達兩個月，幾乎引起西班牙的懷疑，另外，法國透過法國駐威尼斯大使的動作也是頻繁且明顯。

但是情勢並不允許威尼斯共和國在地中海世界與西班牙為敵，威尼斯也不會愚蠢到自掘墳墓去參加這個看似壯觀、實則伴隨高度危險的同盟國。威尼斯只希望跟土耳其締結和約，對於積極勸誘的法國，則巧妙地以提到半年前發生、對法國人猶如夢魘般的聖巴托羅繆節屠殺事件成功地加以婉拒。或許就是因為威尼斯正確的判斷，土耳其、法國同盟打算兩面夾攻西班牙的計畫才動彈不得，法國也僥倖避免了遭受西歐各國譴責的命運，但想法、作法都太過實際的威尼斯，卻是因此而招致各國的唾棄！

在前面一章〈大航海時代的挑戰〉，我曾經論及十六世紀時，威尼斯共和國成功地在經濟方面東山再起。然而，在這個都市國家時代終結，君王專制國家代之而起的世紀，力量及數量支配了一切的外交及軍事界裡，威尼斯卻備嘗一個沒有籌碼的國家所可能有的悲哀。本章開頭索朗佐大使的那段話，道盡了十六世紀威尼斯所面臨的現實：

> 所謂強國，為有能力以其所好控制戰爭或和平的國家。而我威尼斯共和國，恐怕必須面對已經喪失主控能力的事實。

第十二章

地中海最後的堡壘

「不唯土耳其帝國境內，其他地方亦無一處像坎地亞一樣重複如此多戰役、如此多鮮血、如此多金錢的攻防戰。」

十七世紀初，擁有外交官與歷史學家雙重身份的帕奧羅·帕爾塔，在其著作《成熟之政治生活》一書中，有這樣一段論述。

品嘗和平的甜美果實，是所有政治、軍事性活動的終極目標。是以，不管是君主國或是共和國，其熱衷將國家目標集中於軍事，不斷重複爭戰，擴張版圖的作法，絕非達成此一目標的途徑。和平的路途並非透過統治眾多他國國民，而是在於能否以正義統治自己的國家，確保國民的和平與安全。

真是無懈可擊的論述。

距離馬基維利提出：「政治生活的終極目標在於個人、國家，同時也在於權力」一個世紀後，對政治的認知竟已臻如此「成熟」的境界，令人驚訝。透過與海結婚的祭典將海據為己有的威尼斯人，十七世紀搖身一變成為家庭主義者，更是令人始料未及。如果其他國家也能和帕爾塔持有相同看法的話，這對於世界和平的進展會是多麼大的一步。

只是，馬基維利的著作不僅是文藝復興時代的代表，它之所以能跨越時代，成為通用的政治哲學古典著作，主要是它不僅闡述理想，也超越了現實。十七世紀的威尼斯也許已經達到政治「成熟」的境界，開始品嘗和平甜美的果實，然而，其他國家卻還未達成熟階段，此乃威尼斯之大不幸。換言之，單方面提出和平宣言並無法解決問題，這正是問題的所在。

十七世紀是巴洛克時代，同時也是西歐君主專制國家全盛的世紀，儘管西班牙逐漸走下坡，法國卻才邁開大步迎接路易十四的時代。英國在克倫威爾 (Oliver Cromwell) 之後，獨裁政權愈形穩固，奧地利帝國在匈牙利的勢力範圍也開始確立，起步較晚的俄羅斯能在十八世紀初期出現一位彼得大帝，也是在這個時代紮下的根基。巴洛克時代的西歐是個王權確立，也是個爭戰不絕的世紀。雖說西歐的中心地由地中海沿岸轉移到大陸，但是在這個戰火綿延的時代，不管威尼斯如何宣布和平，依舊無法脫離戰爭的陰影。可以說，十七世紀的威尼斯並不如願地度過了一個戰爭的世紀。

最初的戰爭發生在羅馬的天主教教會之間，雖然不是一場互相擁兵交鋒的戰爭，不過卻影響到威尼斯共和國的獨立，威尼斯人因此視之為戰爭。

不同於反動改革派在前一世紀宗教改革運動中扮演的守勢，本世紀以西班牙為中心的反動宗教改革浪潮以收回失地為目標，展開了幾近瘋狂的猛烈反擊。牢獄裡充斥被視為異端的人們，女巫審判的鬧劇連無庸置疑的基督徒都為此惶恐不安。以耶穌會為首的反動宗教改革派認為，如果要使那些不幸的迷失靈魂，亦即不信上帝猶如自己信任上帝般虔誠的人從惡魔的束縛中解放並接近上帝，只有對其施予肉體上的苦痛，基督徒士兵的使命正是要幫助他們（持有這種想法的人，通常所施加的虐待行為要比一般虐待狂來得徹底、大範圍，且有持續的危險性）。威尼斯共和國如欲自外於當時席捲西歐的這股狂浪，勢必得慎思後行。

原本威尼斯就有政教分離的傳統，雖然威尼斯也是天主教國家，但跟其他國家很不同的是，宗教權威大主教的寓所長期來都只設在潟湖的邊陲，以船隻通過潟湖到威尼斯本島至少需要一天。雖然在一四五一年，大主教已經獲准將住所遷到威尼斯本島，但仍不是居住在象徵威尼斯的聖馬可教堂中，而是位於郊區國營造船廠與帆布工廠林立的彼端，亦即現代國際美展會場的所在地，堡壘區。相形於佛羅倫斯或其他地方，掌管祭祀的大主教宮殿距離都市教堂僅數步之遙，在威尼斯，大主教連要到當地主要教堂都得從郊外專程前往，祭祀守護聖人的聖馬可教堂法律上雖名為元首個人的禮拜堂，實際卻是威尼斯全體市民的教堂，不受羅馬教皇管轄，顯見威尼斯人不喜在政治中心（元首官邸）隔壁設置教會勢力大本營的決心。

除此之外，威尼斯也有一點與其他國家不同——舉凡威尼斯出身者，即使是神職人員，教皇也沒有隨意任命的權力。從主教到樞機主教，無一不是由共和國國會提出四名候選人的名單送交羅馬教皇，然後再請教皇從中選出一人（這也是他唯一能做的）。這個辦法主要是為了讓威尼斯出身的神職人員無法利用天主教教會的權威或權力，做出背叛祖國的行為。透過這個方法，威尼斯巧妙地避開了中世紀將整個歐洲捲入戰亂的教皇黨與保皇黨的鬥爭中，並且從中得到該得的利益。

如果對位階高的神職人員尚且如此防範，與民眾有直接接觸的神父遴選，當然更是不假教皇之手。威尼斯在每個教區都設有一名神父，由教區居民投票選出。雖然羅馬教廷偶爾會以信仰的虔誠度來質疑神父的選舉工作，但威尼斯政府依然無視抗議繼續實施這項措施。自十二世紀沿用至今的六區制首長均由尋常百姓出任，目的就是為了防範教區制下無可避免的神父權力擴張，以政教分離來企圖減低宗教對居民的影響力。

在當時的歐洲，神職人員從政蔚然成風，例如法國的黎胥留便是個好例子，但是在威尼斯，不論是多麼富裕的貴族，只要家族中有人出任主教或樞機主教，該家族其他成員就不能進入政府權力核心。只是，這個制度同時也衍生出一項驅逐政治對手的方法：提名該政治對手為主教或樞機主教的候選人，經由運作讓教皇任命為樞機主教，使其從此遠離威尼斯的權力核心。

還有一點也是威尼斯獨有的：威尼斯境內的教會財產要課稅。這點有多稀奇呢？從二十世紀義大利境內的梵諦岡不動產仍然不須繳稅的情形來看，不難想見。

除了課稅，在威尼斯共和國，教會財產還是法律規範的對象。

從神父到修士，神職者中有經營頭腦的人似乎總是不少，不僅懂得善用既有資源，還懂得開源增加教會的財產，再加上教會原本就有來自信徒的奉獻，不斷增加的教會財產也使得教會成為各國統治者頭痛的燙手山芋。人們為不幸的人們奉獻心意固然值得尊敬，但就政教分離的觀點著眼，卻不那麼令人高興。經濟力愈強，意味著對政治的發言力就愈強，此乃不變的真理。

對於這個向教會課稅也不能解決的難題，威尼斯共和國是透過六個大會堂（信仰聖馬可或聖洛可等的慈善團體），以及各自有守護聖者的職業工會吸納捐獻，解決了大部份難題。但有鑑於似乎仍然不夠充份，威尼斯本國很早便設置了法律，限制教會不動產的擴大。

不過，這項法律並不施行於義大利本土屬地。也許是相形於海上威尼斯，本土的屬地無疑擁有較肥沃的土地，威尼斯政府因此認為沒有必要過於緊張吧。既然沒有必要過於緊張，當然也就不須要刺激羅馬教廷。

然而，以十七世紀為分界線，事情卻不再單純。十六世紀初，威尼斯經濟由以往海運貿易獨大的結構，劇變為手工業、農業的多元趨勢。十七世紀初期，農業在威尼斯經濟已占極重要的一環，這與威尼斯人秉持於所有事業，國政亦不例外，均發揮一貫的經營私人企業精神，將手中資源作最大利用亦不無關係。農園的經營便是一例，位於本土屬地的威尼斯人所擁有的農園，生產量非常高，顯示威尼斯人在企業化上的天賦即使到了十七世紀依然沒有衰退。

眼看著鄰近的農園經營愈來愈優秀，修道院與教會的農園見賢思齊，也興起學習威尼斯式經營的念頭。原本這些神職人員就有經營頭腦，模仿起來更是不費工夫，不久便達到和威尼斯人經營的農場平起平坐的水準，部份修道院甚至以信徒奉獻（這也是威尼斯人的農場絕對無法做到的）的方式進行增資。出現如此強而有力的對手，光是經濟上就夠威尼斯政府擔心，更別提還有政治上的影響力可能增加的顧慮。威尼斯政府於是決定在屬地實施與本國相同的法律，如此一來，屬地境內的教會所擁有的不動產便不得增加，但羅馬教廷為之大怒，也間接成立了一六〇六年教廷對威尼斯「戰爭」的真正成因。

政教分離的貫徹，少不了司法要獨立。所有在威尼斯共和國領土內的犯罪，即使是神職人員，也是交由威尼斯法院而非羅馬教廷法庭裁決。除非是宗教罪行，否則就算隸屬羅馬教皇，同樣不適用神職人員的治外法權。一六〇三年在本土因犯罪而遭起訴的兩名神職人員，受威尼斯政府法律制裁的事件，便是「戰爭」的導火線。

在這個連神職人員都以本國法律制裁的國家，對於普通人當然更是無所謂宗教不宗教，而是一律透過威尼斯共和國的法律審理。在當時肆虐整個歐洲的異端審判，威尼斯雖然很難置身事外，但和他國不同的是，威尼斯的異端審判法庭並沒有神職人員參與，而是由三名平民擔任審判長，其中包括了不受教廷歡迎的伽利略教授。威尼斯另外也規定，未經以學問自由著稱的帕多瓦大學法學院答辯的判決一律無效。儘管此舉曾經引起異端審判中執牛耳的西班牙與教廷的不滿，但威尼斯確實因此不曾發生過審判女巫的事件。

關於威尼斯人的信仰自由，其實早在下一世紀啟蒙主義者的讚揚之前便已存在。只是，這並非思考得來的主義或主張，而是一千年前先民血液內化為體質的結果。威尼斯人的生存，長久以來靠的是與他國人民的交易，因此儘管彼此的宗教不同，但從實際的經驗中，他們體會到與他人共存共榮的必要。情形轉到國內也是一樣。自古是威尼斯人老主顧的日耳曼人中，不管是經常出入日耳曼駐威尼斯商館的商人，還是帕多瓦大學的留學生，新教徒就占了不少；而威尼斯徵募船員的主力希臘人，信仰的則是希臘正教；在此時期因為可以給威尼斯經濟注入活力，不只獲得威尼斯人准許居住在威尼斯境內，甚至可以參與威尼斯企業經營的猶太人，也在新舊猶太區內享受著完全不受打擾的猶太教儀式，即使是以土耳其商館為根據地的土耳其商人，也不曾發生過因為信仰而遭受迫害的案例。這項威尼斯人的特質，不僅給了政治人物確立政教分離強而有力的背景，也讓必須在包容異己的環境下才能存在的言論自由，有了「發聲」的空間，促成威尼斯出版業的興盛。

然而，相對於威尼斯政府對於提香、維洛內塞、丁多列托等威尼斯畫派所作的性感裸體畫大受歡迎，卻從未想過予以糾正的作法，同時期的羅馬不僅將米開朗基羅的基督裸體畫的恥部以水藍色顏料隱去，就連古代雕刻都刻意加上一片葉子的態度，也令人印象深刻。換言之，在反動宗教改革非黑即白、嚴厲而令人窒息的氛圍取代了文藝復興多彩自由氣氛的羅馬城裡，威尼斯的不受見容，其實並不令人意外。

但威尼斯人絕對不是宗教信仰特別薄弱。這點不用靠海為生，只要是搭過船，不管是帆船或漁船，曾經遇過大風浪的人都能理解。身在怒浪狂濤擺弄的船隻上，以人類有限的力量，自然是轉而對神、佛等超自然力量的依賴。時至今日，教會裡仍然留下許多人們在平安渡過災難後為了感謝上帝而捐給教會，名之為「感謝恩寵」的樸素畫作，其中來自農民捐贈的畫便比漁民或船員少得多，足見在陸地生活的人與討海人在信仰上的不同面貌。威尼斯人並不是不尊敬羅馬教皇貴為宗教的最高權威，他們只是在教皇干政時秉持一貫的立場反對而已，這點直到十七世紀，在陸地討生活的人多過靠海為生的人數時，依然沒有改變。然而，當時的羅馬卻是掌控在以耶穌會為最前線的反動改革派手中，教廷內充斥著一片贊同對異教徒採取強硬手段的撻伐聲浪，而這也意味著……。

羅馬的卡米洛·波爾格賽樞機主教與威尼斯大使李奧納多·多納 (Leonardo Doná) 之間，曾經有過這樣一段對話——

樞機主教道：「如果我是教皇，我一定將威尼斯逐出教門。」

威尼斯大使對此馬上反駁：「如果我是威尼斯元首，我想我會對這項決定一笑置之。」

一六〇五年，波爾格賽成為教皇保羅五世。隔年，威尼斯大使多納也被選為威尼斯共和國的元首。兩人都不是會輕易改變想法的人。

多納就任元首三個月後，一六〇六年四月，羅馬教皇保羅五世送了一份全面禁止聖務的教皇令給威尼斯共和國。理由是威尼斯的司法制裁了兩位神職人員，以及威尼斯以法律限制境內教會財產膨脹的做法，嚴重違反天主教教會法。所謂聖務禁止令，一般是教皇在逐出教門之前，向轄下各神父發布的處罰令，並不等同逐出教門。禁止的聖務從教堂彌撒到洗禮、結婚、喪葬等各項儀式全都包括在內。

不過，收到這份禁令的威尼斯共和國卻認為，俗界的事除了神的指示外，不應服膺任何權威，於是以聖務禁令才是違反教會法，向教廷大力辯駁。在威尼斯人的想法裡，神的指令只有《聖經》裡耶穌基督所提到的「凱撒的歸凱撒，上帝的歸上帝」，政教分離毫不違背基督的旨意。共和國政府因此決議封殺教皇頒布的聖務禁止令，嚴令威尼斯境內所有教會仍得照常執行聖務，不遵從者一律驅逐出境。雖然威尼斯國內除了耶穌會所屬的神職人員之外，全都遵從政府命令，沒有太大問題。但本土領地就沒有這麼順利，有的教堂甚至得動員警察強制執行彌撒。耶穌會後來被逐出威尼斯轄下的所有領土，所屬神職人員禁止從事傳教，直到半個世紀後，一六五七年才准他們返回，但是恢復傳教，則還要等到一百七十年後的一七七三年才終於如願。

態度強硬的羅馬教廷似乎沒有料到威尼斯會強硬抵抗，也許是威尼斯在一五〇九年的那次屈服使他們如此認為。當年西歐組成康布雷同盟，一致以軍事行動反對威尼斯，但世局經過一六〇六年的那場宗教改革早有了轉變，各國的反應不一，反動宗教改革的起源地西班牙當然支持羅馬教廷，英國或荷蘭表明支持威尼斯，天主教國家法國則是不改一貫的曖昧態度。威尼斯政府看出漸漸走下坡的西班牙口頭上雖向教皇提出派遣軍隊遠征威尼斯的請求，實際並沒有付諸行動的能力。

除了形而下的應對措施，威尼斯對於教皇的禁止聖務處分也有形而上的論戰。這方面的指導者是有啟蒙主義前的啟蒙主義者之稱的威尼斯修士保羅．薩爾比 (Paolo Sarpi)。薩爾比在稍後出版的《特倫多宗教會議史》(*Istoria del Concilio Tridentino*) 一書中，強烈批判造成反動宗教派捲土重來的一五四五~六四年於義大利北部特倫多所召開的宗教會議。威尼斯政府正式任命薩爾比為政治顧問，並支付定額薪餉，任命他為神學論戰的負責人——政治的談判交給政治家，神學上的事則還是信任專家比較有利。薩爾比是當時經常出入威尼斯革新派聚集的里多托．摩洛西尼 (Ridotto Morosini) 集會的主要成員。「里多托」是威尼斯方言，意指上流社交集會，「摩洛西尼」則是源於成員聚集場所為貴族（同時也是歷史學家）摩洛西尼 (Andrea

Morosini)的宅第。元首多納與伽利略兩人也是這個「沙龍」裡的常客。

整整持續了一年的教皇聖務禁止處分，在一六〇七年四月解除。或許是呼應下個世紀即將發生的啟蒙運動，歐洲各國知識份子對威尼斯政府與教廷之間的這場「戰爭」表現出強烈關心，眾人無不好奇將會如何解決。認為威尼斯會在這場所謂「戰爭」獲得全面勝利的，占了壓倒性多數。因為不僅教廷要求威尼斯撤回神職人員不得享有治外法權，以及限制教會財產擴大的法律沒有成功，就連教廷要求恢復耶穌會在境內的所有工作，或是免去薩爾比職務的這一點，都不為威尼斯所接受。威尼斯唯一的讓步只是保證在執行限制教會財產時將採取較 *moderato*（溫和）的手段，亦即只要不太過明顯，都可以睜一隻眼閉一隻眼。只是，這條法令在這之後十年間，卻一次也不曾執行過。

在今日西歐，仍然經常可以聽到「反神職人員主義」這個字眼。

不過，意思與新教徒提倡信徒應該直接與上帝溝通，以教皇為尊的教廷必須廢除的主張不同；當然，也與反動宗教改革主張俗界所有事務都應受神左右的觀點不同。在認同反神職人員主義的人們眼裡，不管你信的是新教還是天主教，都是個人的自由，唯有政治與宗教相互尊重各自的獨立性，雙方才能順利推動。因此，雖然反神職人員主義反對教皇欲將俗界都納入統治範圍的觀點與新教徒一致，但只要新教徒一旦介入政治，反神職人員主義者照樣馬上起身反對新教徒，這種轉變在反神職人員主義下是首尾一貫的。耶穌基督在短暫的生涯裡留下幾句字字珠璣的言語，其中最富洞察力，同時也最不被遵守的便是：

皇帝的歸皇帝，上帝的歸上帝。

任何社會改革最終都無法拯救人類靈魂——這句真理在兩千年前便已出現，卻一直到二十世紀的今日，仍有許多人不察。究其癥結，或許就出在耶穌的繼承人的所作所為皆與耶穌基督的指示背道而馳吧！

起源要回溯到四世紀君士坦丁大帝公開承認基督教的事件上。如果君士坦丁大帝當初不是把基督教奉為羅馬國教，而是和其他宗教一樣公平對待，也許就不致發生問題。原因是先前處於反體制的基督教會一被納入體制，便從過去受迫害的基督教搖身一變成為加害者，耶穌不斷強調政教分離的寓意深言，早被忘得一乾二淨。從羅馬帝國到中世紀，期間不知流了多少打著上帝名號的血，這種不見容其他宗教存在的狹隘精神，充份表現在消滅異端的大會、十字軍運動，以及教皇黨與皇帝黨的爭奪上，高舉上帝「專利權」旗號的教廷，每次從不錯過強化其世俗影響力的機會。宗教最強的部份便是擁有地獄這個他人無從反證的武器，中世紀的基督教會尤其巧妙運用這個武器，加強對善男信女的影響力，是這方面名副其實的專家。

但是文藝復興運動將人類從這個窒息時代解放出來，這也是它被視為「人類復興運動」

的原因。馬基維利在書中提到，個人的績業仰仗才能與運氣，而非神的意志。他的友人，同時也是佛羅倫斯出身的藝術家圭恰迪尼也提過，死前最想看的三樣東西，其中之一便是不插手政治的神職人員。主張政治自宗教獨立，以及教廷最好遷到瑞士的馬基維利之著作，因此成為文藝復興的精神象徵，但也無可避免在稍後的反動宗教改革中因不奉上帝意旨為最高權威，而被視作惡魔書。不分新教徒還是天主教徒，在狂信這些宗教的地方，馬基維利的著作都被視作禁書，羅馬教廷更是在一五五二年正式將其列為禁書。圭恰迪尼的著作若不是因為沒有公開，只流傳後代而逃過一劫，一定也和馬基維利同樣名列禁書榜。

教廷的黑名單向來沒有人名，只有國家，威尼斯的大名從中世紀文藝復興時期到近代，始終高居黑名單之首。威尼斯信仰的自由、表現的自由、政教分離等反神職人員主義基本要素，早在法國興起啟蒙主義運動前便已存在。在拿破崙不願由大主教加冕，自行戴上王冠的一千年以前，威尼斯共和國元首的加冕典禮便已完全由俗界的元首輔佐官負責。駐威尼斯的教廷機構送交羅馬的報告書上，充斥著無視教皇禁令堂堂在書店上架的書名以及投奔到威尼斯的異端人物名單。伏爾泰便曾經寫下：

> 威尼斯存在著與其獨斷、專制的政治型態，理應完全不相容的對於個人自由的絕對自信。

威尼斯共和國誠然不曾孕育出達文西或是馬基維利這類人物，但這個國家，在悠久的歷史中所傳達出「人之所以為人的第一要素，乃在於尊重個人自由」的姿態，不正像是一位未留下著作的偉大思想家嗎？

然而，幸耶非幸耶（筆者認為是後者），治國畢竟不能光靠自由等高尚議題就想解決。在與教廷之間為了信仰自由而起「戰爭」，期間並且引來西歐各國知識份子的關注之後，威尼斯仍是得面對完全引不起他國知識份子關心的次要課題——海盜。

被稱為難民的這些海盜，並非一開始就以海盜為業，他們都是因土耳其攻陷匈牙利而逃出家園，住在亞德里亞海東岸險峻山勢一帶，既沒耕地，也沒水、沒樹的荒地，主要根據地為名為西尼亞（Segna）的貧窮村落。確切位置則是在威尼斯船往返補充糧食與水的停靠港，帕倫佐及波拉所座落的伊斯特利亞半島東方不遠處，西望威尼斯。這些海盜之所以能逃過視亞德里亞海制海權為國家存活關鍵的威尼斯的嚴厲監視，主要是威尼斯在繼帕倫佐及波拉之後的下一個停靠港為西尼亞再過去的薩拉及史巴拉托，位於海灣內部的西尼亞成了往來航路的死角，加上移居的難民又多為基督徒，威尼斯因此也就沒去在意。

然而，在無法維持生計，走投無路的情況下，這些狂熱的天主教徒竟打著撲滅異端異教徒的旗幟投入海盜行列，讓向來對難民與逃亡者抱持理解與接納態度的威尼斯大感困擾。威尼斯人與這些海盜雖同為天主教徒，但仍不能保證威尼斯商船倖免於難，因為只要威尼斯教徒一天與異教徒進行交易，就海盜而言，就有十足的理由可以攻擊威尼斯商船。商船損失嚴重，土耳其蘇丹甚至一度通告威尼斯政府，將派遣艦隊到亞德里亞海護衛本國商船。由於在雷龐多海戰之後，雙方和約中訂有一條規定：兩國得以本國艦隊守衛近海，並保證對方國家船隻的航行安全。對威尼斯而言，亞德里亞海等於自家庭院，說什麼都要避免土耳其海軍堂堂進入，為了向土耳其保證威尼斯將負起亞德里亞海的航行安全，威尼斯不能再坐視。

只是，這群難民出身的海盜，因為打著撲滅異教徒與異端旗幟，加上又是天主教徒的關係，從來就不缺乏奧援。首先伸出援手的是企圖合併匈牙利以對抗土耳其帝國的奧地利，然後是反動宗教改革派執牛耳的羅馬教廷，以及西班牙治理下的那不勒斯。他們不僅攻擊異教徒土耳其的船隻，對於被他們視為異端的英國船、荷蘭船，甚至是和教廷劃清界線的威尼斯籍的船隻，也同樣毫不留情。威尼斯如果要處理海盜問題，首先就得切斷這些國家對海盜的援助。

一六一五年，以傭兵為主的威尼斯陸軍，越過的港(Trieste)附近的威尼斯與奧地利的國界線，進攻奧地利境內。接著，威尼斯海軍（其中也包含在這個時代航海技術已日漸受到肯定的英籍、荷籍船員）更是在進攻那不勒斯領主所管轄的義大利南部亞德里亞海沿岸時，獲得海戰上的勝利，成功地在一六一七年締結的和約中，讓西班牙及奧地利兩國立下不再援助海盜的承諾（不過，也是幸好這兩個國家在當時各有其他重大問題，所以無法跟威尼斯計較）。唯一剩下的羅馬教廷，也在海盜攻打轄下的安科納港內泊船的事件之後，不再公然支持海盜。由於教廷不管在經濟或軍事上，均無法與奧地利及西班牙相提並論，因此只要教廷保持沉默，威尼斯就無須擔心。

不過，成功阻斷各國對海盜的支援，並未一掃海盜對威尼斯帶來的陰霾。這些最多不超過一千人的海盜，開始展開以有利彌補不利的巧妙戰術。海盜使用的船隻為小船，一般只有六到八支槳，最大型的也只有十二支，少有用到十六支槳的情形。一支槳配一個划槳手，船上唯一的船帆只有在風向極順時才會使用。搭載的船員為划槳手人數的三到四倍，每小時替換一次，以最快的速度划船，速度比威尼斯的槳帆船快上許多，即使是長距離，也可以在不休息的狀態下前進，一夜據說可航行一百海里左右（威尼斯的船隻只有在遇到順風的情形下，才可能一晝夜航行一百海里）。

船隻的體積小，風浪的阻力也少。除此之外，小船還可以深入亞德里亞海東岸複雜的岩壁狹縫之間，輕易撤退到當地許多小沙灘上，只要在這裡棄船逃到緊臨海邊的山上，隨後就算威尼斯船追來也束手無策。有鑑於此，參與掃蕩海盜任務的近海警衛艦隊司令，在給元老院的報告裡便提到：即使在最適合航海的季節都很難阻止海盜的行動，冬季裡就更別提了。

海盜也深知自己沒有作戰能力，所以百般避開海上戰爭。因為一旦發生海戰，海盜必定不敵由搭載大砲的大型槳帆船和帆船所組成的威尼斯海軍，於是便改以大砲打不到的低矮小船採行游擊戰法。對商船來說，為了避風或補充水源、糧食而停泊在亞德里亞海東岸出海口或小島時，是他們最危險的時刻。就算船隻不沉沒，在近海一帶發生船難時也是險象環生；十五艘左右不知從哪冒出來的小船，像是蟻群襲擊負傷甲蟲般，從貨物到人，全被強奪一空。任何時代都有利字當頭的商人，掠奪來的商品可不愁沒有銷路。

有鑑於過去軍用槳帆船在對抗海盜時效果不佳，威尼斯於是想出了日後成為巡洋艦

(frigate) 語源，名為「弗雷加特」(*fregata*) 的小型船隻，並以這種小船組成小型艦隊，一時之間，海盜陷入劣勢。

但海盜不僅殺了被俘虜的艦隊司令官，還將心臟料理後，供眾人分食。此舉激怒了威尼斯，憤而將俘虜的海盜全數斬首，並將首級成排排在聖馬可廣場的迴廊上。然而，海盜的勢力沒過多久就又回復到先前規模。該如何解釋這個現象呢？是周遭一帶為了逃避威尼斯、達爾馬提亞的法律制裁，而逃到這個海盜根據地的罪犯迅速地補足了人口嗎？這些人的數目固然不少，但光是這樣仍然不夠。那麼是難民特有的多產現象補足了不足的人口嗎？也不是。正確的說法是，這群海盜是群奉神為唯一權威，視海盜行業為奉獻給神明的正當行業，並以此為唯一目的的共同體。

不管是曾被海盜俘虜，透過威尼斯支付贖金才回到祖國的威尼斯人，或是直接擔任攻擊海盜任務的警衛司令官，都曾經在報告裡提到這個由難民組成的海盜集團獨特的生活狀況。

結束掠奪回到西尼亞港的海盜們，遵從歸依上帝的慣例，從碼頭一路跪到教堂，直接就著滿是鮮血的膝蓋舉行彌撒，感謝上帝讓其平安完成掠奪無神論者的行為。聖芳濟的神父讓這些海盜同虔誠的騎士般膜拜聖禮，然後才讓他們各自回家。

西尼亞有聖芳濟派及多明尼克派兩所修道院，在海盜們的想法裡，掠奪品有十分之一屬於修道院的權利，因此在貨物賣出後，多會主動奉獻給修道院。其中大部份都忠實地依照當時十分之一的稅金慣例，送到了羅馬教廷。

海盜或山賊在掠奪後，通常立即於當夜在根據地大肆慶祝的情景，也在這些海盜身上看不到。有的只是家中有人因為出海致死，或是被俘遭刑，家屬馬上享有榮耀，在共同體的援助下，生活不至於陷於困境。失去丈夫的女人甚至馬上有其他男人等著迎娶，以防止戰力因人口減少而受影響。孩子們從極小開始接受成為海盜的必要訓練，學步期即已透過丟擲石頭使其習慣疼痛流血。不分老幼婦孺，在這個將海盜視為唯一生活手段，同時也是唯一信仰的共同體中，每個人都有適合擔任的工作分配。對於從其他國家逃亡到此的逃亡者，不管是否曾經犯法，一律不計前嫌予以歡迎，這也是為什麼威尼斯海軍不論怎樣圍剿，海盜戰力始終不曾減到六百人以下的原因。

有段時間，這群難民海盜甚至肆虐到三百海里外的海域，雖然不至於威脅到威尼斯海運業的發展，但就威尼斯而言，順風時只要兩天就能到的距離竟遭海盜洗劫，當然是眼中釘、肉中刺。為了對抗這些不足一千人的海盜，威尼斯終於在成功阻絕了奧地利、羅馬教廷、西班牙等勢力對其在物質及精神上的支援後，一舉派了十七艘軍用槳帆船組成的艦隊封鎖海盜根據地。雖然之前也曾試過幾次封鎖，但由於執行得不夠徹底，每次都被海盜突破。不過這一次，威尼斯企圖藉此役一掃海盜的意志甚堅，再刁鑽的海盜也無法與之為敵，海盜共同體因此一蹶不振。一六一八年到一六一九年之間，威尼斯終於成功收回情勢一度危急的亞德里亞海制海權。

但當情形轉到地中海就沒這麼簡單了，一六五四年威尼斯再次陷入與土耳其的戰爭。為了延長自一五七一年雷龐多海戰後與土耳其簽訂的和約時效，威尼斯作了許多讓西歐各國瞧不起，甚至被視為屈辱外交的苦心。只是，換來的卻不過是七十年的和平保證。

以地中海世界為期最長、最激烈、流血最多而聞名的克里特戰役 (Cretan War) 為例，從一六四五年開始到一六六九年結束，總共維持了二十五年之久。不過，相信在攻防戰之初，雙方都沒有預測到這場戰役竟會持續二十五年。二十五年，簡簡單單一句話，代表的可是四分之一世紀。一個二十五歲的青年一場戰爭下來，結束的時候可能已經是五十歲的白髮人，人生的黃金階段全在戰役中渡過。威尼斯共和國十七世紀之後的經濟衰退速度雖然不快，但是卻無從阻止；十五年前因為受黑死病肆虐的影響，導致人口喪失三分之一的打擊，至今也遲遲未恢復。換言之，這場戰爭對威尼斯共和國來說，如果可能的話，應是不計代價都要極力避免的。

但是對敵手土耳其來說，當然不會知道十七世紀滿足於眼前和平的威尼斯人的願望。在匈牙利戰線無法順利突破，北邊又因新興國家俄羅斯的抬頭而飽受威脅時，唯一能確保全盛時期疆域的區域，只剩下地中海世界。土耳其人視東地中海為自家前庭，威尼斯治下的克里特在他們眼中，是這前庭裡的唯一外人，戰略地位無比重要，如果要完全掌控東地中海的制海權，克里特就不能缺席，要他們對這個「外人」睜一隻眼閉一隻眼，自是辦不到。

威尼斯共和國這廂則是視克里特為海洋大國威尼斯的象徵，同時也是地中海最後的堡壘。自威尼斯在一二〇四年第四次十字軍取得主權以來，克里特一直是威尼斯海軍及貿易上最重要的海上基地，四百年來投注了無數費用與心血。但問題是，土耳其在十五世紀奪去內格羅龐特，十六世紀奪去塞浦勒斯，從來就不曾對威尼斯死守的克里特表現過絲毫企圖，何以會在十七世紀中期一改過去的態度呢？原因可能與當時反天主教的氛圍讓人認為，威尼斯將無法從教皇或西班牙那裡獲得援助，再加上經濟上的衰退也不允許威尼斯有能力反抗，土耳其因此研判，征服克里特應該不會太難。

事件的起源是樁偶發事件。一六四四年秋天，一團結束麥加聖地朝聖，由亞歷山卓航向君士坦丁堡的土耳其商隊，在羅德斯近海航行途中遭到聖約翰騎士團船隻襲擊，行李與乘客被洗劫一空。聖約翰騎士團以打擊異教徒為名的海盜行為，最早可追溯到以羅德斯為基地的時代，成績遠非難民海盜能及。但棘手的是，這次遭襲的土耳其商船上還包含了黑人宦官長所率領的蘇丹後宮女眷。

騎士們帶著意想不到的掠奪品返回根據地馬爾他，途中停靠在克里特南邊的小村莊，以補充用水和讓土耳其船上擔任划槳手的希臘人下船。雖然威尼斯因為怕刺激土耳其，表明了不歡迎騎士團進克里特的立場，但騎士們還是找到了威尼斯警備艦隊監視網不及的克里特南邊的一個小港停靠。由於克里特主要城市都集中在北邊的天然良港，因此當威尼斯察覺馬爾他騎士團的船隊時，已經是船隻抵達二十天後的事了。威尼斯立刻要求這些船隻撤去，馬爾他船也遵從了要求。只是，放下心中大石的威尼斯隊長卻萬萬沒有想到，在船艙中竟然藏著蘇丹後宮女眷一行人。

得知此事的蘇丹伊布拉欣（Ibrahim I）大發雷霆。一來是這些被俘虜的女眷不過是朝聖歸來，沒想到竟然被俘。二來是這件事刺傷了穆斯林的自尊心。駐君士坦丁堡的各國大使馬上被叫到托普卡珀宮聆聽蘇丹的抗議。剛開始時，蘇丹的怒氣還只是針對馬爾他。駐土耳其威尼斯大使喬凡尼・索朗佐於一六四四年十一月二十日提出的報告中，生動地描寫了各國大使在面對盛怒的蘇丹時所反映出的面貌。

首先是法國大使，他告訴蘇丹此事他是第一次聽到。荷蘭大使也回以同樣答覆。蘇丹對此厲聲斥以他清楚馬爾他騎士團受到西歐各國的保護，中間還做出斬首狀，讓法國大使的翻譯官一度差點昏倒，但法國大使仍然保持一貫的冷靜態度，回答馬爾他距離法國遙遠，兩國之間毫無關係。威尼斯大使也稟告蘇丹，馬爾他是個獨立國家，完全不曾由威尼斯給予援助。至於荷蘭大使則是一副事不關己的口吻：荷蘭和馬爾他信仰不同，並非天主教徒，不應該和荷蘭有關。

話鋒幾經來回後，矛頭竟開始指向威尼斯，土耳其認為馬爾他船停靠克里特多達二十天是威尼斯對土耳其的背叛。大使索朗佐覺得這是土耳其想要對威尼斯開戰的藉口，因此極力防堵，甚至提出克里特總督送來的公文，說明當事者之一的威尼斯除了補給水及釋放希臘奴隸四十八人之外，對於馬爾他船隻停靠克里特的其他事情並不知曉。但土耳其仍然堅持船隻停靠克里特達二十天之久，不可能瞞過威尼斯的監視，一定是威尼斯明知這是對土耳其蘇丹的污辱，所以故意包庇馬爾他。十二月二十七日，威尼斯、法國、英國的大使已經清楚土耳其攻擊克里特的意圖。一六四五年一月三日，土耳其宰相對於數度想要說明的威尼斯大使只回以：一切都已明朗，無須多言。面對土耳其的堅決態度，威尼斯雖然以怠慢職守之罪，將沒有查覺馬爾他船而允其停靠的艦隊隊長處以死刑，但仍不見任何效果。蘇丹每天移駕君士坦丁堡的造船廠，催促製造大量軍艦的造船工程。但是直到這時，土耳其公布的攻擊目標仍然是馬爾他。

威尼斯政府並未靜觀其變。在駐君士坦丁堡大使索朗佐以及克里特元首，同時也是國內派遣的行政長官安得烈亞爾．柯納羅的一再催促下，制定了防衛克里特的對策。柯納羅透過元老院發出補強既有城塞，以及在戰略要點建立新要塞的指令。一六四五年一月四日，滿載小麥粉和米的船隻航向克里特，船上搭載了兩千五百名士兵以及幾位工程師。二月十日，十萬達卡特的軍用資金被送往克里特。

然而，這些動作在君士坦丁堡與克里特當地感覺戰爭迫在眉睫的人看來，卻覺得威尼斯政府似乎沒有察覺到事態的嚴重性。威尼斯國內在看了索朗佐以及柯納羅的緊急報告後，還是傾向相信土耳其表面上以馬爾他為攻擊對象的公開聲明。這也驗證了人們往往在過於希望和平之餘，總是慣常將所有現象均解釋為有利於眼前和平的維持。

時序進入二月，三月也過了，土耳其對馬爾他宣戰的公告依舊不改，不相信這個說法的只有克里特的行政長官柯納羅。他巡環全島視察城塞，檢查糧倉糧食，分配從希臘雇來的傭兵，每天不眠不休地進行所有不得懈怠的準備事項。

一六四五年四月三十日，八十艘軍用槳帆船與兩百五十艘運輸船，加上五萬士兵所組成的土耳其大艦隊離開君士坦丁堡，朝著達達尼爾海峽南下。威尼斯大使索朗佐因土耳其對外公布的攻擊目標為馬爾他，身為友好國家必須前往致意，因此也前往參加出征的慶典。

通過達達尼爾海峽進入愛琴海的土耳其艦隊，除了在土耳其領土的島停靠外，也在威尼斯領土提諾斯短暫停靠，補充新鮮的水、糧食，以示友好。然後於六月二十三日早晨，意外地出現在克里特外海。

這個第二次世界大戰英軍與德軍死鬥的地點，克里特，是個位於東地中海中央的海島，呈東西向，猶如一艘下錨的航空母艦。土耳其艦隊從達達尼爾海峽通過愛琴海後，一路往南便能抵達。堅稱目標為馬爾他，模糊真正意圖的土耳其軍，一直往南行到距離克里特極遠的外海，方才將航路轉西通過克里特，抵達伯羅奔尼撒半島南端的納瓦利諾，並於當地停泊了幾天。這也使得威尼斯錯估克里特已經脫離攻擊範圍，而仍心存一絲希望，因為從納瓦利諾到馬爾他，向西行只需五天。

然而，土耳其艦隊卻在離開納瓦利諾港後往東南推進，也就是往回走，並於三天後出現在克里特最西方的城塞卡內亞的外海附近。土耳其人當然不會笨到從正面攻擊這個今日仍有「威尼斯港」之稱，當年由威尼斯人建造，其中還包含了一所擁有十四座船塢的造船廠的要塞港，因為只要一個不小心，被城牆上無數正對著船腹的大砲打到就完了（船隻再多，從搖搖晃晃的海面上發射船砲，命中率終究不如陸地）。土耳其軍這時選擇的是善用陸軍國擁有多數士兵的戰術，從距離卡內亞十五公里的沙灘登陸，採取陸攻。

基於與土耳其長年為敵的經驗，威尼斯人早就在土耳其可能登陸的地點建築了要塞。在土耳其軍登陸的這一天，守護要塞的是比阿吉歐．朱利亞尼與其麾下的區區六十名士兵，看在五萬土耳其士兵的眼裡，根本不費吹灰之力，土耳其軍甚至連大砲也不用帶，只派遣了兩千名士兵帶著小槍進攻，其他人留在原地觀望。

眼看土耳其士兵攻來，隊長朱利亞尼立即當機立斷，命令士兵將要塞內所有火藥取出配置在要塞各處自行引爆。六十名守衛兵捐軀，但是靠近城牆的五百名土耳其士兵也因此一命嗚呼。何以決定這麼早引爆？在全體官兵陣亡的情況下，我們無從得知，隊長朱利亞尼也許是不想將要塞在可堪使用的情況下交給敵人吧。

土耳其的目標是威尼斯領土克里特——千真萬確的第一手消息，加上聖得奧多洛要塞自爆的壯烈事蹟，衝擊了威尼斯全國。在一千年漫長的歷史中，威尼斯人曾經數度展現的不屈不撓精神，也在此時重新燃起。

原本政府溫吞的態度有了一百八十度的轉變。元老院開始向各國君主請求援助，對富裕的階級課徵特別稅金，造船廠接二連三完成六十艘槳帆船下水的工作，並展開在領土屬地募兵的工作，達爾馬提亞地區的船員也陸續向威尼斯集中。

然而，外交方面卻效果不彰。威尼斯派使節前去請求援助的國家，從奧地利、西班牙、法國、英國乃至荷蘭，全都因為彼此交戰以及十七世紀地中海世界重要性下降等理由，無意派遣援軍，只有法國（時值宰相黎胥留辭世，剛剛進入路易十四時代）答應派遣軍艦並給予十萬達卡特的經濟援助；船隻最後雖然沒到，但錢是送到了。

最後，威尼斯得到的協助只有教廷的五艘槳帆船與戰鬥人員、馬爾他騎士團的數艘船隻，以及那不勒斯領主和托斯卡那大公梅迪奇派來的士兵。雖然另外還有由英國人和荷蘭人組成的基督教海盜志願加入對穆斯林的這場戰役，但因為參加的人員少，而且不定期，談不上所謂的戰力。

威尼斯海軍每年投注在克里特防衛的戰力，大抵是六十到七十艘軍用槳帆船與五、六艘加列亞茲，以及二十到四十艘的帆船，這對同時還有亞德里亞海戒備與護送商船任務的威尼斯而言，已經是最大極限。然而，這次其他國家送來的船隻數量雖然不多，獨撐大局的威尼斯卻仍無法避免因為加入他國武將所帶來的戰略與戰術上的不同調。克里特攻防戰在防衛上經常出現意見不一的狀況，就是因為威尼斯尚未放棄他國援助的希望，因此無法拒絕教廷派遣的武將所提出的戰略方法所致。

於此同時，登陸克里特的土耳其軍越過自爆的聖得奧多洛要塞，向卡內亞逼近——當然是從陸地上進攻。威尼斯貴族那瓦吉諾指揮的防衛軍，即使加上行政長官柯納羅其子所率領的三百名援兵，依舊不滿千人，形勢可說極為不利，幸好得當地希臘人協助，力撐了好一段時期。只是，當土耳其軍在城牆下挖洞，欲利用在洞穴埋火藥引爆的戰術催逼時，威尼斯軍唯一可以仰賴的海軍援助卻因為戰術的不統一，遲遲不見蹤影。終於在城牆沒有一處完好，彈藥和糧食也都用盡的時候，八月二十二日，在確保守衛士兵生命的條件下，卡內亞開城投降了。長達兩個月的攻防戰，土耳其有如踏入無人之境，損失雖然也不小，有兩萬人戰死，但卻也獲得了進攻克里特全島的前線基地，接下來只要東進即可。

取得卡內亞之後，土耳其的下一個目標便是東方二十公里遠的蘇達。蘇達是東地中海最好的港灣，時至今日仍是處嚴禁攝影的希臘海軍基地。卡內亞與蘇達之間有個半島，由於隔開了風浪侵襲，形成一個寬廣、平靜的港灣，中央有座小島，威尼斯就地將它建設成要塞。蘇達是克里特的防衛基地，平時便有威尼斯的槳帆船常駐，但在獲知土耳其軍接近的情報後，原本在港灣內待命的艦隊司令官卡裴洛卻以到桑提島與教廷艦隊會合為由，帶著近半數的軍隊出港，使得留在蘇達港的軍容只剩下四十艘槳帆船、四艘加列亞茲，以及十艘帆船，柯納羅為此大動肝火，卡裴洛也難逃受審的命運。不過，在沒有飛機的年代，孤立在海上的要塞仍然有著絕對優勢，就算周圍的陸地全被占領，只要保住海上的要塞，威尼斯船在廣闊的海灣上行動仍不受限制。就這樣，蘇達與同是孤立在海上克里特東邊的另一個要塞史賓那隆加共同撐過了二十五年。

物換星移，時序進入一六四六年，克里特島戰役進入第二年的時候，威尼斯發現光靠守衛各個城塞都市，無法保住克里特。不論敵人遭受多少損害，若繼續任由土耳其各個擊破，威尼斯最後所剩的將只有海上要塞。於是決定改變作戰方法，開始利用海軍優勢截斷土耳其的補給線。

採用人海戰術的土耳其軍，雖然士兵人數眾多，糧食需求也相對可觀。盛產橄欖與葡萄酒的克里特並非小麥產地，而且除了士兵與糧食的補充之外，火藥及槍彈亦須補給。換句話說，登陸克里特的土耳其軍如果沒有來自國內的補給，勢將陷入無法作戰的狀態。

三月，由二十二艘軍艦組成的威尼斯船隊，在特內達斯附近等待穿越達達尼爾海峽的土耳其運輸船隊，結果由於黑海海流以及強勁的北風，封鎖作業因此困難重重，最後仍是讓大部份的土耳其船隻順利通過。不過，從後來土耳其在君士坦丁堡之外另闢巧斯、羅德斯、伯羅奔尼撒半島上的馬爾瓦吉亞，以及埃及的亞歷山卓等運輸路線來看，成功封鎖的次數似乎是愈來愈多。

一切彷彿是威尼斯海軍貴為東地中海女王的黃金時代再現。之前多在陸地上經營手工業或是農園的威尼斯貴族，不知是否想起祖先的輝煌歷史，競相加入海軍，彷彿東地中海的制海權在兩百年後再度回到威尼斯人之手。一六五一年、五五到五六年兩國海軍的正式交鋒就不用提了，即使是小規模的戰事，獲勝的也通常是威尼斯一方。相形之下，偷偷摸摸遁入港口，如果在海上交會，馬上逃之夭夭的則是一百五十年前世人無法想像的土耳其；但威尼斯也為此付出了相當代價。在長達二十五年的克里特島攻防戰中，擔任海軍總司令的十位中就有五人戰死，克里特島防衛戰之於威尼斯共和國，可以說是傾盡全力的一場戰役。

第三年十月，雷迪莫陷落。第四年，也就是一六四八年的初夏，土耳其開始進攻位於克里特島中央的首都，亦即今日稱為赫拉克良(Heraklion)的坎地亞。當時攻守的兵力是四萬對六千，這場被土耳其史權威哈馬形容為「不唯土耳其帝國境內，其他地方亦無一處像坎地亞一樣重複如此多戰役、如此多鮮血、如此多金錢的攻防戰」的坎地亞戰役，在這之後又持續了二十二年之久。威尼斯之所以能夠撐過這麼長的時間，主要是因為掌控了大海，而土耳其軍則是在補給軍糧不濟的情況下，無法持續包圍。

土耳其此時開始拉長戰線。為了分散威尼斯投入克里特攻防戰的力量，土耳其開始攻擊亞德里亞海東岸的威尼斯領土達爾馬提亞地區。威尼斯雖然在克里特因為居民的毫不關心而備受困擾，但在達爾馬提亞卻獲得了居民的全力協助，戰況也因此對威尼斯有利，不僅擊退了土耳其軍隊的攻擊，領土還擴張到戰爭之前沒有的地方。

另一方面，克里特島上以城塞都市坎地亞為主的攻防戰仍然持續進行著。一六四八年，長久以來摧殘歐洲大陸的「三十年戰爭」終告結束，《西發里亞條約》(*Peace of Westphalia*)締結，和平降臨歐洲，但是仍然沒有一個國家站出來與威尼斯並肩對抗土耳其，充份證明歐洲的重心已轉移至北方，而威尼斯共和國傾注全國力量投入的，只是一場對眾大國不構成威脅的局地戰而已。

十年過去了，坎地亞還未陷落。在克里特攻防戰經過了十五年之後，對威尼斯讚賞的聲音才彷彿恍然大悟地逐漸響起。西班牙與法國之間的長久戰事落幕，兩個天主教國家終於有閒暇注意到在東地中海與穆斯林進行奮戰的威尼斯。

在十五世紀前飽受各國的嫉妒與憎惡，十六世紀時夾在大國之間，以被蔑為屈辱外交的手段辛苦維持經濟大國之尊的威尼斯，諷刺的是，卻在進入衰敗期的十七世紀時，受到外界的讚揚。之前所有曾經對威尼斯的讚揚，多是由政治安定或是對宗教的處置，再不就是經濟實力的稱頌，像這次如此普遍且大規模的掌聲與喝采，還真是從未有過。歐洲貴族與騎士也許認為這是展現勇氣的絕佳機會吧，甚至將到克里特加入威尼斯戰役視為潮流，這種現象在自許為騎士精神起源地的法國年輕貴族身上尤其明顯。只是，這些義勇兵的參戰對威尼斯而言，卻未必是可喜現象。

克里特攻防戰役開始以來，便是由威尼斯人混合傭兵組成戰力。教廷雖然每年至少送來四到五艘船，但因為威尼斯受夠了作戰的混亂，這些船隻因此也必須和傭兵一樣遵守威尼斯指揮官的指揮作戰，在指揮系統由威尼斯一手擔綱的情形下，威尼斯對於克里特攻防戰的持久戰方針也才得以維持。對於坎地亞只剩面海一方，其餘三面全遭包圍的守防，威尼斯人採取的是不作無謂出擊的堅守戰略。由於面海一方出入自由，不管是威尼斯人還是義大利、日耳曼、法國、西班牙的傭兵等，都有不少人在沒有戰事的冬天短暫返國。

正由於作戰方式沉悶，所以更需要耐心。相對於在東地中海巡航，受命一看到土耳其船便開砲的海軍颯爽英姿，陸軍所被要求的，除了發揮韌性，還是發揮韌性。

然而，來自歐洲的義勇兵卻不甘願。這些人都是希望與異教徒轟轟烈烈決一勝負而來到克里特的人們，當然無法忍受每天不是修補損壞的城牆，就是擊退來敵的生活。一些義勇軍因此奮勇出城，但大多數都在尚未充份發揮與異教徒搏鬥的基督騎士精神之前，便受到土耳其的砲

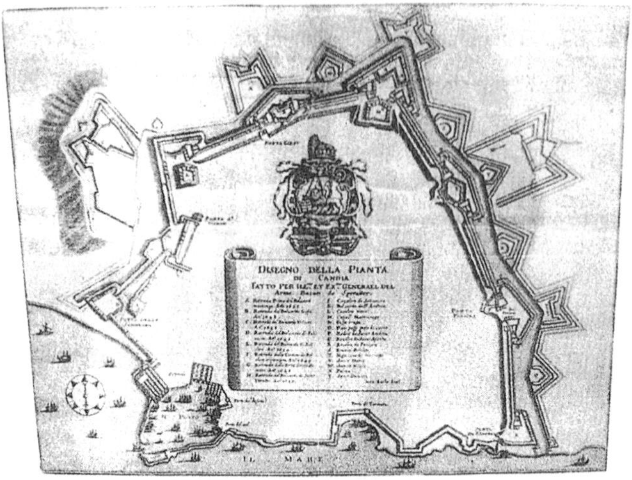

城塞都市坎地亞

擊而夾著尾巴逃回城裡。他們之中有許多人在冬天暫時回國，大部份沒有再回到克里特。不過，每年還是有包含從瑞典千里迢迢前來的數百名義勇軍加入克里特的戰役行列，顯見當時威尼斯悲愴的戰爭情況已經傳至西歐各個角落。

在這段期間，兩國不是沒有對停戰做出任何努力。一六五三年以前，威尼斯提過兩次，一六五六年土耳其也提過一次，每次都是由駐君士坦丁堡的法國大使居中提出。威尼斯的條件是願意每年支付費用，但是必須將克里特留給威尼斯，土耳其則是要求威尼斯放棄克里特，雙方面完全沒有交集，三次的和平談判因此全部觸礁。期間，威尼斯也曾經計畫暗殺蘇丹伊布拉欣，這當然是比祕密進行的和平交涉還要機密的事項，因此只殘留在「十人委員會」的極機密文件裡。不知是否威尼斯的計謀成功，一六四八年伊布拉欣在後宮遭到暗殺，但由於輔佐幼帝的大臣堅持克里特戰役必須遵照先帝遺旨，戰爭只好繼續進行。

在克里特島戰役迎接第二十三年的一六六七年，一向不在意死傷人數的土耳其，或許是恍悟差不多是收尾時候了，竟開始採取前所未有的總攻擊。

光是同年五月到十一月之間，土耳其發動的總攻擊就多達三十二回，守方威尼斯軍隊出擊了十七次，埋在城牆下的地雷爆炸了有六百一十三個，戰死人數三千六百人，其中四百人為指揮官，土耳其則更高達兩萬人以上，城牆甚至因敵我雙方流血太多，觸摸都覺鹹溼。防衛軍在戰役中已經使用到手榴彈，直至今日仍陳列在坎地亞的博物館裡。這些直徑大約十公分的陶製圓形彈丸，裡面塞了火藥，在極小的開口裡穿過一條導火線，將這條導火線點火之後投出，跟使用炸藥的原理是一樣的。

不過，儘管遭受如此猛烈的攻擊，坎地亞仍是屹立不搖。戰事進入冬季，敵我雙方都因疲憊而進入休戰狀態。

翌年一六六八年，時序進入春季，戰火再起。威尼斯的港灣每個月都有滿載補給物資的船隊駛向坎地亞，唯召集士兵並非威尼斯擅長，守衛坎地亞的士兵勉強只能湊到五千人，此時由法國貴族們所率領的五百名援軍抵達坎地亞，正如久旱逢甘霖。只是令人遺憾的是，抵達坎地亞的這些法國騎士們同樣只想轟轟烈烈打一場仗，對於持久戰的命令連聽都不聽。十二月十六日，這些在喇叭的高揚聲中衝出城外的騎士們，雖然勇氣可嘉，結局卻大多非死即傷。

是年年底，在羅馬與教皇克萊門特九世見面的威尼斯大使安東尼奧·格利馬尼，向教皇提出該年威尼斯送到克里特的物資一覽。如下：

九十七萬四千達卡特現金
最近遣往坎地亞的戰鬥人員八千七百人，工兵兩千人
槳帆船划槳手一千人
砲手兩百二十二人
修理城牆船隻及大砲等技術工人六十人
小麥粉及其他糧食十六萬司泰亞
大砲四十一門，槍枝及火藥共兩百八十七萬九千單位
導火線七十三萬根
彈丸九萬個
鐵、木材、軍服及內衣等衣物，鞋子及其他

林林總總加起來，一六六八年一年光是花在坎地亞防衛的花費，總額便高達四百三十九萬兩千達卡特。據說教皇在看了這張清單後，驚訝地說不出話來。當時威尼斯一年稅收只比三百萬達卡特稍多，由歐洲各地前來幫助的義勇軍雖然源源不絕，各國國王、王妃、貴族為了響應教皇的宣傳也給了不少援助，但就威尼斯而言，真的已經達到極限。第二年秋天，一如往常，

在經歷過一場轟轟烈烈的奮戰後，法國、日耳曼、馬爾他的騎士，連同教廷派遣的援軍接連離開克里特島，守衛坎地亞的威尼斯士兵以僅剩的三千兵力對抗土耳其軍的攻擊。看在城牆外土耳其陣營的眼裡，士兵之間紛紛開始流傳：「那不是人類在作戰，而是過去二十五年間死去的威尼斯人的靈魂在抵抗」，謠言擴散的程度到了連土耳其指揮官都不禁擔心士兵會喪失鬥志的地步。的確，在開春以來便綿延不絕的戰爭洗禮下，這些衣衫襤褸、鬍子蓬亂骯髒不堪的士兵們，或許看來更像是幽靈而不像是人。

這也是坎地亞防衛的總指揮官，即威尼斯海軍總司令法蘭契斯科·摩洛西尼 (Francesco Morosini) 決定投降的理由。五十歲的摩洛西尼在二十五歲時，也就是克里特戰役開始的同時投入作戰，二十五年來始終身處最前線，單身，原因也許就是無暇結婚。

所有指揮官受命到停泊在坎地亞港灣內的旗艦上集合。席間，摩洛西尼告訴大家「持續戰役對祖國的損害將比敵人蒙受的更多」的一番話，聽得在場的指揮官個個五味雜陳。這些人都是跟摩洛西尼一樣，將一生中最黃金的歲月貢獻給克里特攻防戰的人們。摩洛西尼徵詢每個人的意見，最後決定派遣使者告知土耳其總司令將進行終戰談判。由軍人直接進行和平交涉，這在威尼斯歷史可謂史無前例，因為主導權向來都是握在國內政府手上。摩洛西尼以自己願負全責為由，斷然進行。迨遠在威尼斯的元老院接獲報告時，已是摩洛西尼與土耳其就投降的條件達成協議之後的事了。雙方議定的條件如下：

威尼斯共和國同意放棄克里特，但土耳其必須承認威尼斯保有克里特島上的蘇達、史賓那隆加與卡拉布塞，三座港灣並不須支付貢金。

土耳其不得對威尼斯要求賠償戰爭費用。

土耳其不得要求威尼斯歸還威尼斯在亞德里亞海東岸達爾馬提亞的占領地。

土耳其准許守衛坎地亞的威尼斯軍隊帶走國旗、武器，以及其他所有東西，並確保全體人員安全撤退。

一六六九年九月二十六日，在摩洛西尼以下即將離開克里特島的威尼斯人當中，混雜了許多放棄即將成為土耳其領土的克里特的希臘人們。直至今日，赫拉克良中央廣場上還可見到威尼斯式的噴水池，水池旁有一座奉獻給聖馬可的教堂。聖馬可是威尼斯的守護聖人，顯示威尼斯人視克里特有如自己的國家。

幾乎同時，威尼斯國內派出的特使也朝北、西、南方出發，向各國君主報告克里特淪陷的消息。以元老院為名所送出的這份文書，向各國說明威尼斯已達國力極限，無法繼續作戰。在過去每逢威尼斯與土耳其締結和約，總習慣譴責威尼斯是背叛者、唯利是圖的商人的各國君主與羅馬教皇，這次反而是掌聲四起，沒有人責備威尼斯屈服穆斯林的膝下。

結束了克里特戰役的威尼斯，此刻面臨的是前所未有的瘡痍狀態，只剩下名譽，而這也是不被嫉妒、不被憎恨，同時不再被輕蔑的十七世紀威尼斯人所得到的唯一回報。

又過了十五年，一六八三年，當時因未與政府商量便擅自獻城投降，而飽受批評被調到閒缺的摩洛西尼，再次獲選為威尼斯海軍總司令。

同年，奧地利與波蘭聯軍繼大破直逼維也納城下的土耳其之後，策動羅馬教皇此時宜轉守為攻，加入了與土耳其在黑海對壘的俄羅斯聯手，結成反土耳其同盟。勸誘參加同盟國的使節來到了威尼斯，共和國決定接受邀請，因為此時如果拒絕，下次土耳其來襲時將沒有任何基督教國家願意伸出援手，這也正是威尼斯最恐懼的。威尼斯答應俄羅斯，願意派遣十三名國營船廠的工頭出任俄羅斯建造艦隊的技術指導。

陸軍國土耳其在西方有奧地利、波蘭軍，北方有俄羅斯，南方有威尼斯三方的同時攻擊下，自然是將主力放在北方及西邊的陸地，對南方的海面防衛能力較薄弱。看準了這個漏洞，摩洛西尼於是接連收復威尼斯長年以來的失土，像是聖塔毛拉島、納瓦利諾。並在開戰後的第二年，一六八五年時再度成功收復莫頓與科隆；這兩個曾被喻為威尼斯共和國雙眼的船隊必經基地，自十六世紀初落入土耳其之手後，經過整整兩個世紀終於重回威尼斯懷抱。同年，亞各斯、諾普利亞，次年，伯羅奔尼撒半島上曾經屬於威尼斯的土地也接連回歸威尼斯。

同盟國其他國家也陸續傳出輝煌戰績，土耳其被逐出外西凡尼亞 (Transylvania) 以及波士尼亞地區。威尼斯國內認為可以乘勝追擊取回內格羅龐特及克里特的樂觀人士愈來愈多。

摩洛西尼率領威尼斯軍隊勢如破竹地從海陸雙方進攻，不僅攻陷帕特拉斯，並且取得雷龐多與科林斯。一六八七年八月十一日，在得知捷報船進入威尼斯外港，即麗都港時，威尼斯政府表現出前所未有的喜悅，國會中止審議中的議案，全體移駕到聖馬可港口迎接。稍後元老院

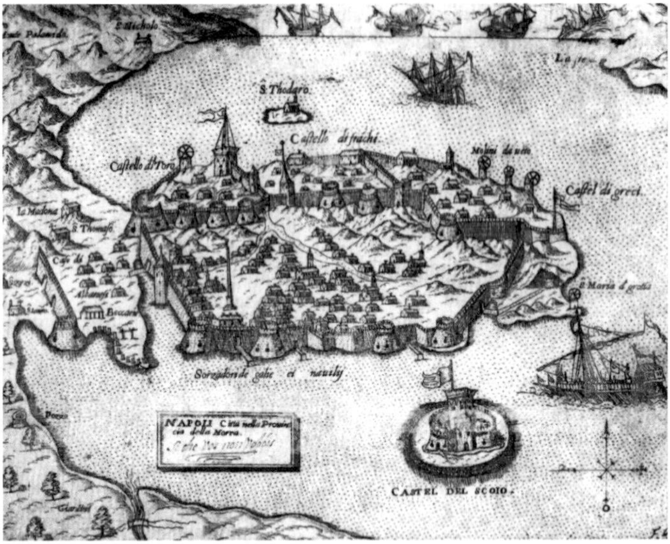

諾普利亞的要塞圖

甚至決定製作摩洛西尼的銅像——這可是威尼斯共和國史上空前的特殊待遇——並在銅像周圍用土耳其軍旗裝飾。這個銅像如今就收藏在十人委員會的會議室中。

摩洛西尼麾下的威尼斯軍隊不斷展現耀眼的成果：攻陷米斯特拉、拿下斯巴達、征服雅典。在征服雅典的攻擊中，威尼斯軍隊發射的砲彈不幸擊中土耳其軍隊用來當火藥庫的帕德嫩神殿。在英雄層面上，摩洛西尼和其對美學有高度敏銳性的祖先齊名，唯獨在美學的重視上，卻不如前人。另外，十七世紀末的威尼斯人也彷彿忘了自己的國家之所以壯大，是由於反英雄主義。

一六八八年三月，摩洛西尼在希臘的戰場上獲知自己當選威尼斯元首，這項選舉並獲得所有有權者一致通過。兩年後，摩洛西尼回國，但在祖國擔任元首職務不滿三年便又披甲上陣。一年後，一六九四年，戰死於諾普利亞(Nafplio)附近的戰場，享年七十五歲。同時兼任共和國元首及海軍總司令兩項職務的紀錄，打破了自一二〇四年第四次十字軍時，安利科．丹多羅以來的首例。威尼斯政府甚至給予連丹多羅都未曾有的待遇——將獻給他的凱旋門裝飾在元首官邸中「投票廳」的一面牆上。

戰爭於一六九九年結束。這是由於奧地利帝國牽涉到西班牙王位的繼承問題，不希望再和土耳其糾纏下去，所以簽訂了《卡爾洛維茲條約》(*Treaty of Karlowitz*)。威尼斯正式擁有摩洛西尼收復的所有領土。

然而，成就摩洛西尼成功的，事實上是土耳其的時運不濟。十八世紀的威尼斯已不再擁有能將好運具體落實的人力資源與經濟力量。也正因為如此，當土耳其對奧地利軍隊展開復仇，與俄羅斯談和，將勢力再度延伸到愛琴海時，威尼斯便再也無法保住所得的土地。隨著一七一四年的戰火一起，科林斯、亞各斯、諾普利亞、莫頓、科隆、聖塔毛拉等地便一一落入土耳其手中，威尼斯兵敗如山倒，連克里特的史賓那隆加與蘇達都不得不拱手讓人，完全失去了希臘的據點，僅能靠著死守科爾夫勉強保住亞德里亞海被稱為「威尼斯灣」的權利。這場激烈的科爾夫攻防戰，同時也是威尼斯共和國最後一場最像戰爭的戰爭。

歷史學家認為，國家的衰退是人民精神衰退的表徵。但是對於何以衰退，卻提不出令人釋然的說明。在讀了許多談論羅馬盛衰的歷史書籍之後，殘留在人們腦子裡的只是「奢者不久長，恍如春夜夢」這麼一句話。然而，我心中卻不禁浮起何以變得驕奢，不，應該說真是變驕奢了嗎？的疑問。盛者必衰，不獨平家（編按：日本中世紀兩大權貴家族之一，盛極一時，後遭源氏滅族），此乃歷史的常理：

遠溯至異朝，則有秦趙高、漢王莽、梁朱异、唐安祿山，皆不從舊祖先皇之政，盡享樂，不納諫，不察天下亂，不知民間苦，未久即亡國之例。

他們走上末路是當然的結果，也可以理解。

然而，唯獨在討論威尼斯歷史的時候，我卻不贊同單從精神衰退或墮落來論斷威尼斯。威尼斯人尊重先祖的德政，撙節享樂，接納建言，知天下亂，也察民間疾苦，但卻依然無法逃脫盛者必衰的道理，所以，一定還有別的理由。

威尼斯人的特徵是善於利用自己的力量，配合周圍情勢不斷追求效率，從而達到更高的頂點，這是威尼斯能成其大的原因，卻也是他們衰敗的主因。

十五世紀的威尼斯，是必須靠海和其他國家貿易的民族。但十六世紀初，面對地中海世界土耳其的抬頭，以及新航路、新大陸出現，地中海重要性不再的事實，威尼斯經濟無法再獨鍾貿易。重視效率的威尼斯人於是因應時勢，將投資轉為手工業，也開啟了十六世紀以毛織品為主的威尼斯手工業全盛時期。當然，海外貿易這時並非完全沒有賺頭，投資的項目也不是一開始就由海運完全轉為工業，不過，威尼斯經濟結構轉為多元化確實是個事實。

時代再進入十七世紀，由於荷蘭與英國的活躍、新大陸與亞洲的殖民化，地中海的重要性受到挑戰，昔日靠海外貿易維生的威尼斯人以往將子弟於十四歲就送到海外，在海外接受商船弩弓兵訓練所成就的傲視歐洲的航海技術，此刻不斷衰退，代之的是英國與荷蘭的船員，尤其是航海技術自十七世紀後大為提升的荷蘭人。以當時的保險公司對荷蘭船員提出的貨物保險率最低為百分之五，而威尼斯人至少得保到百分之八至十才肯受理的情況來看，中間的消長不難想像，讓人不禁想起十三到十五世紀，那個威尼斯透過特別定期船隊的方式徹底分散風險，無需保險制度確保安全性的時代。威尼斯在海運及貿易世界的競爭力很明顯是降低了，在這方面的投資也愈來愈遲鈍。

威尼斯政府當然不會對此袖手旁觀。為了重振航海技術，一六八三年還成立了國際商船學校。只是，一個不再成為必要的行業，儘管國家投注再多心力，終究還是無法達到預期的效果，唯一成就的只是建立了西歐第一所商船學校的自我滿足罷了。

在海運振興以及貿易方面，威尼斯也曾經企圖以加強保護政策來起死回生。一六〇二年，往來於亞德里亞海的荷蘭與英國商船向威尼斯政府提出請求，希望以威尼斯為商業基地，但威尼斯政府的答覆卻是：商品必須在威尼斯市場販賣，並且透過威尼斯籍商船運輸。當時最活躍的荷蘭及英國商船為此先後轉往亞德里亞海的獨立國家拉古沙、教廷領土的安科納，奧地利帝國的領土的港、第勒尼安海以自由港熱心振興貿易的托斯卡那大公的領土接洽，導致威尼斯的關稅收入在這之後十年間較以往減少了百分之四十，又是一例保護政策在活力衰退期只能流於失敗宿命的明證。

伴隨著海運衰退而來的還有自一六二〇年起開始降低的工業競爭力。原本在一六〇二年最高年產量達三萬培左的毛織品，到一六三一年時只剩下八千培左。部份原因固然與威尼斯歷來的老主顧，即日耳曼的交易量在一六一八到四八年那場號稱使神聖羅馬帝國人口減為三分之一的「三十年戰爭」中減少有關，但全歐經過一六二〇年經濟危機洗禮，大眾化有了大幅躍進，價廉、質輕、美觀的英國毛織品逐漸在市場上凌駕手工技術優秀但費用高昂的威尼斯商品，也是因素之一。就連在高級織品的範疇，威尼斯也開始被法國超越，而不得不在此時將創造女裝時尚的牛耳地位拱手讓給巴黎。

不過，並不是所有十六世紀令人驚嘆的威尼斯手工業，一到了十七世紀全都變得一蹶不振。例如出版業的中心地便仍位於威尼斯，而玻璃工業和絲織品的高級製作也由威尼斯繼續獨占鰲頭。只是，當對手擁有殖民地現成的金、銀可供其鑄成金銀幣與土耳其交易時，本身不產金銀的威尼斯以往那套販賣自己商品，買進別人商品的商法便變得不再吃香。面對連經濟重要性大減的地中海裡僅存的商機多半都從眼前溜過的現實，威尼斯商人在投資競爭力不振的威尼斯手工業上卻步，自是誰也無法阻止。

不過，在取代工業成為威尼斯經濟主力的農業經營上，威尼斯人倒是徹底發揮了數百年來有目共睹的過人企業化才幹。不但灌溉事業紮實，細選符合土質的農產以及改良作物，使得位於本土屬地的農場一躍成為經營妥善的企業，更在小麥和米之外，另從新大陸引進玉米廣泛栽培於維內多這個地方，由穀粉做成的"*polenta*"成為民眾主食，長久以來食糧必須仰賴進口的威尼斯，此時不但可以自給自足，甚至還搖身一變成為出口國。

一六三〇年受黑死病影響由十五萬減為十萬的威尼斯人口，到了一七〇〇年後半仍然只成長到十四萬左右，之後更是每況愈下。反觀本土屬地，卻是從一六〇〇年代中葉的一百五十萬增加到兩百萬，顯示威尼斯經濟主軸移轉到農業，而且不是在只有水和石頭的威尼斯本島，是在有土的本土上才可能發展的農業已成定局。手工業這時也同樣移轉到了本土。

本土上美輪美奐，稱之為別墅實言不盡意的特列維索及帕多瓦近郊的別墅，全是威尼斯貴族委託帕拉底歐 (Andrea Palladio) 設計，請來維洛內塞 (Paolo Veronese) 揮灑壁畫的傑作。不只作為休閒宅第，兩翼還有相連的農園工人的住家，不時可隱約聽聞從主人豪宅大廳傳來的韋瓦第音樂；獸欄、肥料倉庫等樣樣不缺，宅第的最上層通常是空著作為曬穀場。

威尼斯人透過對經濟的合理思考，不斷更替投資對象。整體而言，在經濟上維持了一個長期相對穩定的豐饒局面，但卻同時也為威尼斯人的性格帶來了意外的副產品。

投資標的轉變，對投資者來說，很難不隨著該項投資的固定而影響到自己精神層次的轉變。

威尼斯是變了，但不是因為驕奢，而是隨著投資標的改變，威尼斯人的精神有了變化，這比之前被指為民族興衰禍首的「精神墮落」還要恐怖。因為如果是驕奢導致民族的衰退，事前還可以制定對策防範，但若問題是出在民族靈魂上，實無藥可救。盛者，果然是終將衰亡。投資對象的轉移，便是威尼斯共和國衰退的楔子。

在以海維生的時代，威尼斯社會的貧富差距尚不致深化。「海上融資」以及「有限合資公司」等融資制度，能讓即使手中資本不多或甚至沒有資本的人，都能參與海運及貿易經營；貧窮人家的子弟也可利用商船弩弓手的制度，讓他在領薪水的同時，又能學習到航海與商業技術，一旦累積到少數資本便可購買商品在商船停靠港賣出，然後再以所得購入胡椒等商品帶回威尼斯販售，過程並不困難，許多原本身無分文的人就是這樣累積了相當的財富，這一點在第四章〈威尼斯商人〉中已經提過。在主要商船由國家出資，給予無法擁有船隻的個人都有平等機會的威尼斯，「敗部復活戰」實發揮了最理想的機能。

然而，當重心先是轉為工業，繼而是農業之後，沒有資本的人很難再有出頭的機會，手工業及農業的經營對於一個無資本的人所能給予的，充其量只有受僱的機會。而「敗部復活戰」的消失，也意味著富有的人將更富有，貧窮的人從貧窮中掙脫的機會將更渺茫。海洋時代威尼斯所憎恨的獨占市場，正開始侵蝕威尼斯社會。

而獨占最大的弊端就在於，當它超過了經濟所需，社會的上下流動將會鈍化，貧富差距因此固定，導致社會活力降低。一旦發生這種情形，任何的改革與福利政策都將不具成效。威尼斯就是因為這樣的經濟結構起變化，所以儘管當時的威尼斯擁有他國望塵莫及的福利制度，但貧民的數目卻不減反增。當時擁有十四萬人口的威尼斯國內，光是透過福利政策為生的就有兩萬人。

這種動脈硬化現象，在實際生活中最明顯的就是——無論職工或務農都不在行的貴族階級。這些人其實是負責威尼斯共和國政治運作的專業統治階層，但由於威尼斯政體的設計是以握有經濟地盤的人負責為前提，因此向來除了必要維持門面的元首之外，其他人都是無給職。

這些無法自貧窮脫離、被統稱為 *Barnabotti* 的沒落貴族，名字源於他們居住的集中地。其中由克里特撤退而來的貴族不在少數，但是有別於以往，十七、十八世紀的威尼斯已經無法再給這些人東山再起的機會了。

統治階級內部貧富差距的定型也直接影響到政治的腐敗與僵化。貧窮的貴族對賣票行為不以為意，富有的貴族透過買票獨攬權利。付錢買來權利的第一件要事，當然就是取回付出的金錢，這點威尼斯和其他地方並沒有什麼不同。

經濟結構的變化也導致了領導階級的人數減少，十七、十八世紀因黑死病及戰爭而失去的男性數目無法在短時間內補足。過去一個家庭動輒十個小孩，就算因為沒有足夠的財產可分，必須將財產全部留給長子，其餘任其自謀生路時，在過去的威尼斯也不乏存活的機會。然而，當經濟重心一轉為農業，機會相對變得有限，小孩的生育數目也自然跟著減少，結婚不生小孩的人所在多有，更有人一開始便打定主意不結婚。

此時人們的考量是如何確保眼前既有，保守因此成了避無可避的負面因素。但民眾倒還好，即使在衰退期亦常能保有活力，真正令人憂心的是領導階級活力的衰退。

兼任海軍總司令及元首的摩洛西尼的例子，便適足顯現威尼斯精神結構自十七世紀以降的轉移。尤其，此項轉移非出於自願，更具有象徵意義。

在威尼斯共和國漫長的歷史中，同時兼任元首及海軍總司令的人物並非前所未聞。本身沒有陸軍的威尼斯，這方面向來仰賴傭兵，國軍所謂最高指揮官是被稱為 Capitano Generale da Mar 的海軍總司令。但是早在這個頭銜還未出現時，便已經有十世紀確立亞德里亞海制海權的奧賽羅二世，以及十三世紀前期帶領威尼斯參加十字軍，完成東地中海威尼斯基地網的安利科．丹多羅，兩位都是以元首的身份親自帶兵。只不過，正如「海軍總司令」這個官名在當時還未出現所意味的，對當時的威尼斯共和國而言，這些都只是國家形成期才有的現象。

因此，等威尼斯確立了他們獨特的共和政體後，秉持社會安定與發展必須建基在權力與權威分開，且分散在愈多人身上愈安定的信念，便從未再出現過一個人同時身兼元首與海軍總司令的例子，這項不成文的法律並且延續了五百年之久。

不過，卸任海軍總司令日後被選為元首的例子倒不少，這主要是由於海軍總司令不僅是指揮軍隊，職務範圍另外還包括了補給線的確保，以及與基地設置國維持良好關係等所有非軍事性任務。若非一位有全方位才能的人才，勢不足以擔當如此重責大任。因此，在擔任過大使與海軍總司令之後獲選為元首，便可說是最理想的狀況。只是一旦當上元首，肯定是不能再率領軍隊出征的了。

也許是過去的威尼斯儘管在不絕的戰役中喪失許多人力，但總不缺乏可以分擔權威及權力的能手吧，因為事實上就算有輝煌戰績，也不見得就有元首的大道敞開等著，更多的是與元首寶座錯身而過的救國英雄。

威尼斯對於反英雄主義的貫徹，可以從始終禁止公開從戰場帶回來作為戰利品的軍旗看出。這是為了避免觀者在看了敵方的軍旗之後，會對贏得戰爭的該名武將印象深刻，進而妨害到威尼斯共和制的精神，威尼斯的聖馬可廣場也是因此成為當時唯一沒有放置銅像的廣場。

但是這樣的威尼斯，到了十七世紀末竟然允許元首兼海軍總司令，甚至為他立像歌功頌德，銅像旁不僅擺了作為戰利品的土耳其軍旗，還深恐仍不足褒揚摩洛西尼的戰功似地，在銅像旁以拉丁語寫著：「法蘭契斯科．摩洛西尼，伯羅奔尼撒人，健在，元老院敬上」。雖然這和古羅馬共和時代西比奧(Publius Cornelius Scipio)大破漢尼拔，被尊為Africanus（非洲征服者）的意思如出一轍，但在威尼斯共和國超過一千年的歷史中，可從來沒有人受過這樣的禮遇；而且這還是摩洛西尼在世的時候，在他死後甚至為他立了一座凱旋門！唯一在這一連串不像威尼斯人的行徑中比較像威尼斯作風的只有——銅像以及凱旋門是擺在元首官邸，而不是聖馬可廣場或威尼斯共和國的大門（碼頭）。

不過，對於克里特攻防戰最後僅以身免收場的慘烈記憶，甚至是想將橫掃長年宿敵土耳其的快感投射到某個對象的十七世紀末的威尼斯人的心情，其實也不是不能理解。只是，這不代表之前的威尼斯人就享有絕對優惠。行走在連外交官、持有旅行護照的旅人安危都不予以尊重的異國，用戰戰兢兢來形容真是一點也不為過。這些在言語不通的地方，一手拿著簡單會話書，致力開拓市場的早期威尼斯人，在非戰時不知有多少男人倒下，一旦開戰，陣亡的人數更是無論再多的紀念碑也無從追悼。對於這些犧牲者，只要不是貴族，共和國政府一律給予家屬年金的補償，但是之於貴族，卻沒有任何表示。只因這些手上握有決定國家方向權利，被尊稱為「貴族」的犧牲，向來被視為是他們的義務。

儘管如此，正如布爾克哈特在《義大利文藝復興時代的文化》中所提到的，沒有一個國家像威尼斯一樣，

道德力量廣及定居於遙遠國度的本國人民。

在威尼斯為貴族摩洛西尼製作銅像以及凱旋門的百年後，威尼斯共和國瓦解的十年前，歌德在造訪時也提到：

包圍我的所有事物都充滿高貴的氣息，這全是透過人們齊心努力而來的偉大且值得尊敬的作品。這座宏偉的紀念碑不是為某一位君主的，而是全民族的紀念碑。

反英雄主義的國家，在歌頌英雄的同時沒落。因為期待英雄，乃不甘於無償犧牲者的自我陶醉而已。

帕爾塔在本世紀初主張政治的目的不在權利，而在和平。然而，十七世紀的威尼斯卻過了一個和他們願望背道而馳，為了保住僅存的一切得不停迎戰的世紀。

但是，也就是在失去地中海最後的堡壘，喪失西歐經濟主導權，甚至連反英雄主義氣概都蕩然無存之後，威尼斯也終於達到品嘗和平果實的境界。十八世紀的威尼斯迎接的不僅是和平，而且是個優美、洗練、華麗但有節度，好比半生接受男人寵愛，年華略逝的女子所散發出的自若、甜美的年代。我打算將此世紀名之以——韋瓦第世紀。

第十三章

韋瓦第世紀

絲毫感覺不出那是種衰亡將至，因苦悶焦慮而迸發出的放浪形骸，而毋寧是每個時代或多或少都有的由輕薄所主導的快樂。

早在十字軍成軍前的十一世紀時，威尼斯便是西歐少數有名的觀光國家。即使是十字軍征戰甚或後來伊斯蘭勢力擴張的時代，除了在伊斯蘭大勝後曾經短暫停頓過一段時期之外，直到十六世紀中葉，以威尼斯為出發點的朝聖旅行始終興盛，這在第九章〈朝聖套裝之旅〉中已經詳述過。

不過，以下即將敘述的十八世紀觀光事業，卻與我當初邊微笑邊讚嘆地以「套裝旅遊」名之的觀光事業，有兩處截然不同。

第一，早期的旅行團中雖不乏王宮貴族，但民眾才是聖地巡禮的主軸。對於不願為觀光而觀光的人，以朝聖為名的觀光形式讓他們心理上較能接受。而以觀光事業為國家發展方針的威尼斯，也沒忘記編制兩人一組各自會兩種語言的翻譯團，數個小組不時巡邏，為這些語言不通且單獨行動的人們提供協助。

第二個相異點是，威尼斯在中世紀的觀光行程中，僅是前往聖地巴勒斯坦朝聖者的起點與終點站。當然，視朝聖為營利事業的威尼斯人又是公開收藏的聖遺物，又是透過教皇認可對於到此的朝聖者大開免罪特赦，從船上、朝聖途中乃至抵達聖地時必備的民生用品，可說一應俱全，不僅服務周到，價格更是合理，堪稱是想盡辦法掏空觀光客的荷包。但若說到專程由英國、法國、日耳曼遠道來到威尼斯的觀光客，在中世紀則是還沒出現。

然而，情形在一七〇〇年代全盛期有了一百八十度轉變。經過宗教改革洗禮的西歐人，雖不能說是全部，不過多數人對於千里迢迢跋涉到基督聖地巴勒斯坦只為了取得特赦，確實是興趣大減。觀光旅行一旦失去朝聖光環後，對當時的民眾來說，不管是在經濟或精神上，均成了力有未逮的事。

於是，十八世紀的觀光事業在經濟、社會、知性等各個層面，都轉型為社會菁英的專屬活動。褪去濃濃宗教味的十八世紀觀光業，讓推崇理性思考的知識份子一掃以往對頂著朝聖之名的旅行既有的抗拒感，再加上在這些人眼裡，威尼斯原本就是個即使無法獲得特赦都想一遊的城市，十八世紀的威尼斯也因此成了觀光客的目的地。

但換個角度想，這種觀光活動也未嘗不是一種朝聖。最好的例子便是歌德，以他為首的十八世紀經濟、知識界的菁英中，獨行者有他，不與友人結伴者則帶著隨從，這些人的義大利巡旅鮮有少於一年的。

若單純只是文化和文明層面的「朝聖」，當然不可能如此蔚為風行。當時英、法、日耳曼等強國的社經學界菁英，均視義大利之旅為他們向外界及自己證明是名真正「紳士」時的必要體驗，所以就心態上來說，其實也可以算是種「特赦」。

總之，十八世紀前往威尼斯的觀光客，都是各方面較優渥的人，威尼斯的待客之道也因此有了轉變。原本在十六世紀時分成兩人一組，看到街頭有人帶著行李徘徊便以對方不想會在家鄉外聽到的熟悉語言上前攀問，換來既驚且喜表情的巡邏員編制，於此時走入了歷史。威尼斯共和國政府當然清楚，不是每名菁英觀光客都像歌德那樣既懂義大利文又懂威尼斯方言的，但就算不會講義大利話的人，多半也有應變的方法，不致陷入困境，威尼斯只要想著如何向這些觀光客展現自己固有的特色就好了。

誠然，這些遊客的目的是義大利全境觀光，而非專程為威尼斯而來，但他們對於威尼斯史卻有特別的意義——這些人正是威尼斯共和國時代最後一批外國見證者。以史丹達爾為例，他造訪威尼斯的時間不過只比歌德晚二十年，當時的威尼斯卻已經在奧地利帝國的統治下。

這些在威尼斯人還是自己當家的時代來訪的外國人，對於十八世紀的威尼斯有著什麼樣的印象呢？

鐵路就不用提了。在還沒有道路連結威尼斯本島與本土的共和國時代，來自歐洲北方或西方的遊客，唯一能仰賴的交通工具是船隻。不管是越過布里納山口(Brenner Pass)南下，首站抵達維洛納的日耳曼旅客；或是通過法國南部，經由熱那亞進入義大利的法國、英國的觀光客，到了帕多瓦後，也全都得改走水路（帕多瓦和維洛納當時都是威尼斯共和國的領土）。

遊客在參觀過全歐洲第二古老的帕多瓦大學之後，由當地搭乘名為 *burchiello* 的船隻，順著穿梭城中的布蘭塔(Brenta)河向威尼斯所在的潟湖一路而下。*burchiello* 就像威尼斯共和國的「國營巴士」，不是專為觀光客所設，客層從帕多瓦大學的學生、頻繁往來的神父與修士，甚至到妓女都有，不全是高尚人士。船上分為上下兩種不同船艙，菁英階層的觀光客使用的是上層，裡頭有僕役室，船艙視野良好，窗明几淨，牆上掛有威尼斯製的質地厚實絲織品，地板鋪著絨毯，桌椅則有絲布覆蓋。

在這麼舒適的環境下，就算隨波逐流的旅途漫長，也絲毫不覺辛苦。船上供應葡萄酒，菜色接二連三地上，讓這些在故國無一不是上流階級、經濟實力雄厚的旅客，彷彿有種未見威尼斯，卻已在威尼斯貴族家中受邀的錯覺。

從船艙兩側的窗戶看出去，景色令觀光客驚嘆連連。布蘭塔河兩岸向來是威尼斯貴族別墅密集的地區，這些由帕拉底歐等建築師設計的壯麗且優美的別墅，正門全對著河面，白色大理石建材配上前院的綠意，櫛比鱗次，讓人目不暇接。既是國營巴士當然也有「巴士站」，所以也常有貴族在往來別墅時利用搭乘。想趁停留的空檔參觀別墅內部的遊客不用擔心主人會吝惜開放，倒是因為想看的別墅實在太多，往往只得作罷。不過，有一項似乎是眾人不看絕不甘心的，那就是在多數菁英觀光客的遊記中都提到的美輪美奐的維洛內塞的壁畫。

這種 *burchiello* 今日仍有機會搭乘，只是性質已成了觀光用船，航行時期為五月至九月間。不管船身還是船艙內部，全無十八世紀的優雅，服務更是不值一提。唯一還特別的是，乘客在航行中由河面高度眺望兩岸別墅時的感動，讓人不禁聯想起當初建造者一定是考慮到船客仰望的視角，兩百年前旅客的讚嘆，彷彿能感同身受。

出了位於布蘭塔河口的富吉那，進入到名為潟湖實為海的汪洋，原先在風向不順時猶可由馬匹在兩岸拉行觀光小船前行的方法，一到這裡便只能仰賴船帆。在一片看似海的潟湖底蘊，是股源自河川的看不見的水流，引導著船隻駛向威尼斯。船隻順著湖中有如血管分布的 *canale*，也就是運河，蜿蜒前行，原因是只有這裡的水夠深可供船隻通行，但許多不明就裡的旅客此時卻興奮地有如出了亞德里亞海一般。

不過，似乎就連通曉自然科學原理的旅客，也為眼前浮現於潟湖上的威尼斯心動不已。歌德便留下這樣的記載：

沒錯，命運屬於我的扉頁就是這麼寫的：一七八六年九月二十八日夕暮時分，日耳曼時間五點，離開布蘭塔進入潟湖的我，有生以來初次見到威尼斯。不久之後，我將能站在那片土地上，盡情觀看這個美妙的島國，海狸共和國。

「海狸共和國」，不愧是歌德，真是妙人妙語。

搭載著眾人諸多想像的觀光小船，順著潟湖水流前進，一如支幹匯到主流，順勢進入朱德卡運河。這條橫在威尼斯和朱德卡島之間，今日仍可通行數萬噸船隻的運河，其實和威尼斯其他運河一樣都是天然生成的水流。船隻在出了朱德卡運河後向左偏航，朝著聖馬可港駛去，只見玫瑰色元首官邸一點一點地矗立眼前，此即為海狸共和國的大門，左手邊緊鄰的是大運河的開口。

踏上威尼斯的土地後，無論中世紀的朝聖者、十八世紀的菁英觀光客或是現代的旅行團，首件事都是前往下榻的飯店。在土地有限的威尼斯，除非非常富裕，否則住家空間一般都不算寬闊，再加上稍後提到的因素，寄住在威尼斯貴族家也愈來愈困難。因此，儘管在當地有熟人，一般人仍是選擇投宿旅店。

早在一三五五年之前，威尼斯便是個習慣外國人的國家，他們有旅館法，也有旅館公會。上自王公貴族的住處、商人的商業旅館，下至幾近免費提供朝聖客利用的機構，住宿設施樣樣不缺。十八世紀來訪的優渥旅客大多是住在「白獅子館」、「法國十字館」、「英國女王館」、「馬爾他十字館」、「雄雞館」、「人魚館」等高級飯店，例如歌德住的便是「英國女王館」。

在此插個題外話，威尼斯高級飯店的版圖，在一七九七年共和國瓦解後的二十年間有了一百八十度變化。一八一五年造訪威尼斯的史丹達爾雖然住的還是「英國女王館」，但運河河畔的貴族豪宅易手已蔚然成風。以一八二二年「丹尼耶利」創立為分水嶺，由貴族豪宅改建而成的飯店，逐漸取代了幾個世紀以來的高級飯店。在奧地利占領下各方面都沒落了的貴族，現在不但沒了以往在海外貿易全盛時期，為了方便卸貨而必須在河畔擁有壯觀宅第的需要，甚至也沒有了繼續擁有華宅的能力。從這時起，威尼斯的高級飯店改由沿著大運河而立的「丹尼耶利」、「格里提」、「艾洛巴」等豪華住宅取代，直到今日。不過，在商業優於觀光業的時代，所謂高級飯店的景觀實在是差強人意。以位於城中的「英國女王館」和「白獅子館」為例，都是被對岸只有一個小運河之隔、幾乎是同樣高度的建築物擋住視野，所以終於在十九世紀大運河沿岸的飯店如雨後春筍林立之際沒落為三流飯店。威尼斯經濟轉型的軌跡，從飯店的地圖推衍也可窺知一二。

話題再回到十八世紀。來到威尼斯，遊客最先被吸引的就是旅館外隨處可見有如黑色水鳥往來運河的貢多拉。

當時的貢多拉和現在略有不同，除了不變的流線造型和清一色的黑色之外，還多了個稱為*felze*的船艙，船首船尾各有一名掌舵的船伕。兩個人划，速度自然快許多。換言之，十八世紀同時也是貢多拉作實用用途，而非觀光的最後一個世紀。

搭乘貢多拉航行在水上，對習慣馬車車轆嘎吱響的人而言，似乎是種非常特別的經驗。在體驗過貢多拉的感覺之後，某法國人甚至在遊記上抒發回程搭乘馬車時，不免躊躇的感觸。

運河，對於在傍晚抵達聖馬可港便直接住進附近飯店的旅客來說，則是另一番驚喜。不論事前是否略曾耳聞，旅客通常在一覺醒來後，當發現運河竟是如此密布時，總免不了驚嘆。有名遊客就寫道：就沿著河道築城這一點，進入威尼斯城的感覺跟巴黎及里昂其實並無二致，但每步都是踩在海上的感覺畢竟很特別。由於當時還是威尼斯建國以來的思維，

水是最好的同伴，同時也是最大的敵人。

猶存的共和國時代，還在為調節來自大海與陸河的水而傷腦筋，日後的運河埋填也還未開始，換句話說，水流應該較今日更流暢，當然也更澄澈才是。

在運河如網遍布，橫跨的石橋都做成拱形以便船隻通行的威尼斯，不論地位高低或經濟能

力有無，不搭乘貢多拉，唯一的選擇就是徒步。基於法律規定，貢多拉只能塗成黑色，據說法國革命前的歐洲人對此印象深刻。統治階級的元老院議員唯恐遲到被罰款，即將遲到時，總是快步跑過聖馬可廣場至元首官邸開會，此景為土生土長的威尼斯人司空見慣，但看在北方觀光客眼裡卻是十分稀奇，想必這些高級知識份子一定也對威尼斯共和國的政體抱持極大興趣。

威尼斯唯一准許觀光客參觀的是國會選舉。參觀的遊客對於超過一千名的國會議員，竟能井然有序地完成複雜且次數繁複的選舉都非常驚訝。只不過，這些在故國也是統治階級的遊客，當然也一眼看穿了在這表面民主的選舉背後，其實有隻黑手——在貴族數量銳減，貧富差距固定的催化下，買票賣票已成公然事實。原本以一群才能與經濟力兼具的菁英為前提，為當時最具機能的威尼斯共和體制，於十八世紀時已只剩下軀殼。

儘管如此，只要不跟國家體制唱反調，威尼斯人享受的自由還是十分充份，這點也讓同時代的觀光客驚訝不已。即使本身就是來自啟蒙主義盛行的國家，但在他們驚嘆威尼斯的出版自由，瘋狂地搜購書物之餘，仍不免擔心直接在書籍包裹上寫上自己姓名可能會刺激到警察，還得在地址欄寫上隨從的老家才敢安心寄出。言論自由也一樣，任何想要陳述自己意見的人，只要到聖馬可廣場站在石階上發表即可。在此聆聽的一半是外國人，一半是威尼斯人，情景令人聯想到倫敦的海德公園。關於信仰自由，法國觀光客有段這樣的記載：

威尼斯也有宗教法庭，然其利爪都被剪斷，形同虛設。宗教法庭由神職人員擔任法官，唯任何事情均需政府派遣的三名法官同意才能算數。稍作大膽提議，只要政府法官有一人走出屋外，該提議便不成立。

神職人員在威尼斯無法發揮所長，威尼斯市民一出任神職，便喪失所有從事公職的權利，政治可謂賢明。然此作法亦有利於神職人員，對於喜愛寧靜生活，不願擔任國家要職者，只消遁入有如他界的修道院成為修士即可。

不過，相對於其他自由的充份，威尼斯人，特別是貴族男性，有項自由卻不被允許，這在外來旅客看來也顯得特別突兀。這項規定不准貴族與外國高貴人士有密切來往。如果像歌德連隨從都不帶便隻身上路，著重旅途內省，壓根兒不曾想過跟當地上流階層交往的旅人來說，這點限制當然不成問題，但多數菁英觀光客本身在祖國就是高身份地位的人，多少都有結交同階級的威尼斯人的念頭。但是當眾人得知此路不通時，也只有感嘆威尼斯貴族的封閉性了。

「可以在咖啡廳或街道上交談，但不可在家中接待賓客。」——威尼斯政府是擔心貴族中的不滿份子會勾結外國人發起反體制運動。類似的事件之前不是沒有，一次是西班牙大使介入，一次是法國大使，結果雖然都因洞察機先，沒有釀成大禍，但威尼斯政府在那之後的監視只有更加嚴厲。只能看，不能接觸，似乎有些說不過去，但卻是衰退期特有的現象之一，換作在貿易仍被奉為國家經濟主軸的時代，當時的人既無法這麼做，基於對國家統治階級的信賴，也不可能這麼說。然而，到了經濟結構以農為主的十八世紀，拜自給自足之賜，與外國人的交往變得不再如以往必要，此時的威尼斯，沒有什麼工作比擔任駐威尼斯大使更無聊的了。在完全尊重外交官特權的威尼斯，各國大使之間既少了如履薄冰的顧慮，又無法與威尼斯上流階級往來，只好自行互相往來。十八世紀在祖國擁有卓越社經地位的高級知識份子，來到威尼斯不僅受到祖國大使的歡迎，也受到其他駐威尼斯大使的歡迎。

另外還有一項讓外國觀光客訝異的是，相對於對接近男人的種種限制，接近女人竟是毫不設防。

在第七章〈威尼斯的女性〉中曾經提到十六世紀威尼斯已婚婦女的自由，以及相形之下，因節省嫁妝等非宗教理由，而被送入修道院、自由受限之未婚女子的種種反抗。

然而，到了十八世紀，不管已婚或未婚，甚或將一生皈依上帝的女性，只要她想享受生命，在威尼斯都可獲得完全的自由。第七章提到的「服務的騎士」，甚至被某些人白紙黑字寫進結婚契約中，可見該制度之臻完備。當然，未婚女子還是無法享有同等自由，但是有個方法：透過面具和喬裝。只要經過偽裝又戴上面具，誰又能辨別已婚或未婚？這點容後再述。

即使是修女，一到十八世紀，也不再如過去必須隱諱地反抗。在稱為*parlatorio*的會客室裡，修女與訪客之間隔著一道鐵柵欄，不論坐上幾個小時聊天也不會有人干涉。不僅如此，當時修道院還供應時下最流行的飲料，如咖啡、可可等，與華麗的沙龍並無二致。來訪者穿著華麗的衣裳，在狂歡節等節日時，不願被人看到廬山真面目者還可戴上面具。修女們將長髮藏於白絲巾後，衣裳卻是坦胸露背，只要符合白色的規定即可，一身裝扮讓北方的觀光客驚呼「有如見到古代演員」。十八世紀修女們穿著的白色衣物，除了設計上讓人感覺樸素雅致之外，也讓男人無法不因包藏在衣衫中若隱若現的肉體魅力而心生綺思。

在喬裝期間只要經過裝扮，甚至可以與修女在外見面。威尼斯最有歷史的三所修道院，據說還曾爭相為教皇派駐威尼斯的大使提供愛人呢！

提到十八世紀最令菁英旅客著迷的威尼斯女性，當然就不能錯過女演員與歌伶。戲劇及歌劇於十七世紀後半開始在威尼斯盛行，十八世紀時，威尼斯已然成為西歐的中心，連帶也帶動劇中人物大受歡迎，這點透過日本作家森鷗外翻譯的《即興詩人》，書中人物阿嫩茶達受歡迎的情形亦可知一二。當時甚至有一種相當於今日明星照的演員畫像被大量製造，可供觀光客買回祖國。

一七八六年二月二十六日，大約是歌德造訪威尼斯前半年，位於聖馬可廣場的咖啡廳「佛羅里昂」（*Caffè Florian*，這家咖啡廳目前仍存）老闆范倫鐵諾・佛羅里昂對政府提出申請，要求政府撤銷不久前女人不准出入咖啡廳的法令。理由是一旦禁止女人進出咖啡廳，連帶地也將影響到男性客源。這項禁令在政府認為不能妨害營業的前提下，不久予以撤銷。

在女性享有這麼多自由之後，原本強調才藝的職業婦女 *Coltigerna*，換言之，藝妓的數量也隨之減少。從十六世紀時的超過一萬人，到十八世紀時人數不斷減少，素質也跟著降低。十六世紀造訪威尼斯的高官貴族，包括蒙田（Montaigne，編按：法國思想家）在內，總不忘向這些在當時享有盛名的女性表達敬意，但是到了十八世紀，卻再也沒有觀光客留下類似的記載。不是不認識，而是對於這些不論舉止如何優雅，但終究不過是妓女的女子，訪客們的對待方式有了改變而已。

面對出身及教養兼具的貴族女性與修女，或是靠實力一較高下的歌伶或演員，純粹以討好男性為職業的藝妓在此時屈居劣勢，一點也不令人意外。

這些十八世紀大增的自由女性，在迎接外國賓客的方法上也非常有趣。她們不會準備山珍海味，不會在住所點滿燈火，更不會為了博得北方客人的讚嘆便將珍寶全部秀出。來賓通常是經過幾個沒有點燈的房間來到女主人待客的廳房，然後在享受和女主人愉快的對話之餘，才驚訝地發現招待竟然只有西瓜和咖啡，怎麼都無法想像身為豪華象徵的貴族女性，生活竟是如此簡樸。的確，威尼斯的經濟能力是較全盛時期遜色不少，但這些北方客人看不到的是，在那些沒有點燈的房間角落裡正陳設著的、每件價值都相當於倫敦市中心華宅的雕刻品。就連女主人抽屜中收藏的飾品，品質也都不輸給女王。站在同為女性的立場，當時威尼斯女性如此豪爽的待客之道，不啻正是其身為女人的自信表現！

當然，十八世紀的旅客並不是光留意這方面的事。旅行雖是成為紳士不可或缺的經驗，但觀光畢竟是觀光，該參觀的名勝古蹟還是得看。這些人留在威尼斯的時間少則八天，長則一個月，參觀的地點比大眾觀光旅遊時代的今日還要多，看得也更詳細。當時因為尚未成立現代收藏史物、作品的美術館或博物館，缺乏讓遊客一氣呵成欣賞的方便性，但換個角度想，觀光品質或許比現代更好。

想要參觀各教會所收藏的寶物，即使沒有本國大使的介紹函，只要拜託教會的神父一聲，通常都能獲准。參觀是免費的，不過習慣上必須捐獻點錢。步上聖馬可教堂的柱廊，可以在極近的距離欣賞鑲嵌畫，以及一二〇四年自君士坦丁堡帶回的戰利品：那座裝飾在聖馬可教堂正面的四頭青銅馬。即使是批評教堂將各時代不同文化混雜，缺乏統一感的觀光客，在看到這四頭馬之後也都讚不絕口。拿破崙可能也是深有同感，所以在征服威尼斯後，頭一個選中送往法國的戰利品就是這四匹青銅馬。

元首官邸的參觀是不設限的，只要不是正在開會的會議室便不須特別申請，而且還有費用便宜的導遊（主要是為了防止為數不少的菁英觀光客走到不妥的地方）。遊客無法在這個共和國體制仍存的世紀中見識會議室開會實況的缺憾，或許可以從親眼看到出入元首官邸的統治階級得到補償。這些身著黑色長袍，或是依職別而著紫色或紅色長袍的海狸後裔，頭上雖然戴著當時法國流行的銀色假髮，但幾百年來威尼斯男性慣常戴的黑色扁帽既不能丟，戴在銀色假髮上又顯得古怪，有些人因此拿在手上。參觀元首官邸不須繳費，只要給擔任導遊的守衛一些小費即可。

聖馬可廣場的鐘樓也是人人必登之為快的。當然，當時不像今日有電梯可利用，而是一步一步地走上螺旋梯。由於鐘樓裡還有當時使用了沒幾個世紀、用來囚禁其他國家高身份囚犯的幾個房間，遊客必須通過這些地方才能往上走。

從鐘樓最頂端眺望海上威尼斯，景觀應該和今日相去不遠。自十六世紀完成建都以來，威尼斯就一直沒有多大改變，唯一不同的是航行海上的船隻。當時或許還有槳帆船、帆船停泊在正下方的聖馬可港口，或是對岸的修弗尼河岸；在前往里度的海上與朱德卡運河上，則有帆船迎風進港的英姿。運氣好點的，甚至可能跟歌德一樣見識到有名的威尼斯艦隊而滿心感動。

幸運在五月造訪威尼斯的觀光客，可以參與「威尼斯教」最大的活動，亦即與耶穌升天節同一天舉行的威尼斯與海的結婚儀式。觀光客當然知道威尼斯不再是海事國家，就現實面而言，透過與海結婚的儀式公告將海據為己有的這項祭典，雖然有點時空錯置的味道，但至少在十八世紀還是可以體會到形式上的樂趣。搭載共和國元首前往麗都港將戒指丟下海的是御用船 *Bucintoro*，此船每隔十年便重新打造，紅與金的亮麗色彩與明亮的五月陽光、蔚藍大海相互輝映，深深打動北方旅人的心。但不幸的是，這艘 *Bucintoro* 在十八世紀末拿破崙攻占威尼斯時下令燒毀，曾經的輝煌與美麗只能透過海軍博物館中的模型及卡那雷托 (Canaletto) 的畫憑弔，這不僅是我輩現代人，同時也是史丹達爾、拜倫，或喬治．桑 (George Sand) 當時的遺憾。在那之前來到威尼斯的人們，就算沒有在海婚節親眼目睹，也還是可以在國營造船廠船塢裡見到這艘美麗的皇家御用船。

但真正要說是十八世紀以後到訪的旅人無法見證威尼斯健在光采之最的，則莫過於國營造船廠了（今日的國營造船廠已不再造船，也非武器倉庫，只是義大利海軍事務所，而且不對一般人公開）。十八世紀當然不比威尼斯還是海事大國的時代，但造船廠依然在運作，除了造船之外，也儲藏武器，開放給外界參觀。以國營造船廠在歷史上知名的程度來看，各國菁英旅客自是不會輕易錯過。

法國勃艮第 (Bourgogne) 地區的仕紳謝魯爾．布洛斯造訪威尼斯，當時是一七三九年，廠內尚在建造十八艘大帆船。四十七年後參觀造船廠的歌德也有幸親眼見造船工程的進行，並登上搭載八十八門大砲的帆船。他們的這些經歷羨煞了不少對威尼斯共和國史有興趣的人。歌德的感想非常有趣：

威尼斯明明已經過了全盛時期，卻依然保有海事國家最美妙的部份，宛如一個古老世家。

聖馬可廣場在共和國體制瓦解前後的變化雖然遠不如造船廠，卻也同樣在歌德與史丹達爾分別造訪的二十年間起了大變化。教堂的東邊、北邊和南邊都是原來的建物，但西邊圍住廣場的建築物，在共和國時代是不存在的。正面的建築物原先是聖吉米尼亞諾教會，後來被破壞，在原址蓋起一座類似宮殿的建築，用來作為拿破崙的行宮。

至於美術館，當時雖未出現，但觀光客可不缺乏充份享受欣賞美術品的自由。公開展覽的機構不只元首官邸或各教會，還有畫滿文藝復興時期壁畫的各公會會堂以及私人收藏品。即使是私人住家，也不需特別的介紹函，主人多是大方接待，不以為意地讓陌生人進入家中（這和觀光客人數不多且教養良好也有關）。街道上沒有軍隊，治安卻依舊良好的威尼斯，也讓旅客留下了深刻的印象。

前述的布洛斯曾著有威尼斯的美術品目錄，其中刊載的收藏，質與量均較今日來得優秀。瀏覽目錄後更是發現，好幾件作品今日就收藏在法國羅浮宮或是國立美術館中，這些美術品不是在共和國瓦解後，被拿破崙當作戰利品帶走，就是被貴族們在經濟衰退後，脫手賣給當時的強國，即地位相當於一九五〇年代的美國——英國。今日的美術館及博物館的設施雖然十分完善，但比起十八世紀的觀光客，二十世紀現代的觀光客造訪威尼斯時所能鑑賞的美術品，確實少了許多。

在共和國體系仍健全時，關於藝術品流出國外一事，是受到國家禁止的，即使是有需要都不行。曾經就有這麼一段軼事：

格利馬尼家族有一座古羅馬時代的作品，馬克思．阿格里帕 (Marcus Vipsanius Agrippa) 雕像，是自古以來的收藏。有一次，家族打算割愛賣給外國人，得知此事的「十人委員會」派遣委員造訪格利馬尼家，對不知發生何事的主人說：「『十人委員會』謹祈禱馬克思．阿格里帕一路順風，對您格利馬尼亦然」。聞言，格利馬尼只得將阿格里帕的雕像卸下。再怎麼說，只因賣座雕像就被驅逐出境實在是划不來。

不過，相較於防止古代及文藝復興時期藝術品流出國外的苦心，對於當代美術品，威尼斯政府倒是持開放的態度。拜此之賜，十八世紀威尼斯的當代美術品才能散見各個國家，甚至多過本國的收藏。

提香、維洛內塞、丁多列托三位巨匠的出現，將一五〇〇年代威尼斯畫派帶入了黃金時期。一七〇〇年代，儘管在許多方面已不同以往，威尼斯畫派卻仍受到一貫的矚目，優異畫家輩出，光是喬凡尼．巴提斯塔．提也波羅 (Giovanni Battista Tiepolo)、通稱為卡那雷托的安東尼奧．卡那雷托，以及皮耶托．隆基 (Pirtro Longhi)、法蘭契斯可．瓜第 (Francesco Guardi) 的作品，就值得一個硬體設備齊全的美術館以一七〇〇年威尼斯畫派為名，專闢一室展示的價值。

除去畫作多以古代入題的提也波羅不算，卡那雷托、隆基、瓜第三人都是以威尼斯入畫，但是和提香、維洛內塞、丁多列托著重表現威尼斯一五〇〇年代內在力量不同，一七〇〇年代的這三個人純粹是就威尼斯的風貌作描繪，相當程度反映了威尼斯觀光事業重心在十八世紀轉移到威尼斯城本身的事實。

最先認同卡那雷托的是英國人。英國貴為當時的經濟大國，許多人為了成就紳士教養來到威尼斯。在那個既無照片也沒有風景明信片的時代，這些手頭闊綽的觀光客為了留下紀念，多會購買卡那雷托精確描繪威尼斯街景的畫作帶回祖國。由於這些菁英階級的遊客多有趁便造訪英國駐威尼斯大使的習慣，察覺到國人有此興趣的英國大使史密斯便開始仲介卡那雷托的畫作。經由大使史密斯買進，再轉賣到英國人手上的卡那雷托的畫作於是愈來愈多。不過，由於史密斯買進的價格相當低，隨著數量的增多，起初只要將畫賣出便心滿意足的卡那雷托，漸漸對史密斯的壓榨心生不滿，並開始考慮不經由仲介，自己直接販賣的可能性。前面提到過的法國人布洛斯的記載中就曾經提到，在他於一七三九年造訪威尼斯時，卡那雷托的畫作已因需求太大，到了一畫難求的地步。一七五〇年，畫作在市場上不斷受到肯定而漸有身價的卡那雷托，終於帶著幾幅自己的作品渡過多佛 (Dover) 海峽，前往英國。

卡那雷托轉往英國發展的決定是成功的。他以倫敦或牛津為主題的風景畫，都是在旅居英國十年間的畫作。國立美術館收藏了幾幅卡那雷托的作品，英國貴族手中的卡那雷托畫作也不少，我想若要收集卡那雷托所有作品舉行畫展，沒有一個地方會比英國更合適。

另一位比卡那雷托大約晚個十五年，同樣出生於威尼斯，也同樣擅長威尼斯風景畫的畫家瓜第，則不知是否不如卡那雷托受外國人歡迎，抑或比卡那雷托更受到本國人喜好，終其一生都待在威尼斯，不曾離開過。將兩人適合擺在起居室的畫作並列，相信再怎麼不懂畫，都可知其中的不同點。卡那雷托畫的若是光，瓜第畫的便是影；卡那雷托畫的若是靜態，瓜第畫的便是動態。換言之，瓜第的畫比較接近浪漫畫派。

在我尚未接觸威尼斯史前，一直偏好瓜第的畫作，透過他的畫法可以強烈感受到作者想將觀畫者帶進未知世界的意圖。只不過，當我幾乎完成威尼斯史，對威尼斯史堪稱熟知的此刻，卻對曾被譏為明信片畫的卡那雷托的畫作產生了興趣。也許是此時心中已充滿各式各樣的想法，對外界的叨叨訴求反倒厭煩了也不一定。

盡可能壓抑自我情感，筆調輕淡，以威尼斯風俗為題的人是隆基。在他筆下，同伴們的生活情景時而溫暖，時而諷刺地躍然紙上。生前一直未受到外國旅客注意的隆基，留在故國的畫作雖較之前的兩人多，但在共和國體制瓦解之後，作品也跟著流散到全世界各地的美術館。對今日的我們來說，參觀遺留在威尼斯的東西便已滿足，但十八世紀的觀光客可不這麼想，因為當時的威尼斯還活著，最明顯的例子便是音樂與戲劇。

結合音樂與戲劇的歌劇，據說是在一六〇〇年前後興起於佛羅倫斯與曼托瓦。大約是在這十年後，歌劇作家克勞迪歐．蒙特維爾迪（Claudio Monteverti）才受威尼斯政府之邀，以威尼斯為活躍的舞臺。很快地，以克勞迪歐為中心的威尼斯歌劇，成為西歐潮流的引領者，原本僅是宮廷餘興節目的歌劇，也在一六三七年於威尼斯首開先例，成為只要付入場費，不論誰都可以欣賞的公眾戲劇。何以是威尼斯而非其他西歐國家呢？一來可能是他們沒有宮廷；二來，從威尼斯任何人都可以參加祭典的傳統來看，其實也是非常自然的結果。在一六〇〇年代末期，威尼斯一共有十七座劇場，其中最少就有四座每季都有劇碼上演。一個人口僅有十四萬的城市竟擁有如此多的劇場，實在令人既驚又羨（但時至今日僅剩一座）。

十七世紀是威尼斯歌劇達到全盛的時期，但相較於原著或音樂，當時的舞臺設計似乎更扣人心弦。許多觀眾對於快速變換的場景，各種出人意表的幻想場面、船難場面，以及如詩如畫的庭園風景等賞心悅目的舞臺布置大感興趣，也因此深深愛上歌劇。威尼斯舞臺設計師的技術在其他國家非常有名，許多人甚至受聘前往巴黎、羅馬、維也納；卡那雷托便是舞臺設計師的兒子。

進入十八世紀以後，歌劇的魅力依舊不減，但以音樂為主的情況多了起來。聖馬可教堂小提琴演奏師的兒子，同時也是神職人員，因一頭紅髮被稱為 *Prete Rosso*（紅色教士）的韋瓦第 (Antonio Lucio Vivaldi)，創作了四十齣以上的歌劇，在樂器作曲上發揮了無上才能，獲得世人的一致肯定，而威尼斯也因為韋瓦第的存在成為一流的國家。

韋瓦第似乎在當時就頗負盛名。巴哈演奏他的曲子，阿姆斯特丹在一七一六年出版他的樂譜。除此之外，他還經常應邀前往羅馬、曼托瓦、佛羅倫斯等地。

另外，他還身兼相當於音樂校長的職務。威尼斯向來有四大醫院，醫院的附屬機構之一是孤兒院，韋瓦第的工作便是教導孤兒院的女孩學習音樂。這所音樂學校在十七世紀末期得到國家援助，女孩們演奏的音樂不論樂器或聲樂演唱，素質都非常優秀，造訪威尼斯的觀光客幾乎沒有人不前往聆聽。擅長聲樂的女孩中，偶爾會誕生一、兩位這方面的明星，或是接受貴族的援助成為一名成功的歌手，這些原本只能擔任佣人或進修道院工作的女孩們只要音樂學得好，與貴族結婚甚至不是夢想，每個人學習時也因此特別專注。站在教授者的立場，這些女弟子想必也是韋瓦第驕傲的成就吧。曾經造訪過威尼斯的斯卡拉第 (Scarlatti)，其音樂教育便是他的父親委託這類音樂學校的教師完成。一七〇〇年代，威尼斯的音樂因韋瓦第而達巔峰，後來的科萊利 (Arcangelo Corelli)、阿爾比諾尼 (Tomaso Albinoni)、馬爾切羅 (Benedetto Marcello) 更使得威尼斯成為歌劇的一大重鎮。可以肯定的是，日後韓德爾 (Georg Friedrich Händel) 造訪威尼斯時，必定也在音樂方面獲得許多寶貴的經驗。

戲劇的全盛時期也在十八世紀，同樣是只要付入場費就可進劇院觀賞。劇院內部與現代西歐劇院並無二致，但是在舞臺正面擺設座椅供平民女性觀賞，其他人則是站著。威尼斯的劇院沒有貴賓席，每個席位都一樣，當然，愈上面的位置愈便宜。販賣糖煮梨子、蘋果的小販，與籠子裡裝著茴香水、咖啡、冰淇淋、柳丁、甜甜圈、乾栗、南瓜子等零嘴的小販在劇場中走來走去，場內並不安靜。

開場之後，就算是小販的聲音不見了，喧嘩的程度也不會減少。成排聚在舞臺前方一區的貢多拉船伕，每當有演員登場便會大叫、吆喝其名，不僅如此，生龍活現的反應還會傳到觀眾席，引起觀眾相同的反應，這也是分別威尼斯劇場和其他國家劇場的最大特色。

貢多拉船伕並不是真的喜歡戲劇，這是作家哥爾多尼 (Carlo Osvaldo Goldoni) 覺得船伕將客人送到劇院後，在外面等很可憐，於是就在舞臺前方留一個角落，讓他們可以免費看戲。不過，不愧是從事跟人接觸的工作，船伕們的反應之尖銳以及直接，據說帶給哥爾多尼本身在創作上許多參考。

喜劇作家哥爾多尼與畫家卡那雷托、音樂家韋瓦第一樣，都是讓十八世紀威尼斯發光的人。他生於威尼斯，是醫生的兒子，學的是法律（家人的主意），在那個普遍無法單靠劇作過活的年代裡，法律也是讓哥爾多尼暫時維生的手段。不過，從他大學經常翹課參加巡迴劇團演出便可窺知，酷愛戲劇乃其與生俱來的天性。

在哥爾多尼出現以前，義大利盛行的戲劇多為一種笑鬧劇。這種戲劇經常使用面具並且喬裝，臺詞一般都是由演員即興發揮，但哥爾多尼卻一反往常，要求演員將事先寫好的劇本背起。由於累積了許多在劇團生活的經驗，哥爾多尼對於劇團演員的才能與特性知之甚詳，演員也多半很快就能熟習哥爾多尼寫好的劇本。劇團於是開始要求哥爾多尼創作劇本，一七四九年，年過四十的哥爾多尼與劇團簽訂一年八部喜劇的戲約，腳本費是四百五十達卡特。若這筆費用真的如約支付，哥爾多尼的年薪大概等同蒙特維爾第（Claudio Monteverdi，編按：十七世紀義大利作曲家，早期巴洛克音樂代表）的水準，不過由於當時劇作尚未從演出獨立，因此很有可能不是全額支付。

直至今日，哥爾多尼的創作仍是米蘭畢可羅劇院經常上演的劇碼，甚至連日本都演出過，這點應該不用多述。哥爾多尼創造的人物比現實更真實，即使是戴面具者亦不失自然之性。在造訪威尼斯觀賞過哥爾多尼的戲劇後，歌德便曾經讚嘆：「終於見到一場真正的喜劇了！」

唯一能夠讓今日都很難見到一齣好戲的我們，感受有如置身十八世紀威尼斯劇作家、演員及觀眾融為一體的感動之中的，除了歌德的文筆外不作第二人想。他的《義大利紀行》當中生動的描述，讓我們理解了十八世紀威尼斯戲劇與哥爾多尼之所以成功的原因。

> 即使在這裡，觀眾依然是戲劇的基礎，而觀眾也以他們的方式演出，與舞臺上的戲劇相互交融。白天，他們可能是買方、賣方、乞丐、貢多拉船伕、接生婆，或甚至是在法庭上對立的律師與敵人，在廣場上、小巷裡、貢多拉以及屋裡，大聲地叫喊、發誓、嘶吼、推

銷、高歌、遊戲、褻瀆神明，過著各自的生活。當夜幕降臨，大家便走到劇場觀看、聆聽與白天同樣的生活，透過藝術的再現，沉浸在溫柔的氛圍中。雖然其中虛構的成份以及面具遠離了現實，但演出的風俗題材卻又再次拉近了視聽者與現實的距離。

對於這一切，觀眾有如幼兒般欣喜吶喊，鼓掌聲、笑鬧聲再次揚起，從早晨到夜晚，不，從子夜到翌日子夜，對他們而言，人生經常如此。

觀眾鮮活的反應不限於喜劇，在悲劇上演時亦同樣有趣。當時威尼斯上演悲劇作家代表戈齊(Carlo Gozzi)的作品，舞臺上暴君給自己兒子一把劍，命令他殺死自己的妻子，未料觀眾竟開始抗議，認為豈有如此泯滅常理的事，由於觀眾抗議的聲音過大，戲劇被迫中止。觀眾要求暴君收回交給兒子的劍。不過若照觀眾的要求，戲就演不下去了！當演員面對觀眾的強烈情緒波動正不知該如何是好時，演出兒子的演員站出來說明結果一定如大家所願，要求觀眾稍做忍耐。

當時在場的歌德想必也大笑不已吧。他寫著：

就劇作本身觀之，當時的場面不僅不符合劇情內容，且愚蠢至極，為此不得不對觀眾感覺的敏銳加以肯定。

不管是喜劇還是悲劇，對戲劇高度敏銳的，還不只是站在舞臺前免費看戲的貢多拉船夫與三樓擠得烏壓壓的平民。優雅坐在一樓和二樓看戲的貴族、富翁們，雖然表現的方法稍稍不同，但直接的反應卻非常一致。好看的話，眾人便開始議論紛紛；無法忍受時，便拿起手中的扇子猛敲扶手。即使貴為元老院議員，照常發出聲音大到令周圍都回頭看的嘆息聲：「今晚的戲真令人失望！」，然後粗暴地起身離席，完全不顧椅子發出的碰撞聲。

面對嚴格的觀眾，威尼斯的劇作家跟演員想必一定不好受。不過觀眾倒不是不能接受虛構，而是必須虛構得讓觀眾能夠信服，並陶醉其中。歌德在威尼斯時每晚都到劇院看戲，當時經常在劇院碰到的一位同好，也是法國駐威尼斯共和國的最後一任大使夫人瑪莉亞奎里尼，便曾經在一七九五年由巴黎寄出一封給威尼斯女性友人的信中提到：

> 我在此依然常去看戲，巴黎劇院的觀眾與威尼斯的觀眾非常不同，沒有人在看戲時聊天，每個人都安靜、規矩地看到最後。

讀到這裡，令我想起曾幾何時聽過的費里尼(Federico Fellini)的話：

> 人們到電影院看電影的心情，羅馬與米蘭各不相同。在米蘭，人們為了提升教養而到電影院；在羅馬，人們則是為了尋求快樂而看電影。所以，兩者的反應截然不同。

除了上述的娛樂之外，挑起十八世紀北方觀光客好奇心的感官活動還有賭場與嘉年華(Carnevale)。二十世紀的遊客今日仍能親自參與這兩項活動，但規模不僅縮小，也成了純娛樂活動，已無當時的負面卻令人玩味的特性。

威尼斯人並非在十八世紀一夕之間迷上賭博。早在十六世紀就有父親告誡出海到商船上當弩弓兵的兒子，千萬不可在船上賭博的書信。由此可知，因漫長的船旅太過無聊而衍生的賭博遊戲，早已是威尼斯熟悉的解悶活動。為了不讓元首官邸與民眾太有距離，威尼斯政府曾經在一樓迴廊擺設石椅供民眾休息，沒想到遭人曲解為賭場，讓政府傷透腦筋。不過，在那個威尼斯人其他活動仍活躍的時代，賭博基本上還算單純。

威尼斯首座合法的賭場出現在一六三八年。這座位於聖摩西橋附近，由貴族馬可・丹多羅經營的賭場，通稱為「里多托・聖摩西」。「里多托」意指「沙龍」，這類賭場在十八世紀如雨後春筍增加。

與劇場一樣，這類賭場的經營者多為貴族。進入豪華的玄關後，首先會通過恰如賭場名字的沙龍，此處供應咖啡、可可、起司與葡萄酒，即使坐在這兒純聊天也無所謂。再往裡走便是遊樂間，每桌各坐著一名貴族優雅地引導賭博進行。上桌參與遊戲者不限貴族，但庶民另有專屬的賭場，這是由於階級與經濟能力自然形成的區隔，不像劇場雅俗同席。但有項規定是，威尼斯的貴族階級必須戴著面具才能坐上賭桌。

設有賭桌的房間內一片靜寂，與沙龍震天價響的聊天聲大相逕庭，聽得到的只有切牌的聲音。在這個房間中，隱藏在白色奇異面具下的所有喜怒哀樂，只有在摸到卡片時才會經由手指透露。無限的金額透過一張張的牌付諸流水，一夜間的輸贏可能是一棟帕拉底歐所設計的豪宅，或是英國地主用來作為義大利旅行一年的旅費。當黎明到來，為了恢復疲勞，有些人會步行至利亞托橋下的早市散步。根據威尼斯警察的紀錄，倒是未曾有人因賭輸想不開而跳河自殺的，或許是這裡的賭客都有接受命運現實的高尚品格吧。但是話說回來，十八世紀威尼斯賭場的籌碼之高，在當時可是西歐聞名的。

就整體氛圍而言，威尼斯嘉年華與威尼斯劇場給人的感覺極為類似，兩項活動的季節重疊，都是扮演活動，唯一不同的只是嘉年華是以整座威尼斯城為演出舞臺。

所有基督教國家都一樣，嘉年華通常在新年過後的一月六日主顯節（*Epifania*）次日舉辦，直到四旬齋當天，為期約兩個月，愈到尾聲，也就是春天將近的「肉食禮拜四」與「肉食禮拜二」前後約一週的期間，氣氛愈熱烈。

但在十八世紀時，威尼斯的嘉年華卻從十月的第一個星期日到十二月十五日；同一時期，戲劇季也拉開序幕。不過此時的嘉年華只在下午舉行，一切作息仍和一年中其他月份相同。換言之，在嘉年華時除了早市休息外，一般店家仍照常從早上八時營業到晚上九時，政府相關公家機關也照常上班，咖啡廳營業到午夜十二時，唯一的不同是下午一時起便可喬裝、戴面具。

在十二月十五日到聖誕節期間，為了表示對宗教的敬意，禁止喬裝與劇場的演出，不過一過了聖誕節，活動便又重新開啟，並且一直持續到四旬齋前夕。這段期間店家依然照常營業，但是一早便可喬裝，僕役即使戴著面具出去買個麵包也不會被人恥笑。夜幕時分，各劇場競相以最受歡迎的劇作家作品及人氣最旺的演員招攬觀眾，這時通常也是劇場最賣座的時候。

十八世紀的威尼斯，嘉年華並不隨著四旬齋的開始而告終，只是四旬齋期間比較收斂而已。復活節過後一個月便是耶穌升天節，這是個屬於全基督徒的節日，但是對共和國時期的威尼斯卻有另一層意義，因為同一天也是「海與威尼斯的婚禮」。前後十五天當中，聖馬可廣場有如一個大展示場，廣場四周的迴廊全是櫛比鱗次的臨時攤位，店頭陳列著各式商品，連美髮院、牙醫都在此開店。不用說，劇場當然也拉起了舞臺帷幕，在一七八六年以前，除去聖馬可廣場教堂一側以外的其他三面，甚至調來了新古典派的圓柱排成迴廊，彷彿當時頗負盛名的威尼斯劇場舞臺裝置原封不動被搬到聖馬可廣場，各種不同打扮的人們扮演著自己以外的角色漫步其間。五月，可以說是與十月並稱為海都威尼斯最美、最舒適的季節。

觀光客絡繹不絕，光是看著扮演他人的人便覺得有趣。大運河裡舉辦的槳帆船比賽甚至設有女子賽程，另外還有獅子、犀牛、大象的展覽，最後連氣球都登場了，五花八門，應有盡有。

一年之中有六個月可以盡情享樂的嘉年華，最大的樂趣當然是喬裝。人們喬裝成各種角色，有人扮成阿拉伯人、威尼斯人、印度人，威尼斯喜劇不可或缺的角色也是眾人喬裝的主題。只不過，不是每個人都如此講究，威尼斯人的裝扮其實非常簡單，不須花費太多錢。

首要至少要有一件稱為*taburro*的黑色披風，這個長披風必須長及腳踝，而且可以蓋住全身。威尼斯人一年到頭都穿著這一類披風，因此人手都有一件。

另外，白色面具也是不可或缺。這是以石膏固定幾張紙，鼻子如鳥嘴般突出，只露出眼睛，可以蓋住臉的上半部。也有人戴的是只蓋住臉部中央的黑色面具，其餘露出來的部份用白色絲布蓋住，年輕女孩多喜歡作此裝扮。

披上黑色的披風，以白色的面具藏住臉之後，必須再以名為 *bauta* 的黑色絲布從頭蒙到下巴。這片黑紗通常垂到肩膀，甚至覆蓋上半身，頭上則戴著我們在畫上常見的拿破崙帽。

喬裝工作到此便算大功告成。當然，許多人會另以自己的喜好再做變化，但基本裝扮只要有上面四項物品便足夠。這些威尼斯式的裝扮，就某種意義而言，稱得上近乎喬裝的理想境界。不僅沒有男女之分、而且沒有貧富差距，在一定年齡內，甚至沒有老幼的區別。在容許喬裝的期間，只要將這些衣物穿在身上，就算是漁夫也可以自由出入貴族官邸、良家婦女可以混雜在妓女之間與客人交易、平常道貌岸然的元老院議員甚至可以將手伸到年輕女孩的胸前。即使西歐頗負盛名的帕多瓦教授在貢多拉拉上窗簾的船艙中，與相偕的貴婦渡過一段快樂時光，也不會受到任何責難。只要戴上面具、改變裝扮，任何事都在允許的範圍內。在隱藏自己身份的前提下，人生變得更輕鬆、多彩。

威尼斯共和國，這個在其超過一千年的歷史中，數度帶給西歐人「神話」的國家，有其在國力上升期時對國家獨立的執著；全盛期時，政治與外交的精妙；以及在十八世紀時，帶給同時代西歐人極樂之都的印象，而這些全是近似真實的神話。

但即使是這樣，就算閱讀卡薩諾瓦（Giacomo Casanova，編按：十八世紀義大利文人，行跡放蕩，其自傳生動描繪了當時歐洲各都會的風貌）或其他北方旅人此時留下的遊記，也絲毫感覺不出那是種衰亡將至，因苦悶焦慮而迸發出的放浪形骸，而毋寧是每個時代或多或少都有由輕薄主導的快樂。

榮辱盛衰若是不變的真理，至少威尼斯是優雅地衰退了。它之所以能在衰退中依舊不失優雅，原因或許就在於威尼斯之死，正有如歷經病痛、試煉過後，自然迎向死亡的人類之死吧。

第十四章

威尼斯之死

走出元首官邸的貴族們，歸心似箭般走過沉痛的人群，不發一語只是低著頭快步離去。
市民們不須被告知便已知道結果，不可能的事竟發生在自己身上。

一七八六年造訪威尼斯的歌德，在《義大利紀行》十月六日中這樣寫道：

今晨，參加聖傑斯迪那教堂彌撒。這場慶祝戰勝土耳其人（雷龐多海戰）的彌撒，幸蒙元首出席，每年都在這日舉行。

教堂前的小廣場旁，泊著元首及貴族一行所搭乘的金黃色船。穿著極富特色的划槳手們操著鮮紅色的槳，在運河岸邊成排的神職人員、手持蠟燭或銀製燭臺的各行會會員，以及小廣場上擠滿的群眾的等待下，將鋪著地毯的棧橋架到岸上。身著紫色長袍的司法官率先走下船，接著是長袍同樣曳地的元老院議員隊伍，最後才是老元首，頭戴金色無邊帽，身著金織花長袍、外罩毛皮短披風，在三位侍從牽引衣襬的協助下步下棧橋。

這幕教堂前小廣場上上演的情景，在教堂大門裝飾的土耳其軍旗的輝映下，宛如一幅設計及色調均美的古織錦畫，看在逃離北方的我眼裡，莫不深感活力的喜悅。

較之儀式再莊嚴也僅著便於活動的短裝，或是想像得到的壯麗慶典也都只在槍枝羅列中舉行的我國，這裡的爭奇鬥艷，令人恍如置身不同世界。不過，威尼斯就適合如此，拖曳的長袍衣襬最符合平和、華美的慶典。

元首體格健美，或因有疾在身，稍與人體弱之感，然厚重衣物下的動作卻不失穩重，華麗衣飾添其威嚴。在迎接的群眾眼中或許有如家中祖父，舉手投足盡是真誠散發的體貼與溫馨吧。除了相得益彰的華服外，世上最美的銀髮在元首帽底下頭巾的襯托下，亦不減其一分美麗。

元首由約五十名身著深紅色曳地長袍的貴族隨侍。清一色俊美的貴族，沒有人破壞畫面的協調：身材高挑、頭大適中，匹配的銀色捲毛假髮，個個五官突出明顯，膚色白皙細緻，但絕不是引人嫌惡的蒼白；神態自若，全身散發著自信的神采……。

距此時不過三年之後，一七八九年，法國革命爆發。前一年，未滿二十歲的年輕軍官拿破崙加入奧桑諾的連隊。

一七九一年三月，結束了五年駐法任期的威尼斯大使安東尼奧．卡裴洛，依例在歸國後前往元老院履行大使的義務，做歸國報告。

他在報告中指出，路易十四時代不負責任的經濟政策是導致法國大革命的起因，顯見不論何種政體，為政者均不能掉以輕心。此外，他也分析了革命後的法國現狀與日後可能的發展方向。由於法國正處於國王已遭奪權，貴族又受人民敵視，人民也無法全權掌控的現狀，可以說是既非王政，亦非貴族制，空有國民議會卻稱不上民主制的無政府狀態。此刻的法國正掌控在深信破壞乃邁向建設公正社會唯一途徑的人們，以及充滿憎惡與忌妒心的狂徒手裡，除了國庫的赤字以外，一切都在破壞中，正急待尋找宣洩的出口。卡裴洛對議場內座無虛席的議員們說道：

歐洲各國君主正透過締結友好同盟關係，致力建設國防，未來威尼斯勢必不能再如我們所願，維持過去保持中立的基本外交政策。在此現狀下，本人在此想問各位，此刻是否該是我們重新認真思考的時候？在冷靜分析過我威尼斯共和國的處境後，孤立主義政策是否真是維護我國獨立與安全的良策？

不是互設大使就能保障安全，不然如何解釋與法國有明顯敵意的英國，在法國也設有大使一事——雖然卡裴洛這份報告的用意相當明顯，但多數元老院議員仍是選擇相信，在如此混亂下，革命勢力將不會支撐太久。

按兵不動坐等情勢改變，用不著花力氣，但若與他國結盟就不能不武裝了。再度擴充軍備，既造成經濟上的負擔，也相當耗費精神。十八世紀末的威尼斯軍力，海軍方面因為有突尼西亞海盜的刺激而有小規模的近代化。相形之下，陸軍戰力卻是在近百年的和平情勢下形同虛設。不僅如此，威尼斯在這期間所採取的又是非武裝、非同盟的政策。這樣的威尼斯共和國，任憑卡裴洛如何苦口婆心也是枉然。就在元老院再次確認維持一貫政策之際，北方由英國發起，以法國為目標的各國戰線聯盟正在形成。

同年六月，法國國王路易十六攜王妃、皇太子逃亡，但在翌晨經人發現被帶回巴黎。為此，接替卡裴洛駐在法國巴黎的大使阿爾瓦比薩尼不斷向祖國政府發出局勢驟變的報告。

然而，十月抵達威尼斯到任的新任法國大使，卻轉交一份路易十六期盼兩國友好關係繼續維持的親筆書信給威尼斯政府。威尼斯政府接受了，並承認大使具有國王派遣的正式身份。

十一月，威尼斯駐杜林大使送回一份極機密書信給威尼斯。信中寫明威尼斯與法國僅隔阿爾卑斯山接壤的皮蒙特地區（Piemonte），當地不安情勢與日俱增，為了防衛這個義大利最前線，薩伏衣公卿、羅馬教廷、那不勒斯國王、西班牙國王，以及奧地利皇帝都已加入抗法同盟，因此有意邀請威尼斯一同加入，但威尼斯只是再度重申中立立場。

翌年一七九二年四月，接受國民議會的決議，路易十六對奧地利正式宣戰。國際對立浮上檯面，戰況在對法國不利的情況下開展。

八月，土伊勒里皇宮受到群眾攻擊，國王一家因為到國會避難而倖免於難，搜尋國王的群眾湧至威尼斯大使館，大使比薩尼以堅定的語氣告訴群眾：「國王不在此，想搜就搜吧！」，官邸才免於遭受一場掠奪。

事件過後九天，普魯士軍隊突破法國國境，法國境內的動亂因此加劇，馬拉（Marat）、丹頓（Danton）、羅伯斯庇爾（Robespierre）（編按：三人均為雅各賓派核心人物）掌握了優勢。然而，到了九月時，戰情卻轉而對法國有利，獲知消息的威尼斯再次重申中立立場，身在巴黎的大使比薩尼立場尷尬，各國大使早已撤回本國，由於自感危險，繼英國大使之後，比薩尼也決定暫時至倫敦避難。但是為了表示威尼斯並非撤回大使，巴黎當地的威尼斯大使館內的傭人、情報員依舊正常作息，傢俱也不曾搬移，假裝大使只是赴鄉間渡假，情報也從此分為由倫敦發出和由巴黎發出兩個管道。

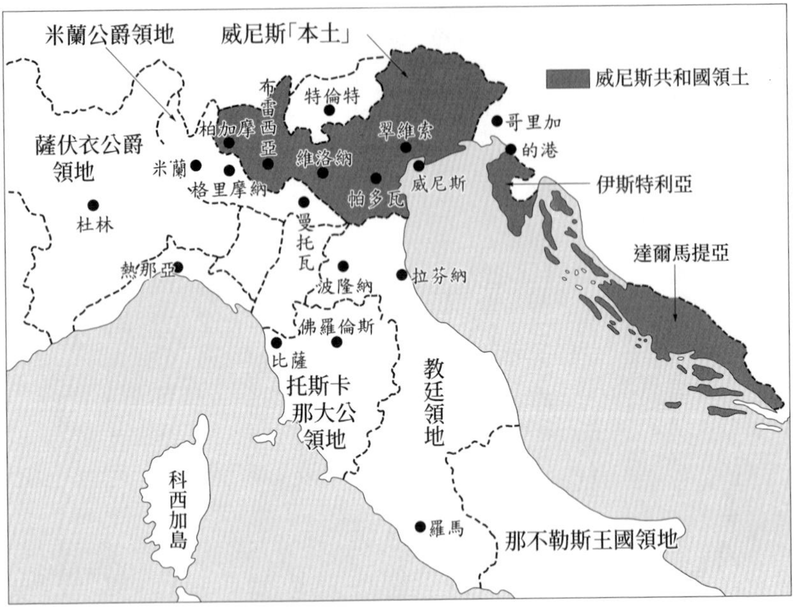

十八世紀末的北義大利

與此同時，元老院議員法蘭契斯科．裴薩洛在威尼斯提出擴充軍備的主張，以求在此混亂的時代裡延續共和國生機，但贊成的議員少之又少。

十一月，一年前便已開始打探各國意向的義大利同盟，向結盟又邁進了一步，邀請函再次送到了威尼斯。但動輒怕刺激到法國的威尼斯在獲知那不勒斯王國背後有法國的宿敵，即英國的勢力後，斷然拒絕了同盟的邀請，並再次向各國重申威尼斯非武裝中立的唯一立場。

物換星移，一七九三年一月，從前年起便開始受審的路易十六遭到處決。情報員以威尼斯情報一貫見長的正確、冷靜，詳實回報了整個過程，精彩度不下於狄更斯小說。當這份報告在元老院公開誦讀時，聽到報告的議員們無不顯露嫌惡的表情，但就是沒有人清楚表態。不僅如此，三月，威尼斯還欣然答應法國大使以共和國的標誌取代法國國徽，懸掛在大使館大門的要求。

四月，因國王遭處決而更加團結的歐洲各國，由四面八方進攻法國。阿爾卑斯方面有奧地利、薩伏衣的四萬五千名盟軍，庇里牛斯 (Pyrenees) 有五千名西班牙士兵，英國及荷蘭的七萬大軍由西北方向進攻，東北戰線則由奧地利及普魯士的十萬大軍把關。四面受敵的法國，加上國內恐怖政治氣勢正焰，革命勢力岌岌可危，但威尼斯依然不改中立立場。元老院中支持裴薩洛重振軍備提議的議員人數雖然較之前增加不少，卻依舊未達到足以改變元老院政策方針的地步。

五月，由法國逃亡至皮蒙特但仍感危險的普羅旺斯伯爵 (Count of Provence)，向威尼斯政府提出亡命至維洛納的請求。維洛納是威尼斯的領土。在以個人名義的條件下，共和國政府決定接納這位時年三十九，在兄長路易十六遭刑後，自命為未成年的路易十七攝政的王弟的請求。這位普羅旺斯伯爵就是在日後拿破崙失勢後登基的路易十八，據說威尼斯政府此時告知各國的理由是：純粹基於人道立場。

一個月不到，法國國民公會對於威尼斯准許伯爵流亡提出嚴重抗議，但威尼斯依舊堅稱是基於人道的立場，才接納伯爵以個人的名義流亡。

不料，一七九五年六月，路易十七確定身亡之後，流亡維洛納的普羅旺斯伯爵竟自行宣布登基。儀式雖然只是在落腳的宮殿一隅舉行，出了宮殿後，眾人照常是以伯爵稱之，卻仍不免為威尼斯政府帶來困擾。不過，威尼斯政府也僅是禁止維洛納的貴族們到伯爵的宮殿祝賀伯爵即位而已。

然而，對於一名宣稱繼承王位的人物，交戰中的各國當然不會放過。英國派出大臣麥卡托尼至維洛納，奧地利也火速將原本駐皮蒙特的大使調往新王身邊。得知各國正在籌劃陰謀的法國，透過了國民公會及隨後接掌政權的督政府，接二連三對威尼斯提出抗議。如果威尼斯真的依照要求交出法國的叛徒普羅旺斯伯爵，勢必讓自己陷於與英國、奧地利為敵的境地；但若繼續留伯爵在境內，又怕會刺激兵臨義大利邊境的法國大軍。共和國政府顧左右而言他地拖延了將近一年，終於在一七九六年四月由元老院做成決議，會中贊成普羅旺斯伯爵離開者有一五六票，反對者四十七票。威尼斯於是派遣大使到維洛納，說明威尼斯兩難的處境，要求伯爵離去。伯爵一行隨後於當月二十一日離開維洛納，由於當時倫敦及維也納對伯爵亡命都沒有善意回應，目的地只能暫定為印斯布魯克(Innsbruck)，這彷彿也預言了伯爵之後一連串輾轉流亡的開始。路易十八最後抵達倫敦時，已是十八年後。

不過若從結果來看，伯爵其實也正是因為離開了威尼斯領土才得以保住性命。因為就在一個月前，年方二十五六歲、出生於科西加、即將讓法國軍隊改頭換面的拿破崙，正式就任法國駐義大利軍隊的總司令。

經濟、政治、軍事各方面都淪為三流國家的威尼斯共和國，除了文化以外，唯獨情報蒐集還保持著過去全盛時期的評價。然而卻還是沒能、或說是不可能預測到拿破崙的抬頭。這位在軍官學校時期成績不佳，士兵出身、出生地科西加不久前還屬於義大利，因此有著法國人罕見姓氏的年輕軍官，是在一七九五年十月以後才開始為巴黎人所知的。他之所以得以擔任法軍負責義大利戰線的總司令官，可以說是源於一場歷史開的玩笑。

督政府的掌權者巴拉斯(Paul Barras)欲與愛人約瑟芬分手，但是無故始亂終棄又有欠男人風度，不知他是否認為要和年逾三十的女人分手之前，得先幫她找個替代對象，於是找上了拿破崙，法軍負責義大利戰線的總司令一職就是巴拉斯此時送給約瑟芬的嫁妝。當然，不要說心不甘情不願接受婚禮安排的約瑟芬當時不曾察覺，恐怕連巴拉斯都不知道這位年輕將軍的真正實力，否則也不會如此提拔這位日後造成自己失勢的男子。至於拿破崙呢，固然是對年長自己六歲的約瑟芬深深迷戀，但也不是完全不具野心，總司令一職在他眼裡想必也是個初試身手的好舞臺。

雖然拿破崙所接掌的是支不論裝備、士氣，還是人數都不足與奧地利和薩伏衣聯軍相較的軍旅，但他並沒有浪費時間。

到任後不過二十天，一七九六年四月十日，拿破崙便與奧地利帝國軍隊在當時已淪為法國屬地的熱那亞西邊展開首次交鋒，持續五天的戰鬥最後由法國獲得勝利。奧軍向東撤退，法軍一路追擊來到杜林附近，因戰敗而氣勢渙散的薩伏衣公爵家族於四月二十七日單獨與拿破崙締結和約，法國不戰拿下杜林。

乘勝追擊的法軍繼續東進，五月十日與奧軍二度於米蘭附近交鋒，再次獲得大勝，並於五月十四日占領米蘭。與米蘭公國國境交接的威尼斯屬地，在這之前便已湧進大批米蘭難民，這會兒更因戰爭的逼近而騷動不安。由於奧地利軍隊朝著本國領土撤退，法國如果持續追擊，勢將進入威尼斯共和國孤立於米蘭境內的克雷馬(Crema)領地。拿破崙要求威尼斯同意讓法軍通過，但奧軍早已向威尼斯提出同樣的請求，而且基於兩國之前的條約，威尼斯必須答應奧軍的請求。

陷於困境的威尼斯政府，眼前能做的唯有派遣非常時期才會選出的本土總司令前往本土，但是對於獲選此重責大任的佛斯卡里尼，除了交代他要保障本土安定之外，卻沒告知以何種方法，也未給予任何軍力作後盾。結果，在佛斯卡里尼抵達法軍參謀總部之前，拿破崙早已先一步行動，克雷馬的地方官喬枋・孔塔里尼成了最先和拿破崙接觸的威尼斯共和國代表，而數日前他才剛與奧軍對通過克雷馬地區一事達成協議。

這位於一〇四三年以後八百年間，家族中便出了八位元首的孔塔里尼望族出身的地方官，似乎在見面前便察覺之前與同樣貴族出身的奧軍司令官的君子協定，不會在拿破崙身上重現。在他送給元老院的報告中的開場白中這樣寫著：「我告訴自己必須堅決以對。」

負責捍衛邊境的孔塔里尼，當然不可能知道眼前這位年輕、沒沒無聞的將軍在開啟義大利戰端之前，曾經對麾下說了什麼。拿破崙是這麼說的：

士兵們！各位眼前一望無際的便是豐饒的義大利平原。各位能否征服？能否取勝？明日的勝利，將能補足各位今日的不足！

拿破崙自從上任以來便善於掌握軍心，士兵也不負其望地勢如破竹，如今已逐漸進逼到威尼斯的領土。奉拿破崙之命先行的副官，甚至告訴地方官孔塔里尼：「如果威尼斯不接受法軍要求，法軍只好自便。」

接見威尼斯地方官的拿破崙，一開始便擺出極高的姿態。對此，孔塔里尼在報告中寫道，不是拿破崙個性原本就沉默寡言，就是有意擺出不悅的表情，再不然就是過度疲累所致。相對於拿破崙的態度，孔塔里尼先是假裝天真地說：

「拿破崙將軍似乎非常疲累。」

「是！我是非常疲倦。」拿破崙回答。

兩人的談話與其說是對談，不如像是詢問。拿破崙不改不悅的態度，接二連三地提出深思熟慮的質詢，不給對方任何思考的機會。

「奧地利軍走什麼路線東行？是不是進入克雷馬？」

孔塔里尼回答除了幾位來訪的軍官，其他人都是嚴守紀律，規矩地沿著城牆外通過。拿破崙對這個曖昧的回答沒有繼續深究，但是卻接著問：如果要派傳令兵從這個城市到下個城市，距離有多長？耗時多少？孔塔里尼依然閃爍其詞，盡量不給正確答案。不知拿破崙是否察覺到孔塔里尼的意圖，因為他接下來竟指名要看威尼斯本土屬地的地圖。這次孔塔里尼仍是顧左右而言他，回說只有克雷馬的地圖，並呈交給拿破崙。

誰知拿破崙話鋒一轉，問孔塔里尼威尼斯兩年來一直包庇普羅旺斯伯爵亡命威尼斯，卻在法軍開始占優勢時將其驅逐出境，用意究竟何在？孔塔里尼回覆拿破崙，最早承認革命後法國政府的國家是威尼斯。至於威尼斯不該給普羅旺斯等舊統治階級政治庇護的責難，孔塔里尼是這樣回答的：

「我共和國是個尊重自由的國家。只要是以個人名義，且在不違反我國法律的情況下，接受各國人民流亡乃是我國傳統。」

拿破崙再度改變攻勢，質問與法國有友好關係的威尼斯，為何准許法國的敵人奧地利軍通過其領地。針對這個問題，孔塔里尼除了再度重申威尼斯的中立立場，也回以威尼斯與奧地利以前便有互許對方軍隊通過的協定。話才剛說完，原本癱坐在椅子上的一位副官突然出聲，要威尼斯在奧、法之間作個抉擇，必須禁止奧軍通過。孔塔里尼轉身向聲音的來源說道：

「身為威尼斯市民，敝人僅遵從威尼斯共和國元老院的命令。」

語畢，回復原來姿勢。孔塔里尼察覺到左右及背後的情況不對，心裡也做好眼前的拿破崙隨時可能盛怒的覺悟。但是，坐在正面桌子後方，身形瘦小且披著一頭溼黑長髮的年輕將軍，卻只是閃著炯炯有神的雙眼，目不轉睛地望著孔塔里尼。

拿破崙將離開會場的孔塔里尼送至屋外，態度既恭敬又有禮，然而看在孔塔里尼眼裡，這不過是勉強做出來的樣子罷了。

會談從頭到尾都以義大利語交談，孔塔里尼卻異常感到疲累。諳法語的孔塔里尼雖然一再重申以法語交談的意願，但拿破崙卻選擇義大利語。拿破崙本身當然沒有問題，不過副官們的義大利語可沒好到足以應付會議需要的程度。儘管如此，拿破崙依舊選擇義大利語，這也讓孔塔里尼心裡蒙上一層陰影。但是，這位克雷馬的地方官現在也無暇去咀嚼不安的情緒了，他得先想辦法面對不管有無協定都得讓法軍通過的現實。所謂讓軍隊通過，可不是只通過而已，有關軍隊住處及兵糧的調度等，都得由准許的一方張羅，所需費用依照規定雖是由過境的軍隊支付，孔塔里尼卻不覺得法軍和奧軍一樣有誠意，會遵守這項規定。若真是如此，那就不只是經濟問題，而是政治問題了。

在未決之際，朝著提洛爾 (Tirol) 撤退的奧軍，與後頭窮追的法軍充斥了整個威尼斯共和國本土。各地地方官十萬火急地向元老院的本土總司令發出書信請示。然而不管是元老院還是佛斯卡里尼，卻只是命令地方向兩軍宣示中立立場，盡量緩和事態。隨著時間流逝，氣勢正盛的法軍原本就蠻橫霸道，沒想到竟連不斷撤退的奧軍似乎都不再有（也由不得他們）保持紳士風範的打算，因為他們竟然占領了威尼斯所屬的裴斯奇愛拉要塞。將奧軍逼入絕境的，主要是當時的情勢——杜林、米蘭早已落入法軍手中，佛羅倫斯的托斯卡那大公又與法國締結友好關係，但威尼斯卻仍堅持絕對中立。對於奧軍及法軍在境內的恣意妄為，威尼斯所能做的僅有口頭上的抗議。甚至，將奧軍趕出裴斯奇愛拉要塞的不是威尼斯，而是法軍；原因是法軍若想進擊奧地利在義大利僅存的要塞曼托瓦，就先得拿下裴斯奇愛拉，才能順利派遣援軍。在戰場上短兵相接的奧軍及法軍，這時早已不將高唱非武裝同盟的威尼斯看在眼裡，雙方在曼托瓦展開激烈的攻防戰。同一時期，逐漸重整的奧軍也為了捍衛曼托瓦不落入法軍手中而開始南下。佛斯卡里尼見到拿破崙正是在這個事態緊急的時期。

五月二十九日，佛斯卡里尼終於見到這位根本不在乎威尼斯地方官是否准許，便以占領的姿態，於威尼斯領土布雷西亞當地設置作戰總部的將軍。拿破崙將軍有禮地請佛斯卡里尼入座，佛斯卡里尼則以威尼斯共和國本土總司令的身份，向拿破崙提出從克雷馬到布雷西亞之間，因法軍通過所造成的損害一覽表，其中亦包括調度兵糧與住宿設施等費用。拿破崙接過之後開始閱讀。

但是還沒唸完一半，便突然將一覽表丟在桌上，大發雷霆：

「我不須要對這張紙片做任何回答！你拿軍隊通過克雷馬到布雷西亞，這短短的距離所造成的微不足道損害來是什麼意思？這不過是威尼斯仇視法軍的表現。從保護普羅旺斯伯爵到讓奧軍通過裴斯奇愛拉，種種都是威尼斯敵視法軍的證據。我要報仇！我要燒毀維洛納，破壞威尼斯報一箭之仇！」

嚇壞了的佛斯卡里尼只好垂頭喪氣地退下。

但是以今日威尼斯的條件，根本沒有本錢無視拿破崙的怒氣。佛斯卡里尼於是請求再度會面。由於行動迅速的拿破崙這時已將陣營轉移至裴斯奇愛拉，因此是在裴斯奇愛拉進行。

正在用餐的拿破崙一改前次的態度，熱情邀請佛斯卡里尼一同進餐。會談在餐後移至其他房間開始。佛斯卡里尼首先表明威尼斯共和國無意改變與法國的友好關係。拿破崙則回答：

威尼斯共和國每當有事便表明與我法國關係友好，然貴國實際上的作為卻與所言背道而馳。若威尼斯共和國衷心希望維持與法國的友好關係，就應驅逐境內的奧軍，並向奧地利宣戰。

另外，普羅旺斯伯爵一事也令人不滿。無視法國督政府長達兩年的要求，直到我國逼近時才將伯爵驅逐出境乃是事實。為此，我已經向巴黎當局建議對威尼斯宣戰，目前正在等候回音。事已至此，提出損害云云豈非笑話！

佛斯卡里尼家族雖不如孔塔里尼家族顯赫，但至少在一七六二年，即三十四年前也曾出過一位元首，當然有他身為威尼斯貴族的榮譽感。只是，他所力陳的「非武裝中立」，必須是在對方尊重法律的條件下才能成立。所以儘管佛斯卡里尼以法律為出發點，就是說不動拿破崙。這位本土總司令此時能做的，也只有一五一十地向元老院回報。可惜，元老院缺乏改變過去政策路線的勇氣!

指責威尼斯的還不只法國。連奧地利都開始指責威尼斯的非同盟政策不過是種利己主義。領導階層的態度一有改變,下面陷入絕境的士兵掠奪起來更是理直氣壯。不僅是法軍,連奧軍都蠻橫霸道,飽受人禍殘害的威尼斯領土居民的不滿,此刻全都投向無法善盡守護職責的威尼斯國內。拿破崙更彷彿譏笑元老院毫無作為似地,派遣手下包圍威尼斯共和國「本土」的首府維洛納。將軍們將大砲砲口對準城牆,對維洛納市提出下列要求:

首先,開啟城門。

其次,准許法軍在流經城牆一角的阿濟西河橋上設營。

第三,每天提供一萬兩千名法軍所需的葡萄酒、麵包、肉類,以及軍馬用飼料。所需費用比照當地市價支付。

這已經不是對友好國家的請求,而是對占領地的命令。不僅完全沒有給期限,甚至口頭上說會支付費用,但是從以往法軍從沒付過的情形來看,簡直與徵收無異。稍後又要求提供兩千名農民,說是要設置陣營,凡此種種,維洛納市民通通只有接受的份。因為法軍揚言如果不從,將要以武力鎮壓。由於正值六月收割期,召集農民已經煞費周章,未料法軍竟還追加要求調度兩千支軍用槍枝。

面對心情沉重的佛斯卡里尼的來訪,拿破崙以難得的好心情,告訴佛斯卡里尼要求調度的兩千支槍以維洛納目前有的槍枝應急即可。在接待的午餐席上，還不斷地大發議論，說是以威尼斯與法國悠久的友好關係，只要奧軍撤退，法軍自然會跟進，法軍的意圖不過是希望將義大利由奧地利帝國的統治下解放，使其得以重返義大利人懷抱而已。佛斯卡里尼聽完這席話後放下心中大石，並送出一份極為樂觀的報告回威尼斯。

但是與法國人有長期實際深入交涉的本土地方官們，憑著以往的經驗，並沒有被拿破崙一時興起的狂言所騙，他們有預感，法國人只是想盡量訛詐威尼斯。

這些人的不安都是正確的。拿破崙在龍心大悅的兩天後，發出了一封給巴黎督政府的信，信中提到：

> 各位若想威尼斯共和國拿出五百或六百萬不等的金額，我有最適合的方法可以達成。

然而，不管這位出身科西加的年輕將軍心情如何，在本土最重要的維洛納被占領之後，威尼斯不能再坐視了。六月六日，威尼斯元老院通過以自衛為前提的軍備案，贊成一一九票，反對七七票，法國革命前便主張擴充軍備的派系終於在十七年後成為多數派。擔任希臘海域防禦的海軍，被火速召回本國擔任捍衛工作。為了調度形同虛設的陸軍重建經費，元老院決定課徵特別稅。因政府呼籲而燃起危機意識的市民，紛紛主動參與課捐，不多久便募到了一百三十萬達卡特，募兵令旋即向達爾馬提亞及伊斯特利亞發出。

只是，這一切都太遲了！錢與士兵是募集到了，卻缺少有能力運作的人才——百年的和平使得威尼斯在不知不覺之間，流失了這些人才。

另外，雖然決定重振過去因為不需要而一直任其衰微的陸軍，但是卻連目的是什麼都無法明定。說是自衛，威尼斯共和國本土的領土卻又不限於潟湖中的小島，光是劃定界限，各方便已意見分歧無法達成共識。威尼斯共和國曾有兩次不得不據守潟湖中小島與外界作籠城戰的經驗，一次是十四世紀末對熱那亞之戰，一次是十六世紀初的康布雷同盟戰，兩次危機威尼斯都成功渡過。但是當時的威尼斯是以交易維生，只要確保國家的獨立，船隻可以再造，商機也可以利用他人的資本重新開拓。而十八世紀時的威尼斯，經濟主軸已轉為農業，農業最需要的土地不是浮在海上的小島所能提供的，主張以威尼斯本島為防衛重點的派系無法占多數，主要也和大多數元老院議員都是在本土擁有經濟地盤的貴族，說什麼都無法割捨有關。自拿破崙抬頭以來，這些人沒有一天不籠罩在擔心本土農莊被奪走的恐懼之下。

不過，緊急動員令還是在遲遲無法決定防衛重心及底線為何的情況下，確實地展開了。

首先，威尼斯在國內各行政區調查十五到六十歲男子的人數。根據這項資料可知：

聖馬可區　　——六四四三人
堡壘區　　——一〇六七六人
卡納勒究區　　——九四三〇人

硬壤區——七六三五人
聖保羅區——三一九四人
聖十字區——四八六三人
總計四二二四一人

從當中選出可以長期服役的人選，再加上麗都及慕拉諾的志願兵，大概有一萬兵力。將這些人以百人為一小隊，由兩位貴族及兩位市民擔任指揮，負責守護各自的居住地附近。另一方面，來自威尼斯領地伊斯特利亞及達爾馬提亞地區，通稱為修弗尼人，即威尼斯共和國經常倚賴的傭兵也陸續抵達。飲用水及糧食庫存的補充依序進行。積載大砲的艦隊在通到潟湖的外海三條重要水路（麗都港、馬拉摩可港、吉奧佳港）就定位，威尼斯儼然重新燃起十四世紀末及十六世紀初死守本國的決心，唯獨獨缺元老院明確的指令。「自衛」的定義持續被討論著，共和國對於得知本島已發布動員令後便極欲響應的本土屬地，只能命其靜觀其變。

同一時間，拿破崙率領的法軍不斷擴張戰線，透過占領米蘭到維洛納一帶，成功切斷了曼托瓦與提洛爾之間的連線，將打算南下援助曼托瓦孤軍的奧軍牽制在加爾達湖以北。代表威尼斯共和國與拿破崙對話成了唯一工作的本土總司令一職，此時也由佛斯卡里尼改由法蘭契斯科·巴塔利亞擔任。

七月，巴塔利亞一上任便馬上遭風暴襲擊。拿破崙狂怒的一封信在巴塔利亞到布雷西亞上任沒幾天便襲來：

中斷軍隊補給到底是何居心？街道的治安和醫院設備的改善是威尼斯共和國曾經向我保證過的，閣下的前任也一直努力向法國做出最好回應，或許這正是其退職的理由?!

請火速告知閣下想法，以及閣下是敵是友。對於認定與威尼斯關係友好的友國士兵無法在威尼斯領地接受充份治療因而死去，以及在城中不分青紅皂白慘遭殺害的事實，閣下有何想法？

若閣下無法維持威尼斯領地的治安，醫院管理未見好轉，軍糧的調度有困難，我等將訴求更有效率的手段。

希望我對閣下的期待與善意值得相信，波拿巴特。

不僅巴塔利亞知道，可能就連拿破崙都曉得，醫院之所以治療不周、軍糧調度之所以不順暢，都是來自被壓榨人民的罷工。就連街道上愈來愈多無端遇害的法國士兵，也是居民所做的抗議。威尼斯共和國從來不曾以軍事統治維持屬地上的主權（當然軍事能力不足也是原因之一），他們的武器是「善政」，四百年來習於善政的領地居民，根本缺乏面對軍事壓迫時忍耐、看開的心性。不過，巴塔利亞可不能任由事態繼續惡化，但問題是他既沒有權限組織居民投入反抗運動，也沒有組織反抗運動所需的軍力，元老院給的指示，只有盡力將一切辦妥而已。

巴塔利亞首先召來醫院及兵糧調度的負責人，告知必須再加把勁。遣回這些人之後，巴塔利亞開始回信給拿破崙。信中說明軍糧調度之所以延遲，主要是補給地區不是淪為戰場，就是因為軍隊通過而成為一片焦土。醫院的治療則是因為眼前已達極限，治安的維護也因為四周都是山地，只要兇手一逃進山區，繩之以法確實有困難。巴塔利亞將信交由副官，囑其送到身在卡斯提利奧的拿破崙手上。

拿破崙看了信後雖沒有大發雷霆，不過很明顯是在壓抑胸中怒火。背對著副官，眺望窗外的拿破崙壓低了聲音對副官說：

「我是軍人，軍人喜歡把話說清楚。豐饒的布雷西亞不可能沒錢，換作是我，馬上就能徵收到兩百萬給你看。對於巴塔利亞總司令的回信內容，我完全不能贊同。如此一再採取反法軍的舉動，是不是表示他一點都不在乎本土的城市也像熱那亞的城市一樣化為灰燼？」

副官提出辯解，但是沒有任何效果。

「聽說威尼斯國內正在重振軍備，此事如果屬實，則很明顯是將法軍視為敵人的舉動，無疑是和當前奧軍大舉南下的時勢相呼應。我將擊退奧軍，並由威尼斯人負擔此項戰爭費用，誰叫威尼斯人准許奧軍通過境內。」拿破崙斬釘截鐵地說。

副官試圖辯駁：

「威尼斯共和國從不曾准許任何國家通過境內領土，奈何我共和國並不具備阻擋的軍事力量。」

拿破崙這時才轉身，凝視著與自己同齡的副官，然後說：

「請轉告總司令，明晚在維洛納見面。我會在那之前先抵達維洛納。」

副官回答無法答覆，原因是威尼斯行政官員在沒有本國政府許可的情況下，不准任意行動。但是拿破崙卻答道：

「請轉達這是我的希望，拿破崙的希望。」

接獲副官報告的巴塔利亞雖然有心等待本國政府的許可，但是時間不等人，事態又緊急，他只好自行作主。

抵達維洛納的巴塔利亞獲知拿破崙就在附近的裴斯奇愛拉，於是便前往。當時拿破崙正在視察配置在要塞周邊的大砲陣營，獲報巴塔利亞抵達後，隨即脫離隨行的大批軍官，來到巴塔利亞身邊，會談就在陣營中邊走邊進行，時間是七月二十三日。

一如往常，拿破崙省去多餘的禮儀，直接切入問題核心。不過巴塔利亞一開始便決定讓他暢所欲言，因此會談完全由拿破崙一人唱獨角戲。

「威尼斯國內此刻正在進行的全面整軍，絕對是以法國為目標。奧軍當初在阿濟西河畔布陣時，威尼斯什麼行動都沒有！軍備所需的新稅與捐款也是將矛頭對準法國，激發國民的愛國心。元老院的討論也是將法國人描繪成令人憎恨的國民，還向市民廣為宣傳。不是嗎?!無端殺害法軍的情形不斷，軍糧也未如期送到，像這類對法軍的不遜行為，在維洛納及布雷西亞尤其明顯，從閣下到任後情況更是惡化，這是怎麼回事？」

面對自己被質疑是否有反省意識，巴塔利亞光是抑制苦笑便極吃力，但是拿破崙還是繼續說下去。這次提出的是已經說過多次的老問題。

「讓奧軍占領裴斯奇愛拉，或是庇護普羅旺斯伯爵長達兩年，這些不都是侮辱法國的行為嗎？偉大光輝的法國是不須忍受這種不敬行為的。」

巴塔利亞一句辯解的話也沒有。拿破崙接著又說：

「如果我真有心攻占本土，相信閣下應該清楚事情會演變到什麼地步。不僅法軍所需的物資全部都能調度，正如義大利其他地方的前車之鑑一樣，數目甚至可以多到送回巴黎的程度。敵人的東西，怎麼說都是戰利品。」

拿破崙平靜、客氣的語調讓巴塔利亞反倒不安，他只好提出連自己都不相信有用，而且拿破崙也聽過不下數回的辯解。然而，拿破崙不等他說完便打斷他的話：

「請你回去轉達威尼斯高層，四十八小時之內解除境內動員令，恢復過去的狀態，否則我將對威尼斯宣戰。法國督政府交給我一張白紙委任書，讓我自由處置貴國。」

巴塔利亞回答這應該是威尼斯政府與法國駐威尼斯大使之間商議的問題，但拿破崙卻駁斥，大砲砲口對準法軍是令法軍忍無可忍的侮辱行為，法軍不打算繼續忍耐下去，並說這種事其實自己只要派部下軍官送個信就好，但因為基於對威尼斯共和國的尊重，才決定與代表威尼斯共和國的閣下巴塔利亞晤談。巴塔利亞只好盡量爭取時間，將四十八小時的期限延長為六天，而這也是這場兩個小時晤談的唯一收穫。

然而，接獲巴塔利亞報告的元老院卻只是要他告知拿破崙，威尼斯的武裝僅為自衛，並且遵照拿破崙所要求的，貼出法國士兵為威尼斯之友的布告。

法蘭契斯科．巴塔利亞向來主張振興軍備，對於只知一再讓步的威尼斯政府，原本多少抱有幸災樂禍的心態，但是現在站在談判的最前線，對於祖國的危機比任何人都更加深切體認，亟思如何改變這位二十八歲將軍心意，逐漸取代了報告中原先不在乎與挖苦的語氣。一個他認為難得的機會終於來訪：約瑟芬即將由巴黎到訪。巴塔利亞深知拿破崙夫人不管是生長環境還是精神上都屬於舊體制，年輕的常勝將軍又素以深愛年長六歲的妻子而聞名，因此當拿破崙自己提出要到布雷西亞迎接妻子時，巴塔利亞便認定機會來了。

布雷西亞最優美的威尼斯式宮殿被指定為約瑟芬投宿的地點，從內部精心的裝潢，到威尼斯十八世紀高尚華麗的宴會可以夜夜笙歌的準備，以及許多預計約瑟芬一定會中意的華美、價值高昂禮物，可以說樣樣不缺。

拿破崙夫人到達之後非常高興，告訴前來祝賀平安抵達的巴塔利亞，來到此地讓她幾乎忘了旅途窒人的暑氣。當然，巴塔利亞也不忘以法國大革命後該國男性絕對無法模倣的優雅態度，請求約瑟芬在拿破崙面前為威尼斯美言幾句，對威尼斯寬大為懷。是夜，拿破崙抵達。

對政治毫無興趣也無才能，但是性情善良的約瑟芬，應該沒有忘記在枕邊將請求告訴拿破崙吧。只是，拿破崙雖然深愛約瑟芬，卻不是那種受愛左右的男人。拿破崙專程將妻子遠從巴黎叫來，共聚數日之後馬上出發進行帕多瓦戰役，巴塔利亞所得到的回報不過只有拿破崙一句：

「感謝閣下對妻子的熱忱招待。」

如同之後再度紅杏出牆的約瑟芬，可能的話，巴塔利亞大概也希望能夠換件別的事，來個外遇一下吧。唯一令巴塔利亞稍微好過點的，大概只有由於奧軍南下，拿破崙為了對付奧軍而解除包圍曼托瓦，不再緊迫盯人要求威尼斯解除軍備。

駐土耳其首都君士坦丁堡的威尼斯大使，這時透過急使送回一封極機密的書信給威尼斯政府。信中提到在土耳其朝中，英國、奧地利、西班牙等各國駐君士坦丁堡大使正遵從各自政府的指示，進行締結大同盟的計畫，希望邀請威尼斯加入。不過，威尼斯大使在信中又提到，駐君士坦丁堡的法國大使也在打探威尼斯與法國結盟的意願，信中請示威尼斯政府應該如何處理。無巧不巧，幾乎就在同時，威尼斯國內也收到了普魯士政府發出的要求威尼斯加入奧地利與普魯士的反法聯盟的邀請。

這些對威尼斯共和國既重要且敏感的問題，回答自然得慎重再慎重，按理應該交給元老院處理，但因為顧慮到保密與速決的必要性，尤其是拿破崙所率領的四萬法軍的威脅就在身邊，在結論出來之前，絕對不能讓駐威尼斯的法國大使發現。於是，最後便決定交由元首、六位元首輔佐官，以及「六人委員會」的六位委員與「十人委員會」三位委員長，也就是「內緣」共同表決。

決定的結果是對於三方的邀請，威尼斯一律拒絕。很明顯地，威尼斯這時連過去不時招致他國憎恨的外交積極性也失去了。接到報告的元老院正式公開發表聲明：威尼斯將維持一貫的非武裝、非同盟，絕對中立的路線。如此一來，振興軍備方案純粹以自衛為目的的理由便得以成立，不用再受到拿破崙的指責。在奧軍完成重新編制後開始南下，法軍則以布雷西亞、維洛納等威尼斯轄下領地為戰壕，布陣迎戰。當兩軍對峙時，威尼斯的領導階級決定靜觀交鋒的結果。當然，每個人心中都暗自期待獲勝的會是奧軍。

由提洛爾南下的奧軍兵分三路，重點式地進攻由西向東延展的布雷西亞、維洛納，以及阿濟西河附近的三處法軍「戰壕」。拿破崙暫停了包圍曼托瓦，專程趕到北方親自站在最前線指揮軍隊。最初的戰鬥發生於七月三十一日，經過兩個小時的激戰後，奧軍退縮了，但還不至於敗退。第二次戰役發生在八月三日，戰況持續到深夜，雙方死亡人數均高達一萬人。隔天，第三次交鋒再度開打，但是依舊不分高下。法軍一直等到第二天，也就是八月五日的戰鬥結束之後，才真正取得決定性的勝利。

拿破崙的勝利除了讓奧軍氣餒之外，也為義大利各國帶來不小的打擊。擁有多位英國顧問的那不勒斯王國的港口，應國王的請求，增加了不少英國船艦；羅馬教廷慌得有如法國革命反宗教情感直逼城下，急著找退路。與法國之前屬於同盟關係的托斯卡那公國，這會兒改以臣下之禮，而不是之前的平起平坐。威尼斯本土領地的各個城市那就更不用說了，在意氣風發的戰勝軍法軍面前，甚至得忍受有如淪陷國的待遇。軍糧的調度完全以命令的形態發出，甚至連屋舍，只要法軍有需要，完全不須經過市府的許可便可隨意徵收；公家機關的公帑可以以一只拿破崙的令狀沒收，街道上的掠奪行為更是不斷發生。

這件事也將威尼斯國內統治階級僅存的些許心安一舉擊垮，他們幾乎都是在本土置有農園的一群，此刻對他們來說，真是有如全身家當被搜括一空般，寢食難安。與他國聯手的話題再度被提起，但真正聽進去的人卻少之又少。此時所傳來的法國與西班牙結盟的消息，更加深了他們的不安。但元老院對此的唯一應變措施竟然是：透過駐法大使及法國駐威尼斯的大使，向巴黎督政府控訴拿破崙對宣告中立的威尼斯所做的不法行為。不用說，對拿破崙的表現滿意極了的督政府，當然是不予回應。

不安到了極點的威尼斯政府，甚至連巴塔利亞送回註明八月二十二日的機密情報都疏於冷靜檢討。信中提到法國與奧地利兩國之間，因為各自擔心英國反法國，以及土耳其反奧地利行動的白熱化，有意停止義大利戰線。巴塔利亞警告威尼斯如果繼續漠視不作任何處理，處境恐怕將比現在更險峻。

九月，奧軍及法軍交戰，法軍占了大半的優勢。威尼斯本土領地幾乎全面淪為戰場，法軍占領的區域，改由法軍下令調度軍糧與軍需品，奧軍設營的地域也同樣由奧軍發布命令。拿破崙對於本土居民對奧軍比對法軍合作的抱怨聲不斷，事實上，不喜歡躁進的威尼斯共和國人民的確喜歡奧地利人勝過強行革命的法國人。深知箇中原因的巴塔利亞雖然對拿破崙的責難感到煩心，但更擔心的卻是法國占領區下各城市的動向，因為他已經感覺到本土居民開始認為無法保護臣民脫離敵人暴行的領導者，根本不配作為統治者。

十一月，決定義大利戰線命運的戰爭，持續了三天的時間。冬天惡劣的氣候使得奧軍想要速戰速決，法軍一開始陷入了苦戰。不過，長於領軍的拿破崙還是讓法軍扭轉乾坤，獲得最後勝利。連巴塔利亞派在法國陣營臥底的間諜在報告中也不得不寫著：

「我們不得不承認法軍指揮官優秀的才能。經過數日的戰鬥，證明拿破崙將軍除了是位偉大的指揮官之外，也同時是位勇猛的士兵。」

到了一七九六年即將告終時，十二月，法軍的勢力範圍已經遍及北義大利，西起熱那亞，東到威尼斯領地東邊的夫利烏利。不到九個月之間，風雲劇變，除了潟湖中的威尼斯本國之外，全區都在法軍的統治下迎接一七九七年。

戰場在冬季自然休兵的規定，讓本土總司令巴塔利亞鬆了一口氣。但是，一到三月，各地地方官告知情勢不穩的報告便接二連三傳來。和其他地方一樣，威尼斯國內原先就有對法國大革命共鳴的人，共和國政府對此的態度是只要這些人不是貴族，亦即不是統治階級便不加以干涉，威尼斯甚至有位名為斯巴達的男子經營的咖啡廳就是這些人的集會場所。不過，本土的主客觀環境可不比國內。別的不說，四萬法軍近距離的威脅就夠令人擔心了。巴塔利亞向國內政府要求派遣警戒軍力前往本土，孰料政府的回答竟是此刻不宜再做出任何刺激法軍的行為。無奈之餘，巴塔利亞只得束手無策等待一直以來的恐懼成為事實。

果不其然，三月十四日，柏加摩首先舉起反旗。

「自由萬歲！自由萬歲！」吶喊聲響遍全城，高喊歸還柏加摩自由的群眾襲擊了市政廳。醉心法國思想的人們，到處以法軍其實是解放軍來說服觀望的不安市民。沒過多久，從大開的城門外，因事前說妥而做好準備的法軍隊伍整齊地魚貫進入，原本懸掛在市政廳高塔上的威尼斯共和國旗被降下，代之的是法國國旗高高揚起。市政改由新成立的革命委員會接掌，以地方官為首的威尼斯統治階級不是被放逐，就是被關進大牢。

柏加摩的騷動很快就傳到威尼斯領土內的倫巴底地區。十九日，布雷西亞發生暴動。巴塔利亞在經過二十四小時的監禁後被帶出市外，由一輛等在當地的馬車載走，驅逐出境。二十五日，薩洛出現暴動。二十八日，克雷馬的市街反旗飄揚。不過，離威尼斯本國較近的維內多地區，也許是因為接受威尼斯管轄的歲月較長，除了維洛納有一點動搖之外，其他地方如維琴察、帕多瓦或特列維索等，都對威尼斯表現了絕對忠誠。

被逐出布雷西亞只得前往維洛納的巴塔利亞，在仔細檢討過反威尼斯的各城市情形後，發現一個共通的模式：一開始都是由少數法國革命的共鳴者發起煽動，在法軍進駐後再以鎮壓的方式維持。一度反威尼斯的薩拉及克雷馬，後來就曾試圖逐出法國勢力，宣布重回威尼斯共和國的統治，只是終究還是屈服在法軍的砲彈威脅下。巴塔利亞立刻以不干涉內政為由，向拿破崙遞交一份抗議書，但沒有獲得任何回音，他只好改向祖國政府要求派遣具有大使資格的特使，前去向拿破崙提出正式抗議。被遴選出的代表是裴薩洛和柯納羅，兩人都是歐洲宮廷中無人不知無人不曉的名門出身，但拿破崙依然不予接見。兩位特使只好追著在前線各地征戰的拿破崙身後跑，終於在三天之後，在布雷西亞見到拿破崙。

只是，拿破崙僅以一句無意介入威尼斯共和國的內部問題便轉移話題，在百般親切接待兩位特使之餘，還提出了希望威尼斯援助戰爭經費的要求。拿破崙預計將奧軍逐出義大利必須花費六個月的時間，威尼斯要不就每個月提供一百萬法郎作為經費，要不就跟法國結盟。

裴薩洛火速返國作報告，元老院聽聞後一片啞然。有議員主張事已至此，跟法國締結同盟似乎較妥當，但反對的意見也不少。因為只要一跟法國結盟，無異是與英國、奧地利為敵，結果可能導致地中海貿易遭受毀滅性的打擊；達爾馬提亞地區及科爾夫等其他希臘島嶼，難保不會被海軍實力堅強的英國奪取；尤有甚者，還可能給奧地利一個攻占伊斯特利亞地區的好藉口。討論一直持續到深夜，最後的結論是：如果能用錢解決，就用錢打發。

威尼斯的國政負責人當然知道拿破崙的要求不過是勒索金錢的藉口，因為當時奧軍早已被逐出義大利，拿破崙原先西移的戰線，也已轉為朝維也納前進的西北方。除此之外，原本向義大利戰線移動的奧軍，也有一部份已經為了捍衛首都而回國去了。說穿了，拿破崙的目的只是要威尼斯幫他負擔繼征服義大利北方後，對他而言最重要的事，也就是討伐奧地利的費用。拿破崙對於許多法國人的資產在法國革命之後全都流向威尼斯銀行，以及英國人對威尼斯銀行的龐大投資，向來清楚。但有一點卻是他可能無法明瞭的，那就是開啟現代化銀行經營的威尼斯人，無論拿破崙怎麼說，都不可能動用銀行中的存款。這也是佛羅倫斯、熱那亞、土耳其等敵對國家的人民之所以放心將錢存在威尼斯銀行的理由。換言之，威尼斯只能在國內調度這筆資金。但是以往經營效率卓越，所得甚至可代威尼斯國內支付達爾馬提亞或希臘地區經濟援助的本土農場，如今已無法仰賴，資金調度成了一大難題。除了過去依資產多寡課徵的直接稅之外，一種依所得多寡課徵的稅金也開始被提出。

就在威尼斯苦思如何籌錢時，在雷歐本對峙的法軍與奧軍正展開總司令會談。四月五日開始的會談是由奧軍提出，以講和為前提，休戰六天，雙方利用這六天討論兩軍今後的動向。儘管威尼斯諜報網拼命地打探消息，但除了休戰及講和之外，對於四月九日所達成的其他協議，可以說是一無所知。

四月十四日，一名帶著拿破崙書信的副官突然抵達威尼斯，且立刻以拿破崙之名要求會見政府官員。由於第二天是聖禮拜六，依照政府的傳統，所有政治活動一律停止，官員們必須出席宗教儀式，威尼斯政府於是商請副官等到星期天，但副官不從。對方言明拿破崙要求在二十四小時以內獲得回答的一句話，令威尼斯不得不屈服。

翌日十五日，被帶到元首官邸閣員會議室的副官，當著威尼斯元首及六位元首輔佐官等威尼斯中樞官員的面，甚至拒絕就坐，站著就開始唸起拿破崙的信。

「威尼斯共和國本土領地全體武裝起來，置法軍於死地！」的聲浪四起，數百名士兵因此遇害，各位是不是認為身在日耳曼的我，無法讓留在義大利的士兵遵守軍規？或是認為法軍將會一直忍受這種無法無天的行為？我同袍們所流的血，一定會因復仇而獲得回報，而這高貴的行為，必定讓法軍士氣高昂。我所派遣的副官既可能是和平的使者，也可能是戰爭的使者。各位若不解除本土的武裝，同時逮捕殺害法軍的頭目，將其交給法軍，則戰爭勢必難免。

共和國的國境已不受土耳其威脅，不，應該說不再有威脅國境的敵人。武裝正當化之必要，來自各位的假想，限各位在二十四小時內解除明顯以法國人為敵的武裝，我不認為需要更多的時間，現在早就過了查理八世的時代（意為十八世紀的法國人不像十五世紀末的先人一般，笨到給對方時間）。

如果威尼斯政府對法國政府持有明顯敵意，逼我發動戰爭，那也是因為威尼斯對法軍採取武裝行動，獎勵殺害我軍所致。因此，即使本土荒夷，無辜的人民遭受殺害，罪亦不在我。總有一日，本土的人民亦會明瞭法軍不得已的行為，全是為了將彼等由威尼斯政府的壓制下解放，屆時，人民將會感激法軍。

拿破崙的這封通告信，在隨後迅速召開的元老院中又朗讀了一遍。議員的反應分為兩派，一派認為與其接受這樣的屈辱，不如堅守湖中小島決一死戰，另一派則認為如今只有屈服一路可走。投票結果，贊成屈服的有一百五十六票，反對的有四十二票。不過，威尼斯政府最後還是犯了拿破崙的大忌——嘗試拖延時間。對於發生在本土的反法行動，拿破崙其實知道問題出在威尼斯政府的一封表明將貫徹與法國友好的信，而非威尼斯認可武裝，因為共和國從來不曾承認過這個由本土總司令巴塔利亞所祕密發起，號稱有三萬人參加的抗法運動組織。既然不曾承認，當然無從發出解散命令，這點在法律上完全站得住腳。威尼斯相信拿破崙會接受這個說法。根據威尼斯情報單位「國家審問委員會」傳回的消息指出，巴黎政府對於拿破崙的支持率只有半數，當權者巴拉斯的態度也非常曖昧，威尼斯就是想利用這些空檔遊說巴黎督政府牽制拿破崙。

接獲威尼斯政府密令的威尼斯駐法大使奎里尼，立刻會見了巴拉斯，並獲得巴拉斯的當場允諾。然而，第二天，巴拉斯卻又以涉入太深為由拒絕了。大吃一驚的奎里尼以為這是要錢的暗示，準備了十萬法郎再去面見巴拉斯。根據奎里尼的報告，巴拉斯只收了七萬。結果，巴拉斯什麼都沒做，但與其怪罪他，不如責備大使無能，竟沒有察覺短短一年間，巴拉斯與拿破崙之間的權力關係已經起了巨大變化。所幸巴拉斯收的是支票，獲知他沒盡到什麼力之後，威尼斯銀行馬上中止了兌現這張支票（至少這一點還保存了威尼斯人的作風）。

另外，本土上接二連三發生的事故，也是令拿破崙生氣的理由。四月十七日，維洛納人民起義反法，雖然六天後經法軍鎮壓平息，威尼斯政府也發布了法國為威尼斯友國的聲明，但本土的反法行動依然不減。法軍的鎮壓開始變本加厲，威尼斯市民遭到驅逐，所有具有反法嫌疑的人一律遭到處刑，連神職人員只要在彌撒時有任何指責革命的說詞也難逃一死。就在這種風聲鶴唳之時，發生了一件激怒拿破崙的事。

威尼斯共和國只有在九世紀初時，曾經一度遭到查理曼之子丕平率領軍艦入侵立國所在的潟湖，之後將近一千年的期間，從來沒有任何國家的軍艦入侵過威尼斯。在威尼斯握有亞德里亞海制海權的時代，由於罕有外國軍船接近威尼斯，所以雖然有條關於軍船接近時，若不聽從威尼斯請其離開的警告便予以擊沉的命令，但是一次也沒執行過。即使是十七世紀，威尼斯喪失制海權之後，兩國曾經深入亞德里亞海的英國及荷蘭的船隻，也許是認為沒有必要，也許是基於對同為海運國家的尊重，也沒有強行挑戰過威尼斯的法律。這些外國軍船多是在麗都島下錨，然後船員再登陸威尼斯島。然而，四月二十日，法國軍船「義大利解放號」在通過威尼斯外海與潟湖屏障的麗都港前時，竟然無視於守衛司令命其離開的命令。司令依規定發射大砲，「義大利解放號」被擊沉，包含艦長在內的四名船員戰死，其餘全部成為俘虜。

拿破崙對威尼斯派遣的兩位特使大發雷霆，連續要求交出殺人犯、開放牢獄、沒收英國人資產，以及揚言自己擁有八萬大軍及二十門大砲，之後便吐出一連串讓兩位特使心驚膽跳的話：

「給我解散國家審問委員會！解散元老院！我要當終結威尼斯的阿提拉！這個國家太老舊了，不應該繼續存在世界上！」

不知是否為了證明這不是玩笑，拿破崙隨即占領了維琴察、帕多瓦。威尼斯雖然再度派特使前往，但拿破崙不予接見，反而派了特使到威尼斯質問威尼斯到底要在戰爭與和平之間作何選擇。拿破崙所謂的和平，其實就是降伏，附帶條件是威尼斯的共和體制——換言之，威尼斯人眼中的國家政體——必須改變。

拿破崙派遣的特使於四月三十日傍晚到達威尼斯。接獲最後通牒的政府，火速召開閣員會議，以元首為首的所有政治大老全因事態重大而忘了時間。時間一分一秒過去，結論卻遲遲未能定案。就在同時，消息傳來法軍已經逼近帕多瓦的水路終點，在布蘭塔河口的富吉那開始調度附近船隻。駐守河口的威尼斯守備隊長傳令徵求開砲的許可，政府卻只令其稍待，隨即繼續開會。事已至此，連向來冷靜、不時興騷動的威尼斯市民也不知是否不耐再待在家裡，竟群起湧上了廣場及橋畔。結論在過了夜半後終於作出：交由共和國國會表決。元首魯維科・馬林口中喃喃自語：「今夜，連睡在自己床上都將不覺安穩。」

次日，五月一日，原本是元首向修道院表示敬意的訪問日，根據威尼斯的傳統，這天禁上政務。不過情勢迫在眉睫的威尼斯，還是召開了共和國國會，而且也沒有人覺得不可思議。元首馬林在會議開始的演說中，強調共和國當前的困局，並請議員們以避免破壞威尼斯市街及保護市民免遭殺戮為第一考量。

在這間正面是丁多列托的大壁畫，天花板覆蓋著維洛內塞文藝復興時期的傑作，周圍的畫則是動員了所有威尼斯畫派以共和國榮耀歷史為題的廣闊會議室中，此刻正瀰漫著凝重的氣氛。投票機械化而有序地進行著。贊成「和平」的有五百九十八票，反對七票，十四票未表態。但是，就在這個結果出爐不久前，拿破崙已經正式對威尼斯宣戰。威尼斯的命運早在奧軍總司令與拿破崙在雷歐本的講和談判中，其實便已成定數。

宣戰文檄如下：

法蘭西共和國

義大利戰線責任軍　帕爾曼諾瓦作戰總部　一七九七年五月一日

法蘭西共和國第五軍　義大利戰線責任軍　法軍總司令　拿破崙

公告

當法軍集中主力於敵軍交鋒的前線，後方只留少許連隊時，威尼斯共和國採取了哪些行動呢？

一、利用這段期間組織本土的四萬軍力，聯合來自本國的修弗尼連隊據守各軍事要塞，企圖阻斷法軍本隊及殘留部隊。

二、自國內派遣軍事顧問，並運送槍具、彈藥、大砲至這些軍事組織。

三、本土上凡歡迎法軍者悉數遭到逮捕，但反法者卻備受禮遇，三個月前夫利烏利地方官所逮捕的十四名殺戮法軍的首謀便是最好的說明。

四、威尼斯國內，舉凡廣場、咖啡廳及其他民眾聚會場所，無時不能聽到污蔑法國人的談話。法國人被無端斥為「雅各賓份子」或「無神論者」。

五、帕多瓦、維琴察、維洛納的居民受命武裝，聯合其他來自國內的軍隊再度敲響「西西里晚鐘」，企圖重演「義大利為法國人墳場」。（筆者註：所謂「西西里晚鐘」指的是十四世紀原本統治西西里的法國人，遭到義大利人以晚鐘為信號一舉將法國人逐出西西里的事件。）

六、威尼斯共和國境內的教會司祭，每逢彌撒便不停暗示對法國發起十字軍。在這個國家，即使隸屬羅馬教皇管轄的神職人員，依然得優先奉行共和國政府的方針，顯見神職人員的行為確實反映政府思想。

各種責難法國的傳單、海報，在各個城市中印刷、散發、張貼，用以煽動民眾。在這個國家，印刷物必須經過政府許可才能出版，不存在著言論自由，因此除了解釋為共和國政府對我方的敵意外，再無其他。

七、威尼斯共和國政府不實的想法造成了這一切。法軍血流遍地，傳令與補給車甚至在理應安全無虞的國道上遭受襲擊。

八、連隊長於帕多瓦遇害，隨從的兩名士兵亦無倖免。在卡斯提里奧．摩利，一隊法軍在被解除武裝後遭到殺害。從曼托瓦到雷那諾，以及卡薩諾到維洛納之間，一路上慘遭殺害的法國士兵達兩百名以上。

九、兩隊法軍連隊北上與主力部隊會合途中，於基亞利附近遭威尼斯軍阻礙，兩軍交戰，幸我軍英勇奮戰，方不致為威尼斯軍得逞。

十、同上事件，亦曾發生於維拉吉歐與迪森薩諾兩地。

十一、復活節第二節日當天，維洛納家家戶戶以敲打金環為信號，群起殺害當地法國人，連醫院中的傷者或城內的療養病患無一倖免。許多身上多處遭短劍刺死的死者被丟進阿濟西河中，當日法軍犧牲者明顯超過四百人。

十二、維洛納近郊三座城塞，連續八天受威尼斯軍攻擊。幸我援軍及時趕到，擊敗膽小的烏合之眾，並俘虜三千人，其中多人為威尼斯高級將校。

十三、位於桑提島的法國領事館，遭親威尼斯的居民焚毀。

十四、威尼斯軍艦不僅護衛奧國運輸船，亦向欲攻擊奧國軍船的法國軍艦開砲。

十五、僅有三、四門小砲、船員亦不過四十人的法國軍船「義大利解放號」，在元老院的命令下，被擊沉於威尼斯港內。

年輕艦長羅傑於軍艦受到來自要塞及威尼斯艦雙方砲擊時，命令全體人員進入船艙，獨自站在船橋接受槍擊以平息殺人者怒氣，但未獲得回報，仍是戰死。見狀躍入海中予以救助的其他船員，亦受到威尼斯海軍六艘快速船的追擊，死於對方的刺槍下。一名全身多處遭刺擊，鮮血染紅了周遭海面的法軍水兵，用盡最後力氣拖著衰弱身軀奮力游向岸邊，成功抓住要塞邊突出的木片時，竟遭要塞司令官親手解開其抓住浮木的手。

根據上述所有令人髮指的行為，總司令拿破崙基於緊急事態的權宜措施，決定依法蘭西共和國一二八條一十二項所賦予的權限採取行動。
總司令命令駐威尼斯共和國的法國大使離開威尼斯。
限駐本土領地的威尼斯政府相關人員於二十四小時內全數撤退。
法軍全體指揮官當致力防止威尼斯共和國國旗於任何地方升起。其餘軍事行動的細節命令，將直接對各指揮官下達。

波拿巴特

威尼斯政府完全失了方寸，忙著遵從拿破崙之前的要求，將國家審問委員會的三名委員與擊沉法軍軍艦的司令官關入牢房，釋放為數不多的「政治犯」等，以示屈服。即使當時他們仍然擁有一百八十四艘海軍軍艦，但主張據守潟湖本島，奮力抵抗，靜待情勢演變的貴族人數甚至不滿一成。八年後的特拉法加海戰，參戰的英、法兩軍軍艦數量都各只有三十艘左右。一八四艘雖不全是軍艦，其中還有運輸船或傳令船，但就當時法軍的軍力觀之，絕非完全無望，尤其威尼斯還有潟湖這個外國人極難攻陷的天險。只是，這些都在貴族們莫名的恐懼中，被忘得一乾二淨，他們所做的唯一一件事是乞求拿破崙延長回答的期限，期間甚至解雇了修弗尼傭兵，以期待拿破崙回心轉意，但卻只換來准許延長至五月十四日的回應。

五月十二日，開會時間九點前開始，聖馬可廣場四周的迴廊上擠滿了群眾，他們都是日前由公告得知即將召開共和國國會的。人們一點都不騷動，只是靜靜但擔心地看著走過眼前進入元首官邸的貴族們。

出席共和國國會議場的議員總數是五百三十七人，低於六百人定額，也許是部份「貴族」連領導的義務都不想履行，嚇得躲在家裡了吧？依照法律規定，會議必須解散，另行重新召集議員，但眼前實在不是計較這些枝節的時候，所以決定仍就眼前的人數召開會議。這場會議同時也是自十三世紀末格拉狄尼哥改革以來，持續了五百年不曾間斷的共和國國會的最後一場會議。同一時間，在過去一千年間，曾經無數次迎接紅底金繡威尼斯聖馬可獅旗凱旋歸國的聖馬可廣場上，一艘艘準備好的船隻正載著修弗尼人返鄉，儘管他們多半表示只要威尼斯願意抗戰，願意無酬參與戰爭。

國會會場正在表決是否對市民公告共和國將無條件投降的消息，偶一響起的砲擊聲嚇破了議員們的肝膽，以為法軍來襲而爭相逃走。但是礙於數名議員「別做那麼見不得人的事」的指責，不得不回到自己的座位上。在得知砲聲是即將離去的修弗尼傭兵們，對著別名「修弗尼河岸」的聖馬可廣場上飄揚的威尼斯國旗致最後敬意的禮砲之前，眾人一直是忐忑不安。

投票結果，贊成票五百一十二，反對票二十，廢票五票。威尼斯共和國廢除了歷來的共和制，宣布改制為民主制。

至此，威尼斯共和國宣告死亡。

走出元首官邸的貴族們，歸心似箭般走過沉痛的人群，不發一語只是低著頭快步離去。市民們不須被告知便已知道結果，不可能的事竟發生在自己身上。

"*Viva la Liberta!*"（自由萬歲）

一句「自由萬歲！」劃破了廣場上沉重的靜默，沒有人附和。但是當另一個聲音——

"*Viva San Marco! Viva la Repubblica!*"（聖馬可萬歲。共和國萬歲）

再度劃破廣場的靜寂時，這次卻很快消失在應和的人群聲中。「聖馬可萬歲！共和國萬歲！」的聲音有如波浪一般，向著聖馬可教堂前的升旗臺，以及忽而被人們舉高的聖馬可獅子大國旗一波一波湧去。

為了處理投降事務而留在元首官邸的幾位貴族，聽到這些聲音，以為威尼斯市民會違反貴族的命令起義抵抗法軍，不禁憂心忡忡，下令在聖馬可港口及利亞托橋架起大砲。但這項憂慮其實是多餘的，沒有武力的威尼斯市民，不過是跟一千多年來與威尼斯共生死、出身於伊斯特利亞與達爾馬提亞的傭兵們在離去前一樣，以他們的方式向威尼斯致意罷了。也許，這些人早知共和國制度的瓦解，正代表著威尼斯步向死亡之路。

聖馬可廣場的口號像是湖泊分出許多水源般，傳播到威尼斯全城。

"*Viva San Marco!*"

"*Viva la Repubblica!*"

結語

四天後的一七九七年五月十六日，四千名法軍進駐威尼斯，登陸這個未曾讓外國武裝士兵上過岸的威尼斯。法軍下令在聖馬可廣場中央立下「自由、平等、博愛」的碑文，揭開法國統治的序幕。

同年一七九七年十月十八日，根據《坎波．福米奧條約》(*Treaty of Campo Formio*)，威尼斯共和國領土由法國及奧地利瓜分。法國擁有本土大半及希臘各島，奧地利則分到本土的一部份，以及威尼斯城、伊斯特利亞和達爾馬提亞。

翌日十九日，奧地利取代撤退的法軍進駐威尼斯。

一八〇五年十二月二十六日，皇帝拿破崙將威尼斯納入統治下的義大利王國。

一八一四年五月三十日，由於拿破崙失勢，威尼斯再度由奧地利占領。

一八六六年八月二十六日，奧地利將威尼斯讓與法國。

同年一八六六年十一月四日，威尼斯被納入統一後的義大利版圖。

簡略年表

西元	威尼斯共和國	其他各國	日本
四五二	為躲避匈奴王阿提拉而移居瀉湖中小島		古墳文化全盛時期
四七六		西羅馬帝國滅亡	
五〇〇		東羅馬帝國全盛時期	
五三八	顯示威尼斯人活動的文件		
五六八	威尼斯成為東羅馬帝國（拜占庭帝國）形式上屬國的時代	倫巴底人入侵義大利	
五八九		隋朝一統天下	
五九三			聖德太子、推古天皇攝政
六〇〇		穆罕默德創立伊斯蘭教	
六一八		唐朝建立	
六九七	威尼斯共和國選出首任元首		柿本人麻呂
七〇〇			

七〇一			完成大寶律令
七五八		薩拉森帝國分裂	
七九四			遷都平安京
八〇〇	避開查理曼之子丕平的攻擊 法蘭克王國與拜占庭帝國簽訂協議，威尼斯獲得兩國境內的通商權↓河川貿易時代	查理曼大帝於羅馬加冕	持續派遣遣唐史
八二八	聖馬可遺骨由亞歷山卓運抵威尼斯↓成為守護聖人	諾曼人（維京人）活躍	
八七〇	威尼斯建設都城	法蘭克王國分裂↓法國、日耳曼、義大利之起源	藤原氏開啟攝關政治
九〇〇			
九〇七		唐朝滅亡	
九六二		神聖羅馬帝國建立，奧圖一世	
一〇〇〇	元首奧賽羅二世取得亞德里亞海制海權↓海洋貿易時代	諾曼人征服英格蘭	源氏物語
一〇八二	擔任拜占庭帝國海軍獲得關稅優惠及商業基地		
一〇八六			院政開始

一〇九六		十字軍東征開始	
一〇九九		第一次十字軍征服耶路撒冷	
一一〇〇			平氏抬頭
一一二三	威尼斯艦隊大勝埃及 商業網擴及巴勒斯坦地區		
一一四七	威尼斯接掌拜占庭帝國	第二次十字軍→失敗	保元之亂、平治之亂
一一八五			平氏滅亡
一一八七		薩拉丁占領耶路撒冷	
一一八八		第三次十字軍→失敗	
一一九二			鎌倉幕府建立
一二〇〇			
一二〇三			北條氏執政
一二〇四	第四次十字軍征服君士坦丁堡——威尼斯成為東地中海女王		
一二〇六		蒙古帝國建立	
一二一九			實朝遇害
一二五〇		馬木路克王朝建立	
一二五八	第一次對熱那亞之戰		
一二六一		拜占庭帝國再起	

一二七一	馬可波羅一行出發至東方		
一二七四			蒙古軍攻擊日本
一二七九		元朝統一中國	
一二九一		十字軍終結	
一二九四	第二次對熱那亞之戰		
一二九七	元首格拉狄尼哥進行改革		
一二九九		鄂圖曼土耳其建立	
一三〇〇			
一三一〇	提也波羅、奎里尼叛亂↓失敗	教皇遭囚禁於亞維儂	
一三二三	共和國國會議員採取世襲制		
一三三三			鎌倉幕府滅亡
一三三八			室町幕府成立
一三三九		英法百年戰爭開戰	
一三四八		黑死病肆虐	
一三五〇	第三次對熱那亞之戰		
一三五五	元首馬利諾・法利耶政變↓失敗		
一三六八		明朝建立	
一三七八	第四次對熱那亞之戰↓勝利		
一四〇〇	取得本土屬地		

一四五三		土耳其帝國消滅拜占庭帝國 百年戰爭結束	
一四五四	羅迪和平條約		
一四五五		薔薇戰爭開戰	
一四六七			應仁之亂起
一四七〇	內格羅龐特為土耳其所奪→第一次對土耳其戰爭		
一四七九	與土耳其和談成立		
一四九二		哥倫布發現新大陸	
一四九八		達伽馬發現印度新航線	
一四九九	第二次對土耳其戰爭		
一五〇〇			
一五〇一		亞美利哥·維斯普奇抵達巴西沿岸	
一五〇三	與土耳其和談成立		
一五〇八	康布雷之戰爆發		
一五一七		土耳其占領麥加	
一五一九		西班牙國王卡爾洛斯即位為神聖羅馬帝國皇帝	

一五二二		麥哲倫航行世界一周宗教改革佛羅倫斯共和國瓦解	
一五三八	普勒維札海戰→第三次對土耳其戰爭		
一五四〇	與土耳其和談成立		
一五四三		對宗教改革的反動	葡萄牙船抵達種子島
一五四九			沙勿略開始傳教
一五五八		英國進入伊莉莎白一世時代	
一五七一	雷龐多海戰，塞浦勒斯為土耳其所奪→第四次對土耳其戰爭		
一五七二		聖巴多羅買大屠殺	
一五七三	與土耳其和談成立		長篠之戰
一五八七			秀吉發布禁教令
一五八八		西班牙無敵艦隊兵敗英國	
一六〇〇		英國東印度公司成立	關之原戰役
一六〇三			江戶幕府成立
一六〇六	教皇對威尼斯發布聖務禁令		
一六一八		三十年戰爭開戰	
一六二〇		五月花號抵達普里茅斯	

一六二九			踏繪受難時代
一六三三			發布鎖國令
一六四五	克里特攻防戰開戰→第五次對土耳其戰爭		
一六六〇		英國王政復辟	
一六六九	與土耳其和談成立		
一六八四	摩里亞收復戰→第六次對土耳其戰爭		
一六九九	戰爭終結		
一七〇〇			
一七〇一		普魯士建立	
一七一三		烏德勒斯條約	
一七一四	第七次對土耳其戰爭→第二次摩里亞之戰		
一七一六			德川吉宗出任將軍
一七七五		美國獨立戰爭開始	
一七八三		巴黎條約成立、承認美國	
一七八七			寬政改革開始
一七八八		合眾國憲法成立	
一七八九		法國革命爆發	

一七九二	威尼斯確認非武裝中立路線		
一七九三		反法國大同盟建立	
一七九六		拿破崙戰爭開始	
一七九七	威尼斯共和國滅亡		俄國人登陸庫頁島

《海都物語》昭和五十五年十月　中央公論社
《海都物語續篇》昭和五十六年十一月　中央公論社

小城興亡大借鏡

佐伯彰一

I

近來，「文明衰退」的主題或「國家興亡論」似乎逐漸成為眾所注目的焦點。造成此現象的直接契機為保羅．甘迺迪所著的《世界強權興衰史》一書在美國暢銷，連帶帶動大學教授閱讀的艱澀歷史書籍、政治史論一躍而為暢銷書，可謂近來罕見的現象。此書雖在美國引起正反兩面極大爭議，甚至在媒體上引發爭論，其中的你來我往甚至傳到我等讀者耳中，但，一如往常，對任何事物都好奇的國內媒體馬上反應敏銳地將甘迺迪的書翻譯出版，甚至連作者都被邀請到國內，從事演講或座談活動，這一連串的現象，相信無庸贅述各位都知道。

當然，這股引起旋風的《世界強權興衰史》並不單純只是一般人對歷史文類的興趣，其中更包含了切身的關心。由於引發話題的「強權」之一除了美國本身外不作他想，而關於美國是否已經度過興盛高峰，步入衰亡的下坡期的議題，又很難不引發一般讀者甚至辯論家強烈的關心與敏銳的反應。甘迺迪教授目前雖任教於美國的大學，卻非生長於斯的美國人。他在歐洲長大，出身英國的史學背景，使其透視歷史的立論基點具有疏離的客觀性，在穩重厚實中一股使命感油然而生。除此之外，《世界強權興衰史》書中所舉的實例也提到了日本，對應於最近對日本批判幾乎成為話題，或許也更加策動了讀者的關心。

洋洋灑灑地似乎繞了一圈遠路，讀者或許認為與主角塩野七生女士無關，不過我卻認為這正是介紹塩野女士《海都物語》的最佳出場白。塩野女士這部包含了上下兩卷的大河「物語」，從字面可知是部威尼斯興亡史，焦點鎖定在「海都」威尼斯，即某種意味上的小都市國家，精細綿密地追溯其歷史推移。然而，潛藏其中的作者關心的底層，即其一貫的興亡史觀卻令人無法忽視。《海都物語》出版於一九八〇年，續篇緊接著在翌年刊載，可見塩野女士其實早在文章發表、刊載的七、八年前便已著眼「興亡」這個主題。想像如果《海都物語》的外國版或翻譯版本先行出版，則身為日本讀者，將會相當扼腕。當然，書籍的人氣受時代潮流、時機微妙左右，無法一言蔽之。然而，不論是就切入角度的新鮮性，以及宏觀視野，或是列舉豐富事例與事實的客觀論述來看，《海都物語》都充份具備了國際暢銷書的資格。關於威尼斯的歷史，正如原版卷末所附豐富的參考文獻目錄所示，早是一個累積了種種研究及調查的領域，但是能在宏觀且娓娓道來的同時，賦予作品活生生呼吸的敘事性通史，相信也許連義大利本國，甚至外國學者的書皆無出其右。在專業的學識素養與調查的基礎下，始終不失業餘者的好奇心及對人性細部的熱心執著，正是塩野女士的長處，也讓我等業餘讀者萌生同類意識，終至受到深入的史實探索吸引而融入其中。

英文中有"narrative historian"（敘事史家）一詞，英國這個國家也向來以「敘事」自成一格，培育出許多直接訴諸一般讀者的歷史學家，塩野女士似乎便繼承了這項敘事的特性及喜好。書中屢屢引用到吉朋的話，即那位里程碑大作《羅馬帝國衰亡史》的作者，正是此一敘史風格的古典代表，其後有卡萊兒、J・R・格林，乃至托列瓦里昂將這個風格一脈相承。我與塩野女士僅有數面之緣，手邊亦缺乏塩野女士的閱讀經歷與喜愛的歷史家等切身資料，對此雖感可惜，不過我卻深信並斷定塩野女士必定非常傾心英國的史風及文體。貴為大家卻依舊不失業餘者的味道似乎是英國風格的特質之一，塩野女士就正展現出這項正向意味的業餘史家的治學風格。

事實上，對興亡史觀或是興亡課題的敏銳感覺，亦可歸為英國歷史學家的特質之一。即使不提古典鉅著《羅馬帝國衰亡史》，眼前《世界強權興衰史》的作者甘迺迪教授便也出身英國。除此之外，還有更雄渾、更為大家之作的《歷史研究》作者湯恩比。湯恩比在其著作中將世界上各文明大致整理分類（所幸其中並未遺漏日本文明），並將興衰的循環鮮明地類型化。出版時雖然遭到專業學者們不斷批評其太過大而化之、流於圖型化，其中甚至包括了著有造成第一次世界大戰的《西方的沒落》的作者，堪稱為湯恩比直屬前輩的德國歷史學家史賓格勒，但同樣是興亡史觀，湯恩比就不具有史賓格勒式的獨斷與悲觀思考，而毋寧是以俐落達觀的筆觸成為他的特色。當湯恩比在構思、執筆《歷史研究》一書時，正值第二次世界大戰大英帝國在接二連三衝擊之下而終於解體——或日帝國版圖明顯縮小重組的戲劇化時期，處於國家在國際政治舞臺的霸權蒙上陰影並衰退的現場，從而提煉出興亡論的湯恩比，其客觀、冷靜令人更感氣度悠揚，而不得不再度對英國史家讚嘆不已。

以下是我個人小小的回憶。記得戰前舊制高中時代，已故河合榮治郎教授在高中生之間特別受到歡迎，我曾經因為在其著作中看到約翰．席勒的“*The Expansion of England*”書名，便跑去買了一本。衝著河合教授一句一本「讀之便欲罷不能」的有魅力的歷史書而開始閱讀，實際上雖未受到極大吸引，不過受到順暢達意的英文及深入的史實處理，加上敘事鮮活的吸引，終究還是讓當時英文程度有限的我讀畢全書。該書主要是嘗試為英國成長為大國的興隆歷程找出軌跡，其中更以宏觀視野娓娓敘述長期以來與大陸國家法國在遍及北美大陸及印度，大規模爭奪世界霸權的過程，其手法最讓當時尚為高中生年少氣盛的我折服，不由得想起學校的歷史課而嘟嚷「歷史就該用這種方式敘述」。尤其是他論及自己國家發展、壯大的軌跡時，筆調及口氣依舊客觀平靜，絲毫找不到任何夜郎自大的驕傲，讓戰前年輕的日本一代留下特別的印象。換言之，其大家風格及氣度，或者應該說是大方而不拖泥帶水的超然，帶給人清新的感受。

這個舊時的個人回憶之所以再度鮮明的湧到眼前，其實得感謝《海都物語》塩野女士所著的威尼斯興亡史，從容不迫的敘事筆觸及概觀卻仔細篩選細部史實所營造出來的鮮明效果，可以說在在繼承了卓越的吉朋以來“narrative historian”的偉大系譜。

II

不過，引發塩野女士以都市國家威尼斯的興亡軌跡為題，從而點燃其研究、寫作動機的主要原因為何？

雖自知無緣針對此問題請教終年定居佛羅倫斯的塩野女士，只得大概以極為一般的論述帶過，但我仍願稍微提及。

無庸贅述，主要的誘因之一應該還是受到「海都」無以言喻的魅力吸引。我在一九六〇年代初期曾經於美返國途中繞道歐洲觀光，在威尼斯雖只停留四至五日，但首先便為抵達機場之後須利用水路交通的「海都」景象驚奇不已。其次，何其幸運投宿的飯店可飽覽“Canale Grande”，享受在瀲灩波光盡收眼底的陽臺享用過早餐之後，舒服渡過令人陶醉的數日。由於是個人的旅行，時間自由不受限定，隨性所至地穿梭街巷之間，不知不覺卻又回到原來的廣場。夜裡前去探看劇場，獨行時偶爾還會有某種女性近身邀請，在在令人油然生起一股取消原來計畫，就此長住此地的衝動。

當時事前完全沒有閱讀任何資料，全然單純以旅人的輕鬆心態前往渡假，不過這對現在的威尼斯，也許是最適合不過的了。的確，今日威尼斯已經成為純粹的觀光都市，對於威尼斯如何演變至今的過程有所了解，則是完全須拜塩野女士著作之賜。拜讀塩野女士大作之後，方知萬事機敏、謹慎小心的都市國家威尼斯，甚至在觀光事業上都令人驚嘆地領先潮流，早在耶路撒冷朝聖熱潮興起時，便著眼國際觀光路線並規劃縝密的計畫，且因此獲取為數不少的利益。

提到威尼斯，首先浮現腦海的便是以歌德、拜倫為首，然後是白朗寧夫婦、亨利・詹姆斯、W・D・霍華（美國小說家，曾擔任駐威尼斯領事）、湯馬斯・曼（以同性戀為主題的唯美巨著《威尼斯之死》應該曾被改編為電影），以及海明威等跟海都威尼斯有深厚機緣的文人們，他們彷彿羅列的綺麗星斗，令人不敢輕褻。我的友人，亦即比較文學學者平川祐弘先生著有一本極有意思的文選《綻放於藝術的威尼斯》，自旅行歸來拜讀之後獲益良多，不愧為塩野女士豐富參考文獻中引用的少數日文著作之一。

提到威尼斯，便會浮現在文學及藝術方面妝點豐富花冠的城市印象，但對於事前沒有閱讀任何資料的觀光客而言，突如其來的最大衝擊應該是拜占庭風格，或說是東方風格強烈的滲透吧。也許因為我是先造訪佛羅倫斯之後才到威尼斯，對於當時兩者之間強烈的對比而產生的震驚至今記憶猶新。如果說佛羅倫斯是純歐洲，或曰純文學都市的典型，威尼斯便令人不由得浮上雜燴著各種貪欲、屬於大眾文學式、充滿不拘泥快感的都市形象。這當然只是一無所知的觀光客偶發的奇想，然而從聖馬可教堂清真寺風格的開始，以及在參觀其他建築、繪畫之後，都加深了我對此處東方異國情調的感受。比起佛羅倫斯，很難相信兩者同為義大利都市。當然，環境及地理因素也是極大要因，不過如此大相逕庭的差異之中，一定蘊含更深層的歷史背景及因素。獨步街頭，我經常如是想。

拜讀塩野女士大作，一開始便令人愉快的是旅人無知但充滿好奇的直覺、想法及疑問接二連三的獲得解答，並在鮮明的歷史透視之包容下逐漸落實。本書的原動力相信就在於塩野女士那不從專業研究角度出發，跳脫歷來學者的問題意識之餘，堅持以業餘者式好奇心探索的理念吧。據我所知，塩野女士大學的畢業論文題目為「波提切利論」，也許就因為對這位文藝復興時期畫家的興趣，連帶受到佛羅倫斯的吸引，才使得塩野女士最後選定佛羅倫斯定居。從《文藝復興的女性》、《博爾吉亞、抑或優雅的冷酷》，到《我的朋友馬基維利》等傳記作品看來，塩野女士的立場一貫傾向佛羅倫斯，以下的推測也許過於主觀，不過由此觀之，塩野女士之所以會踏出一步構思這本鉅著，很可能是因為習慣佛羅倫斯之後，以佛羅倫斯的觀點接觸威尼斯時，受到不同體質文化的衝擊太過強烈所致。

話雖如此，正如前面曾經提到，《海都物語》是部規模宏大的都市國家興亡史一般，此書既不像拉斯金的藝術史論《威尼斯之石》，而且距美國女作家瑪麗·麥卡西所著 "*Venice Observed*" 尖銳中帶著都會練達感受的現代印象記也還有一段距離。究竟，深深吸引塩野女士以興亡史為題，從準備到完成共費五年時間卻無怨無悔的熱情與執著從何而來？

先前已經提過，至今優秀的興亡史書多出自英國人之手。在此容我概略論斷，或許這正是因為英國保持了相當長一段時期的霸權國家地位所致。英國以一個微不足道的島國，幸運地蒙受機緣眷顧，取代了西班牙、葡萄牙，更進一步超越了大陸國家之尊的法國，在經過席勒教授曾經生動刻畫的「第二次百年戰爭」這令人窒息的漫長爭奪之後，不但取得霸權，而且還維持了相當長一段時間。想到接下來上場的大國美利堅合眾國與英國之間密不可分的關係，便不禁再次令人驚嘆島國英國盎格魯薩克遜民族的霸權能力。雖然無意在此為曾經「君臨世界七大海洋」的英國歌功頌德，但是對於英國人卓越的政治能力，以及其基於統治及控制之執著所呈現的成績，實令人不得不敬畏。這也很自然地形成英國史學家多與生俱有強烈的國際政治感覺，以及對國家興亡問題的執著與敏銳，因此產生了不少不因母國的興盛、掌握霸權所帶來的高度安定便自我陶醉、自我膨脹，而是能夠站在更開闊宏觀的視野，保持清醒、客觀的歷史、政治學家。

暫且不提英國人的話題，塩野女士的立場又是如何呢？究竟暗地裡是什麼原因，敦促一位年輕的日本女學者著手如此綿密仔細探索「海都」興亡的浩大工程？鞭策其完成這個令人驚奇大作的使命感，又是從何而來的呢？

III

同為島國居民，英國人與日本人卻有許多不同。雖然無意在此唐突大論「英國與日本」的課題，但是透過二次世界大戰就讀中學時熟讀的一些文學、歷史書籍，還是可以感覺到兩者明顯的差異。首當其衝便是在政治意識、政治感覺上，英國經歷「諾曼人征服」的異國王朝入侵與統治經驗，畢竟跟日本在面對「蒙古人入侵」的危機時不過受了點擦傷似的歷史體驗不同。若再進一步提到「帝國」的建設及運作，就更叫人汗顏地無從比起，而必須承認兩者之間簡直天淵之別，彷彿就如剛剛起步的踉蹌小兒，不知天高地厚地妄想追上老江湖的老前輩一般。總而言之，吾等日本的興亡觀及興亡感，較之英國人絕對是弱勢而落後的。舉身邊最近的例子來說，NHK 電視臺以歷史故事為題材的大河劇相繼獲得廣大回響，便是種不可思議的現象。這些題材對象不外乎是一些「伊達政宗」、「武田信玄」，再不就是「春日局」等既定的戰國時代人物或武將的現狀，也許是長久以來持續的和平催化使得人們對戰國時代狂亂氣氛的關心，也可能是因為戲劇性的決鬥及爭戰才是觀眾永遠不變的興趣焦點，但老實說，日本不斷推出毫無新意的戰國人物的做法實令人驚訝。對這些戰國武將的戀棧甚至不只大河劇，君不見連商業實務的雜誌都充斥著「領導者的條件」、「如何超越經營危機」等不是以戰時的司令、將軍，就是戰國武將為主要靈魂人物的特輯嗎！

種種戀棧在在都像是背叛似地暴露出日本人對興亡觀、興亡感認識的淺薄及侷限性。舉例來說，英國因約克及蘭開斯特兩大家族的權力爭奪，引發薔薇戰爭的動亂時期，在某些地方便呈現跟日本戰國時期類似的狀況，雖然大文豪莎士比亞曾經大手筆的將其改編為戲劇，卻不見英國一再以此時期為主題，不斷在電視上演出，甚或成為一般大眾閱讀的雜誌主題。

我並非故意借題發表自虐性的國家批評論，只是在一成不變且受限僵化的日本，塩野女士的出現貴在新意。儘管日本的興亡觀墨守成規、千篇一律，但是塩野女士所呈現的《海都物語》卻散發著明瞭燦爛的獨特性格。書中既無因為沉醉於威尼斯獨樹一格的都市景觀，而大發耽美性的囈語，也不曾在描寫海洋型都市國家輝煌一時的榮華之後，因歷史急轉直下沉寂曾經的光彩，而陷入感傷的情緒。因為作者既不想對威尼斯歌功頌德，也不想譏貶其逆轉直下、一蹶不振的過去，而是始終保持一定距離，在同理的立場上給予完全理解。全書上半以威尼斯興隆的軌跡為主，下半則是對其衰退、走下坡的推移多所著墨，結構平衡毫無偏頗的內容，正是塩野女士之所以為「敘事史家」的一大特色，亦為其美好的天性。讀者因此得以安心地將自己委身作者不雄辯、不善辯的帶領下，從而與之建立安心、信賴的關係。塩野女士的敘述口吻最令人信服的正是不疾不徐地置身事中娓娓道來。現代，尤其是日本的歷史學家（自詡為歷史學家者）之中，有太多人任意為過去歷史下評論，只是想藉以凸顯自己的正確及賢明。然而，這些人的立足點，或日自以為高明之處，充其量不過是頂著灼見之名的現代偏見，再不就是意識型態的神諭而已，只會讓讀者受不了。這類偽裝成歷史學家或史論家的作者，究竟以為自己是什麼？既缺乏確切的親身經歷，也不具備獨特的直覺或洞察力，卻喜於擅自論斷歷史，大言不慚「歷史的動向」或「歷史應有的方向」等言論。其中，所謂進步派又特別明顯，雖然最近已有較收斂的情況，但其基本性格是不會一口氣改變或被改變的。因此，塩野女士瀟灑的登場，就這方面而言也算是文化、文學界可喜可賀的事件。

IV

事件，改說“*phenomenon*”較好。這個有點難的字，一般被譯為「現象」，是哲學專業領域的常用字，但就日常用語而言，不過就是一個「引人注目的事情、異常現象」的常用字。塩野女士風光的躍上文壇，及其之後的活躍，也許最適合被稱之為現代日本文化、文學界的“*phenomenon*”也不一定。

核心便在於前面曾經提到過的，塩野女士的興亡論及卓越的興亡史觀。本書當頭棒喝，瓦解日本地域性國家根深蒂固且狹隘受限的興亡史觀外殼，讓觀看事物的眼光因此有了國際化的格局。不倚靠誇張而空洞的意識型態框架，只將「觀光都市」威尼斯乍看下極為簡單的起源，以說故事的形態娓娓道來，其著眼點更是前所未見。此外，敘述的表現也是出類拔萃，全書連最細微的部份都均衡地貫穿了生動的知性，尤其是在各大場面之間安排了各個人物，透過其個性的反應與行動，將活在這本都市物語中的人類的呼吸活生生地傳達出來。《文藝復興的女性》及《博爾吉亞、抑或優雅的冷酷》中以傳記作家身份出場的塩野女士，在堪稱大歌劇的威尼斯物語畫面中所呈現之個人嗜好及獨特風格，使得全書內容更加暢快與厚實。各章導入部份不著痕跡的巧妙安排，與流暢的筆觸、漸入故事高潮的自在敘述，無一不鋪陳出本書的核心——國家興亡。究竟，威尼斯這缺乏資源與物產、完全需要仰賴通商交易及海上貿易的都市國家，是如何躍上國際政治舞臺，充實海軍，超越熱那亞、那不勒斯等競爭對手之後，緊接著與拜占庭帝國甚至土耳其帝國等超級大戰相抗衡，絲毫不曾讓步的？而這段出奇的歷史偉業，又是如何能夠支撐如此長一段時間？書中關於其中綿密交織的經緯及短兵相接的情節，全都生動得令人不忍釋卷。

我很難不去想，究竟是什麼動力促使塩野女士涉入這龐大的歷史主題，處理充滿魄力的興亡史觀的？雖然愈想愈不得其解，不過若就世代而言，塩野女士較我等一九二〇年出生的「戰時派」年少半個世代左右，可以說從未經歷過戰爭及戰敗的洗禮，但戰敗後日本的慘狀相信必定在塩野女士少女時期留下陰影，學生時代對文藝復興的迷戀，也許正是脫離眼前現實的夢想也說不定。然而，與一味好高騖遠，對文藝復興締造的藝術成就五體投地的日本舊型知識份子不同的是，塩野女士具有既心儀波提切利，就一鼓作氣移居佛羅倫斯，以期接近、熟悉對方的動力。這也是塩野女士著作的魅力之一——以豐富的地方性、血肉性邀請讀者，讓讀者置身十足的臨場感中。在繼《海都物語》之後陸續出版的三大會戰記《君士坦丁堡的陷落》、《羅德斯島攻防記》，以及《雷龐多海戰》中，也鮮明地透露出這個特色。同時值得一提的是，塩野流直接而富張力的筆觸下所營造出的逼真震撼力，毫不費力地打破歷來為男性作家專擅的戰爭或戰場的主題，一新讀者的耳目。

看起來，塩野女士潛藏著對行動，而且是對國際舞臺雄渾而激烈的行動根深蒂固的執著。立刻將這一點與祖國戰敗連接似乎太過份，但自一九六〇年代便在歐洲生活，首次直接接受外面刺激的體驗而言，一定有什麼深深烙印在塩野女士年輕的感受之中。或許正是文藝復興研究讓塩野女士見識到當時義大利都市國家激烈的爭戰，因而成就了塩野流史觀的立足點，或稱跳板的作用也說不定。塩野女士的「物語」或傳記的最大魅力就在於，她是以極自然、貼身的方式，大量活用過去日本人對歐洲事物極為欠缺的基本認識、現實感與現實認知。就這個意義來看，讀者不難發現自六〇年代後半開始，日本在明顯高度成長後一變而為貿易、出口大國的事實，對塩野女士的史觀，尤其是威尼斯的觀察產生極微妙的影響。首先，同為缺乏資源的小國卻成長為貿易大國，正是威尼斯與日本的相同之處，讓人烙下深刻印象。但塩野女士並非大驚小怪地受到這樣的推論擺布，反而刻意地不僅避談日本，甚至完全不作任何有意圖的比較類推。只是，作者這種沉默的用心卻更在讀者心裡喚起對歷史言外之意的推論，留下無可抹滅的印象。《海都物語》對現代日本人而言，不正是令人不禁害怕恐懼的歷史教訓？至少我在閱讀此書時，尤其在進入後半之後，愈讀愈無法壓抑心中令人窒息的感慨。塩野女士一流的興亡史觀較之保羅．甘迺迪給日本讀者的是更切實且痛楚的教訓，它反映出日本的現狀、前途，甚至未來。因此乍見之下雖然完全不著痕跡，卻是本隱含著憂國痛切心境的愛國史書。正如塩野女士摯愛的馬基維利，那位稀世的冷冽理性主義者，同時也是位看穿世情的冷眼政治旁觀者，其實正是打從心裡憂國憂民的愛國者一般，塩野女士亦然。

就讓我們仿效塩野女士稱馬基維利為「我的朋友」一樣，讀者們，也讓我們對「吾友塩野七生」脫帽致敬吧！

【塩野七生代表作──羅馬人的故事】

從崛起、壯大到轉折、衰敗，看羅馬千年的輝煌與落寞

羅馬人的故事I──羅馬不是一天造成的

羅馬的起源可以追溯到扎馬戰役前五百年，羅馬人歷經整整五百多年漫長的蟄伏歲月，因此才會有句話說：「羅馬不是一天造成的」。這五百年間羅馬遭遇哪些挑戰？羅馬人又是如何逐步累積實力，將國家帶往璀璨光明的未來？

羅馬人的故事II──漢尼拔戰記

西元前二一八年，漢尼拔從西班牙率領群眾翻越阿爾卑斯山，進攻義大利本土，直到羅馬名將西比奧打敗漢尼拔才落幕，這場戰爭歷時十六年之久。為什麼知識優越的希臘人、軍事力量強大的迦太基人最後會敗給羅馬人？什麼才是決定戰爭勝、敗的因素？

羅馬人的故事III——勝者的迷思

經過六天六夜激戰，迦太基城淪陷了！這個曾經風光一時的城市被消毀殆盡，羅馬名將小西比奧一想到敵人的命運不覺潸然淚下。勝者如何在勝利的欣喜中，思慮更遠大的未來？大國如何崛起？改變的是制度、心態，還有什麼呢？

羅馬人的故事IV——凱撒時代（盧比孔之前）

西元前一〇〇年七月十二日，「羅馬唯一的創造天才」——朱利斯・凱撒誕生！少年凱撒歷經鬥爭、殺戮、混亂與腐敗，因此致力於樹立羅馬的「新秩序」，他如何巧妙地逆轉國家、政局與社會重重的危機，將個人推向顛峰，創造羅馬歷史的光輝？

羅馬人的故事V——凱撒時代（盧比孔之後）

西元前四十五年，大權在握的凱撒開始進行羅馬帝政化改革，卻在隔年遭醉心共和體制派刺殺，羅馬頓時又陷入混亂狀態！年僅十八歲的屋大維成為凱撒指定的第一繼承人，他能否穩住凱撒留下的偉業？凱撒雖死，但他的精神又為後世留下哪些影響？

羅馬人的故事VI——羅馬和平

西元前二十九年，羅馬終於脫離戰亂狀態，屋大維運用卓越的政治手腕，於西元前二十七年宣佈回歸共和政體，並受贈「奧古斯都」尊稱，締造「羅馬和平」的時代。屋大維這位「非天才人物」，是如何完成連天才凱撒都無法達到的目標？

羅馬人的故事VII——惡名昭彰的皇帝

隨著西元十四年臺伯留繼任，奧古斯都締造的「羅馬和平」畫下句點，羅馬帝國在短短五十四年間，皇帝幾番更迭。是英雄創造的時代已遠？或是暴君當道的世紀來臨？這幾位皇帝究竟是帝國覆亡的推手？抑或是帝國變貌的一頁？

羅馬人的故事VIII——危機與克服

西元六十九年，羅馬接連由軍人掌權，內部動盪不安。所幸此時出現新的轉機：維斯帕先、提圖斯父子花費十多年，一步步將帝國導回正軌。後繼的圖密善勵精圖治，卻集權一身，威脅元老院的共和傳統，此舉是確立帝政的權威，還是另一場危機的引爆？

羅馬人的故事IX——賢君的世紀

西元二世紀是當代羅馬人口中的「黃金世紀」，圖拉真、哈德良和安東尼奧·派阿斯三位皇帝為羅馬鞠躬盡瘁，為保障帝國的自由、繁榮與安定，盡心盡力扮演好自己的角色。在龐大的帝國之前，他們不是唯我獨尊的「皇帝」，而是當仁不讓的「第一公民」！

羅馬人的故事X——條條大道通羅馬

羅馬種種質、量兼具的建設，被史家讚為羅馬文明偉大的紀念碑。羅馬人為何如此致力於公共建設？為什麼已有踩踏形成的道路，還要鋪設大道？為什麼立國於臺伯河旁、不必擔憂用水問題，還要建設水道？眾多建設的目的，竟只是「為了讓人的生活過得像人」？

羅馬人的故事XI——結局的開始

告別賢君的世紀，羅馬帝國的光環褪色了嗎？「哲學家皇帝」馬庫斯·奧理略，實現了柏拉圖的理想。然而高尚的品德和絕佳的能力卻無法力挽狂瀾，夕陽的餘暉漸籠罩帝國。奧理略過世後，羅馬面臨重大轉捩點，等在道路盡頭的是更寬廣的前程，還是帝國的終點？

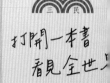

國家圖書館出版品預行編目資料

海都物語／塩野七生著;長安靜美譯.——修訂三版一刷.——臺北市：三民，2023
面；　公分.——(塩野七生作品集)

ISBN 978-957-14-7260-7（全套：平裝）
1. 義大利史 2. 威尼斯

745.22　　110012756

塩野七生作品集

海都物語（下）

著作人	塩野七生
譯者	長安靜美
發行人	劉振強
出版者	三民書局股份有限公司
地址	臺北市復興北路 386 號（復北門市） 臺北市重慶南路一段 61 號（重南門市）
電話	(02)25006600
網址	三民網路書店 https://www.sanmin.com.tw
出版日期	初版一刷 2001 年 1 月 二版一刷 2017 年 5 月 修訂三版一刷 2023 年 6 月
書籍編號	S780970
ISBN	978-957-14-7260-7

三民書局